新しい
貿易実務
の解説

石川雅啓 ［著］
Masahiro Ishikawa

文眞堂

はじめに

　輸送手段が発達して，これまでよりももっと遠くに行けるようになると，人は異国の文化に触れ，自国にはなかったような珍しい品物と出会うことになる。そして異国との貿易取引が始まる。貿易取引は当事者間の取決めによる商慣習によって発展した。一部はその商慣習を追いかける形で法律や条約という形でルール化されていった。これらの商慣習やルールの積上げが貿易実務だ。

　貿易実務は現在までにさまざまな進化を遂げた。貿易実務は，モノ（貨物），カネ（決済），カミ（書類）の3つの流れがあることを教えている。この3つのいずれの流れにおいても目まぐるしい進化を遂げており，とりわけごく最近における変化が著しい。モノの流れでは，輸送手段の高速化，インテグレーターという新しい輸送形態が発達した。カネの流れでは電子決済やブロックチェーン技術を活用した仮想通貨が登場した。カミの流れでは貿易書類の電子化が進んでいる。インターネットの発明は貿易取引の分野においてまさに革命的変革をもたらしたといえよう。

　本書は貿易実務の仕組みや体系を網羅的に解説することを試みたものだ。それと同時に，タイトルの通り「新しい」貿易実務の記述にこだわった。新しい貿易取引形態として近年発達した仲介（三国間）貿易，三者間取引，非居住者在庫・通関，越境ECを紹介した（第3章）。二国間・多国間の経済連携協定（EPA）や自由貿易協定（FTA）は，2010年以降件数自体は減少傾向にあるが，1つのEPA/FTAに多数の国・地域が参加するメガFTAが増えつつある。我が国との間では環太平洋パートナーシップに関する包括的および先進的な協定（CPTPP）が2018年3月8日11カ国の間で署名がなされ，同年12月30日に発効することとなった。また日本・EU経済連携協定は，2018年7月17日署名がなされ2019年2月1日に発効した（第4章）。

　もはや事実上世界標準ルールとなった貿易条件，インコタームズは現在2010年版が最新版であるが，現在パリに本部のある国際商業会議所（ICC）は2020

年版発行に向けた改訂作業を行っている（第7章）。

　決済手段として，電子貿易決済サービス（TSU・BPO）が登場し徐々に浸透しつつある。また近年，ブロックチェーン技術を活用した仮想通貨が登場した（第8章）。2018年5月18日，商法及び国際海上物品運送法の一部を改正する法律案が国会で可決され，海上運送状に関する規定が商法に新設されることとなった（第9章）。

　2016年8月31日，韓国・ソウルを本拠とする世界有数の船会社，韓進海運が破綻した。そのときの貨物海上保険の扱いについて記述した（第10章）。

　世界共通の品目番号であるHSコードは5年ごとに改訂が行われており2017年1月1日，HSコード2017年版が発効した（第12章）。輸出入・港湾関連情報処理システム（NACCS）へのマイナンバー制度による法人番号の導入で，税関が発給する税関発給コードのうち2017年4月，法人向けの発給を終了した（第13章）。

　近年，気候変動がもたらす自然災害が多発している。2011年3月11日に発生した東日本大震災とそれに伴う福島の原子力発電所の事故は貿易取引にも大きな影響を与えた（第15章）。3年に1度附属書の改正等が行われるワシントン条約は，2016年南アフリカ共和国で行われた締約国会議で可決された改正内容が2017年1月2日に発効し，ローズウッドなどが新たに規制されるようになった（第16章）。

　以上の通り，校正のぎりぎりの段階まで新しい情報を書き加えた。

　本書は，貿易実務を学ぶ学生諸君，貿易実務に携わる製造業者，商社，金融機関，物流業者等の事業者の皆様，そして弁護士や税理士などの士業の方々にも広くお読み頂きたいものである。日頃の勉学や経済活動の一助となれば幸いである。

　最後に本書の出版にあたって多大なご助言を賜った杏林大学名誉教授の馬田啓一先生，亜細亜大学教授の石川幸一先生，そして編集の労をとられた文眞堂の前野隆社長，前野弘太部長ほか編集部の方々に心よりお礼を申し上げたい。

　2019年2月

石川雅啓

iii

目　　次

はじめに……………………………………………………………………*i*

第1章 「貿易」とは ……………………………………………… *1*

1. 「貿易」の意味………………………………………………… *1*
2. 「貿易」と「輸出入」………………………………………… *1*
3. 「貨物」,「物品」,「商品」…………………………………… *2*
4. 「貿易」のはじまり…………………………………………… *3*
5. 「貿易」と国家の発展………………………………………… *4*
6. 自由貿易と世界平和の実現…………………………………… *4*
7. 貿易を始めよう………………………………………………… *5*

第2章　貿易実務とは ……………………………………………… *6*

1. 貿易取引と国内取引との違い………………………………… *6*
2. 貿易実務とは…………………………………………………… *6*
3. なぜ, 貿易実務が商慣習によるものなのか………………… *7*
4. 貿易実務の関係者（プレイヤー）…………………………… *7*
5. 貿易実務の流れ………………………………………………… *11*

第3章　新しい貿易取引形態 ……………………………………… *12*

1. 新しい貿易取引形態…………………………………………… *12*
2. 仲介（三国間）貿易…………………………………………… *12*
3. 三者間取引……………………………………………………… *17*
4. 非居住者在庫・通関…………………………………………… *20*
5. 越境EC………………………………………………………… *22*

第4章　国際貿易体制と経済連携協定 …… 27

1. 戦後のGATT体制 ……………………………………… 27
2. WTO体制 ……………………………………………… 28
3. 世界の地域統合の動き ………………………………… 28
4. FTA/EPAの活用 ……………………………………… 38

第5章　市場調査と取引先の決定 …… 43

1. マーケティングと市場調査 …………………………… 43
2. 市場調査の方法 ………………………………………… 44
3. 取引先を探す …………………………………………… 45
4. 提案と引き合い ………………………………………… 47
5. 申込み …………………………………………………… 48
6. 信用調査 ………………………………………………… 50

第6章　取引条件と契約 …… 53

1. 取引条件の決定 ………………………………………… 53
2. 品質条件 ………………………………………………… 53
3. 数量条件 ………………………………………………… 55
4. 価格条件 ………………………………………………… 58
5. 引渡し条件 ……………………………………………… 59
6. その他の条件 …………………………………………… 62
7. 契約の成立 ……………………………………………… 62
8. 契約書の作成 …………………………………………… 62
9. 契約書の種類 …………………………………………… 63
10. 契約書の構成 ………………………………………… 64
11. 書式の戦い …………………………………………… 65
12. ウィーン売買条約 …………………………………… 66
13. トラブルの解決方法 ………………………………… 67

目　次　*v*

第7章　インコタームズと価格算定 …………………… *71*

1. 貿易条件の誕生 ……………………………………… *71*
2. インコタームズの制定と概要 ……………………… *72*
3. インコタームズ2010 ………………………………… *73*
4. インコタームズ2010の概要 ………………………… *73*
5. リスクの移転時点 …………………………………… *81*
6. 所有権の移転 ………………………………………… *82*
7. インコタームズ規則の変形 ………………………… *83*
8. EXWを使用した場合の消費税の取扱い …………… *84*
9. 価格算定 ……………………………………………… *86*
10.「運送」と「輸送」………………………………… *88*
11.「荷卸し」「陸揚げ」「荷揚げ」「船卸し」………… *89*

第8章　外国為替相場と代金決済 ………………………… *91*

1. 為替と外国為替市場 ………………………………… *91*
2. 外国為替相場 ………………………………………… *91*
3. 対顧客相場 …………………………………………… *92*
4. 対顧客直物相場 ……………………………………… *93*
5. 先物相場 ……………………………………………… *95*
6. 為替予約 ……………………………………………… *96*
7. その他の為替変動リスク回避の方法 ……………… *97*
8. 決済方法の種類 ……………………………………… *99*
9. 並為替と逆為替 ……………………………………… *100*
10. その他の決済方法 …………………………………… *102*
11. 決済の時期による分類 ……………………………… *103*
12. 為替手形 ……………………………………………… *104*
13. 信用状 ………………………………………………… *104*
14. 輸出入金融 …………………………………………… *111*
15. 国際ファクタリング ………………………………… *113*

vi 目 次

16. フォーフェイティング ·································· 114

17. 電子貿易決済サービス（TSU・BPO） ··········· 114

18. 仮想通貨 ··· 115

第9章　貨物の輸送と船積み書類 ················· 116

1. 貨物の輸送手段 ···································· 116

2. 海上輸送 ·· 116

3. 航空輸送 ·· 130

4. 国際複合輸送 ······································ 133

5. 船積書類 ·· 138

6. 船荷証券 ·· 138

8. その他の船積書類の概要 ···························· 144

第10章　貿易に関わる保険 ····················· 147

1. 貨物海上保険 ······································ 147

2. その他の貨物保険 ·································· 158

3. 貿易保険 ·· 159

4. 製造物賠償責任保険（PL保険） ···················· 164

第11章　貿易管理制度 ························· 168

1. 貿易管理制度の意義 ································ 168

2. 輸出貿易管理制度 ·································· 168

3. 輸入貿易管理制度 ·································· 178

4. 外為法以外の他法令による規制 ······················ 185

第12章　品目分類とHSコード ················· 187

1. 世界共通の品目分類への取り組み ···················· 187

2. HSコード ··· 189

3. HSコードの改訂 ··································· 190

4. 品目分類のルール ·································· 192

5.　貿易統計 ··· *194*

第13章　通関手続き ··· *198*

　　1.　通関手続き ·· *198*

　　2.　通関業者と通関士 ··· *198*

　　3.　輸出通関 ·· *199*

　　4.　輸入通関 ·· *204*

　　5.　保税地域 ·· *211*

　　6.　AEO制度 ·· *215*

　　7.　郵便通関 ·· *219*

　　8.　通関システム ·· *221*

第14章　関税と関税評価 ··· *224*

　　1.　関税 ·· *224*

　　2.　関税評価 ·· *225*

　　3.　関税率の種類 ·· *230*

　　4.　関税課税の形態 ··· *234*

　　5.　事前教示制度 ·· *238*

　　6.　輸出入に伴う消費税等の取り扱い ··························· *238*

　　7.　関税の減免税・戻し税及び還付制度 ························ *239*

第15章　貿易と災害 ··· *247*

　　1.　貿易と災害 ·· *247*

　　2.　「不可抗力条項」の発動 ·· *247*

　　3.　救援物資の通関手続き ··· *249*

　　4.　放射線規制・検査 ·· *251*

第16章　貿易と環境 ··· *255*

　　1.　貿易と環境 ·· *255*

　　2.　貿易と環境に関わる国際的な条約・協定 ··················· *255*

viii　目　次

あとがき……………………………………………………………… 261

参考文献……………………………………………………………… 263

和文索引……………………………………………………………… 265

欧文索引……………………………………………………………… 276

第1章 「貿易」とは

$$◁▷ + ◆◇ = 貿$$

1.「貿易」の意味

　「貿」の上部の「卯」（ボウ）は，窓をこじ開けて中のものを求める様を表す（生贄の肉を分け合うという意味であるという説もある）。下部の「貝」は財貨（お金や商品）の意味である。「易」は，もとはトカゲのような爬虫類の形を表しているものであるが，中でもカメレオンのように周囲の色に合わせ七変化する類のもので，そこから，取り換える，交換する，の意味となった。以上のことから，「貿易」とは，「**市場をこじあけ（開拓し），お金や商品を交換し合うこと**」だと漢字の成り立ちから解釈することができる。

　「貿易」は，モノやサービスの売り買いの行為である。貿易の対象となるモノやサービスは「商品」と呼ばれる。売り買いの行為は「売買」や「取引」という。日本語の「貿易」は稀に国内取引を指すこともあるが，通常は外国との取引を指す。中国語の「貿易」[màoyì]は商業取引一般を表し，特に外国との取引を表すときは，対外貿易（対外貿易）や国際貿易（国際貿易）等，付加語を付して表さなくてはならない。英語の"trade"も中国語の「貿易」同様，これだけでは，商う，交易するという意味であるので，外国との取引の場合は，"Foreign trade"，"External trade"又は"International trade"等「外国」「国際」等を意味する修飾語を必要とする。

2.「貿易」と「輸出入」

　「貿易」はモノとサービスの取引であるのに対し，「輸出入」は，通常モノのみを扱う。関税法では，「輸入」と「輸出」をそれぞれ以下の通り規定している。

> 関税法　第2条（定義）
> 一　「輸入」とは，外国から本邦に到着した貨物又は輸出の許可を受けた貨物を本邦に**引き取る**ことをいう。
> 二　「輸出」とは，内国貨物を外国に向けて**送り出す**ことをいう。

　ここで注目されることは，関税法における「輸出入」とは，単にモノの売り買いにとどまらず，贈答品や見本品等を外国に送り出したり，外国から引き取る行為も含まれ，また，出入国者の携帯品や別送品（本人の出入国の6カ月以内に当該輸出入国に伴って外国に送り出し，又は外国から引き取る貨物のこと）についても輸出入に含まれるということである。

3.「貨物」,「物品」,「商品」

　2.で述べた通り，「輸出入」は，「商品」の売り買いに限らない。従って，関税法や外国為替及び外国貿易法（外為法）では，モノに対しては，原則「**貨物**」という用語を用いる。

　関税法では，特に定義することなく，第1条から次のように「貨物」という用語が登場する。

> 関税法　第1条（趣旨）
> この法律は，関税の確定，納付，徴収及び還付並びに**貨物**の輸出及び輸入についての税関手続の適正な処理を図るため必要な事項を定めるものとする。

　関税法では，全1条〜140条のうち，ほとんどの場合でこの「貨物」という用語が用いられているが，場合に応じて「物品」という用語も「寄贈物品」「課税物品」等のように用いられている。

　外為法についても，「貨物」という用語を多く用いている上，第6条第1項第15号には，以下の通り「貨物」についての定義がある。

〈図表1-1〉関税法及び外為法における「貨物」「物品」「商品」それぞれの使用回数

	「貨物」	「物品」	「商品」
関税法	1,138	33	3[※1]
外為法	58	0	16[※2]
合　計	1,196	33	19

出所：総務省「e-Gov法令検索」http://elaws.e-gov.go.jp/search/elawsSearch/
elaws_search/lsg0100/より筆者計数
※1　「不正競争防止法第2条第1項第1号（定義）に規定する商品等表示」で2回，
「商品の名称及び分類についての統一システムに関する国際条約」で1回，合計
3回いずれも他法令の引用で使用
※2　いずれも「金融商品取引法」の法律名称及び同法に規定する用語（金融商品
取引業者，金融商品取引所等）で合計16回

外国為替及び外国貿易法　第6条（定義）
十五　「**貨物**」とは，貴金属，支払手段及び証券その他債権を化体する証書以外
の動産をいう。

　第7章で紹介するインコタームズでは，専ら「物品」（goods）を用いる。

　以上のことから，本書では，モノを表す用語として，売買の対象となるもの
に限定される場合は「商品」を，限定されない場合は「貨物」「物品」等の用語
を用いることとする。

　関税法と外為法での「貨物」「物品」「商品」のそれぞれの用語の使用回数は
〈図表1-1〉の通りで，これらの法では圧倒的に「貨物」という用語を使用して
いることが分かる。つまりこれらの法は商品に限らず広くモノ全般を対象とし
ているのである。

4.「貿易」のはじまり

　人の欲は尽きることがない。人々は，いつしか自国にはない魅力的なもの
（絹，胡椒等）を求め，ラクダや船を使って外国に旅立つようになった。その旅
は，今とは比較にならないほど困難で，危険と常に隣り合わせであったに違い
ない。

　人類史上，貿易というものがいつから始まったものなのかは，必ずしも明ら

かでない。諸説がある中で、「海上貿易」という意味では、紀元前1200年頃、海洋国家を建設したフェニキア人（現在のシリア、レバノンの地中海沿岸地域に住んでいた民族）たちが始めたものを貿易の嚆矢（こうし）とすることが多い。しかし、その当時の貿易とは、自らで作った作物や品を自ら建造した船で、自ら出向いて売買するという、極めて原始的なものであった。

貿易の発展は交通手段の発展、とりわけ船の性能の向上と相関性がある。船の性能が上がるにつれ、人々はより遠くに行くことができ、異文化に触れ、珍しい物品と出会い、次々と新しい貿易をすることに成功した。

5. 「貿易」と国家の発展

1871（明治4）年、岩倉具視を団長として欧米に旅立った岩倉使節団は、訪れた英国やオランダで信じがたい光景を目にした。英国では、緑はあっても牛や羊が食べる程度の草しか生えず、木材ですら北米等からの輸入に頼らざるを得ない状況であった。オランダに至っては、全土が湿地と言っても過言ではなく、石炭も木材も鉄も採れなかった。にもかかわらず、両国は余りにも裕福なのである。その鍵は「貿易」であった。そのことを知った同使節団は、同じように資源が豊かでない我が国も、これらの国同様に貿易によって国を発展させようと考えた。そして我が国はすぐに欧米と肩を並べる大国に急成長した。

1941年12月の真珠湾攻撃に始まった太平洋戦争は、1945年には我が国の主要都市のほとんどが空爆され、広島と長崎には世界で初めて原子爆弾が投下されるという人類史上最悪の結末で幕を閉じた。多くの人命を奪い、全土が焦土と化した壊滅状態から我が国を奇跡的に蘇らせたのも貿易であった。貿易は、国家の発展に欠かすことができず、国の政策として常に外すことのできない重大項目だといってよい。

6. 自由貿易と世界平和の実現

1929年、米国のウォール街に端を発した未曽有の金融危機は瞬く間に世界に波及し、世界恐慌を引き起こした。世界の主要国は、自国と植民地との間以外

の国に対しては高い関税をかける，いわゆるブロック経済を断行し，経済の立て直しを図った。第一次世界大戦によって植民地を失っていたドイツ，植民地が他の主要国に比べて少なかった我が国は，新たな植民地や市場の獲得に乗り出すこととなり，これが第二次世界大戦勃発の遠因となったといわれている。

　第二次世界大戦が終結すると，人々は，このように，不況時に自国の利益を優先して閉鎖的貿易に向かうことが，世界の不安定化につながると考えた。国際貿易機関（ITO）の設立を推進していた米国国務長官のコーデル・ハル（Cordell Hull）は，「商品が国境を越えなければ，軍隊が国境を越える」と言った。ITO設立は実現に至らなかったものの，自由な貿易の発展こそ国際平和につながるとの思いが，関税及び貿易に関する一般協定（GATT）や世界貿易機関（WTO）の成立につながった（第4章参照）。

　貿易は，モノやカネの交換である一方で，人と人との交流でもある。誰も友人のいる国と戦争をしたいとは考えないはずである。貿易を促進することは，商品の選択の幅を広げ，人々の生活を豊かにさせる一方，文化の異なる国や地域の人々が交流することでお互いの理解が促進され，争いのない平和な世界の実現が期待されるのである。

7. 貿易を始めよう

　自由貿易を推進する我が国では，貿易を行うこと自体に規制はなく，資格等も必要ない。輸出も輸入も誰でも自由に行うことができる（ただし，品目によって医薬品医療機器等法上の許認可，食品衛生法上の届出等が必要となる場合がある）。

　さあ，あなたも貿易実務を学んで，貿易を始めよう。

第2章　貿易実務とは

1. 貿易取引と国内取引との違い

　貿易取引と国内取引とを比較したとき，次のような違いがある。
① 言語，文化，商習慣，法制度等が異なる。
② 取引相手が遠く離れたところにいて，見えづらく，容易に会うことができ
　ない。
③ 貨物の発送・引渡しから代金決済まで，時間差が生じる。
④ 貨物の輸送距離が長く，輸送中に危険が伴う。
⑤ 決済通貨が異なることが多い。
　これら①〜⑤の違いを，長い貿易の歴史の中で，後に詳述する以下のような
方法で克服してきた。
①→手紙，FAX，電子メール等の文書，契約書の作成，法制度の情報収集
②→信用調査
③→信用状，輸出入金融
④→貨物海上保険，航空貨物保険
⑤→自国通貨での取引，為替予約

2. 貿易実務とは

　貿易実務とは，1.で述べたような貿易と国内取引との違いを長い歴史の中で
克服し，確立してきた商慣習やルールの積み上げ，成果の体系ということがで
きる。当事者間双方の十分な貿易実務の知識や理解は，取引を円滑化させ，さ
まざまなトラブルを回避することを可能にする。また，貿易実務の現場では，
輸送，保険，通関，決済等，それぞれの業務についてそれぞれの専門分野の関

係者が分担して行っており，すべての手続きを一人で行うものではないが，前後のつながりや全体の流れを体系的に理解しておくことが，取引を成功に結び付けるための鍵となる。

貿易実務は，大きく分けて次の3つの流れがある。

・モノの流れ……売主から買主に商品が輸送される流れ
・カネの流れ……商品の代金やその他貿易に関するコスト支払いの流れ
・カミの流れ……契約から買主が商品を受け取るまでに必要な書類の流れ

3．なぜ，貿易実務が商慣習によるものなのか

2．では，貿易実務が，長い歴史の中での商慣習の積み上げであると述べた。それでは，なぜ，貿易実務が，法律や条約ありきではなく，商慣習によるものなのか。それは人間の欲と関係があると思われる。人々はこれまで見たことのない珍しい商品を初めて目にしたとき，一刻も早く欲しいと思うだろう。それらの商品の売買のために，法律や国家間の交渉，条約の制定等のプロセスをとても待ってはいられない。そうかと言って略奪をするわけにもいかない。そこで人々はそれらの商売のためのルールを互いに取り決めることになる。それが慣習として長い年月をかけて積み上がり，世界に波及し，現在の貿易実務の体系を形成してきたと考えられる。もし，将来，異星人との間の交流が始まり，相手がこちらが喉から手が出そうなほど魅力的なものを持っていたとしたら，我々はあの手この手でできるだけ早く彼らのその珍しい品を手に入れようとするだろう。異星人の言語を理解し習得した後，相手方の国（星）との交渉の末，条約を制定してから，ということにはならないはずである。やはり，異星人との間でも，慣習による新たな宇宙間貿易実務のようなものが形成されるであろう。

4．貿易実務の関係者（プレイヤー）

2．で述べたように，貿易実務は，すべての手続きを一人で行うものではなく，それぞれの業務についてそれぞれの分野の関係者間で分担して行ってい

る。以下に，貿易実務に登場するそれぞれの関係者を述べる。

(1)　輸出者と輸入者

　輸出者（Exporter） とは，貨物を外国に送り出す主体である。輸出者は，製造業者が直接なることもあれば，商社や流通業者等がなる場合がある。この「輸出者」という用語は，関税法や外為法の用語である。関税法ではほかに「仕出人」（しだしにん）という用語も使われている。売買契約では，通常，売主（うりぬし，Seller）であり，輸送では荷送人（におくりにん，Shipper），信用状取引では受益者（Beneficiary）となる。これらは立場が変わっても同一人のこともあれば，同一人でないこともある（〈図表2-1〉参照）。

　輸入者（Importer） とは，貨物を外国から引き取る主体である。輸入者は，小売店や卸売業者がなる場合もあれば，商社や貿易代行業者等がなる場合がある。この「輸入者」という用語も関税法，外為法上の用語である。関税法ではほかに「仕向人」（しむけにん）という用語も使われている。売買契約では，買主（かいぬし，Buyer）であり，輸送では荷受人（にうけにん，Consignee），信用状取引では発行依頼人（Applicant）となる。輸出者同様，これらの場合も，立場が変わっても同一人のこともあれば，同一人でないこともある（〈図表2-1〉参照）。

　日本語ではさらに，上述の荷送人と荷受人を合わせた**「荷主」**（にぬし）という便利な用語がある（戦前はこれを「貨主」といっていた）。この用語を使って荷送人を**「発荷主」**，荷受人を**「受荷主」**ということがある。荷主は，本来「貨物の所有者」（Goods Holder）ということであるが，(3)の運送人との関係では運送人の「顧客」であり，輸出地（仕出地）では，貨物（荷物）を運送人に託

〈図表2-1〉輸出者と輸入者の立場による呼称の違い

関税法・関税定率法・外為法	関税定率法・交渉段階	売買契約・インコタームズ	貨物輸送・船荷証券	信用状	為替手形	国際郵便
輸出者(仕出人) Exporter	売手 Seller	売主 Seller	荷送人(発荷主) Shipper	受益者 Beneficiary	振出人 Drawer	差出人 Sender
輸入者(仕向人) Importer	買手 Buyer	買主 Buyer	荷受人(受荷主) Consignee	発行依頼人 Applicant	名宛人 Drawee	名宛人 Addressee

出所：筆者作成

す運送人の顧客，輸入地（荷揚地）では，運送人から貨物を受け取る顧客である。

「売手」か「売主」，また「買手」か「買主」という呼称は，定義のないまま混用されている。傾向としては，まだ契約に至っていない交渉段階では，「売手」，「買手」という用語を用いることが多く，契約が成立し，売買契約書作成段階に入ると，「売主」，「買主」という用語を使用することが多いようである。関税定率法では専ら「売手」，「買手」を，第7章のインコタームズやウィーン売買条約では，専ら，「売主」，「買主」を用いる。

(2) 銀行

銀行（Bank）は，輸出者と輸入者の間に入って代金決済の仲介をしたり，支払いの立て替え，支払いの猶予を行ったりする。輸入者側の信用状発行銀行（Issuing Bank, Establishing Bank）は，信用状を発行し輸入者の支払い確約を行う。輸出地側の買取銀行（Negotiating Bank）は，信用状条件と船積書類とが一致していることを確認し，輸出者に代金を支払う。外国の銀行間は，**コルレス契約（Correspondent Arrangement）**を締結していることが多い。コルレス契約とは，外国為替銀行が，外国にある金融機関との間で外国為替を行うための一定の取引条件を定め，預金勘定の開設，署名鑑，暗号帳，電子鍵，書式見本の交換等を行うことをいう。このコルレス契約を締結している銀行を**コルレス銀行（Correspondent Bank）**という。

(3) 運送人

運送人（Carrier）は，船舶（外国貿易船）や航空機（外国貿易機）等の輸送手段を用いて，貨物を輸出国（仕出地）から輸入国（仕向地）に輸送する。我が国は島国であるため，出入国の輸送手段は，船舶と航空機の二通りしかなく，運送人としても，船会社か航空会社ということになるが，いわゆる"Door to Door輸送"と呼ばれる国際複合一貫輸送の舞台では，トラックや鉄道といった陸上の輸送手段が盛んに使用されている。このように自ら輸送手段を持ち，荷主から貨物の輸送の依頼を受ける者を，**実運送人（Actual Carrier）**という。これに対し，近年では，自らは輸送手段を持たないが，運送人の名で複数

の荷主から貨物を集め，単独又は複数の実運送人に対して荷主の名で輸送を依頼し，一貫した輸送をアレンジする国際複合一貫輸送業者（フレートフォワーダー，NVOCC等）の活躍が目覚ましい。これらの業者を実運送人に対して，**契約運送人（Contracting Carrier）**という（第9章参照）。

(4) 海貨業者，通関業者

海貨業者とは，港湾運送事業法に基づき国土交通省の許可を受けた海運貨物取扱業者で，**通関業者**とは，通関業法に基づき税関長の許可を受けた通関手続きの代行業者である。

これらの業者を「**乙仲**」（おつなか）ということがある。この呼称は，戦前にあった戦時統制法の一つである旧海運組合法（1939年制定～1947年廃止）中の用語の名残である。同法では，不定期船貨物の仲介を行う甲種海運仲立（なかだち）業（甲仲）と定期船貨物の仲立ちを行う乙種海運仲立業（乙仲）を規定しており，後者の略称が戦後，同法廃止後も俗称として残った。この由来から分かるように，本来，この「乙仲」は現在の海貨業者を指すものであるが，海貨業者は，通関業者の許可を併せ持っていることが多いことから，通関業者に対しても，「乙仲」という呼称が混用されてきた。いずれにしても，現行法では，「乙仲」という用語は存在しないため，正式な用語として使われるべきではない。

(5) 保険会社

貨物の輸送中の事故による損害に対して補償を行う海上保険会社，製造物責任（PL）保険を扱う損害保険会社，突発的な政変・テロ等による取引停止等の非常リスクや取引相手の破産等の信用リスクに対して補償を行う貿易保険会社がある。海上保険，製造物保険については通常民間会社が担う。貿易保険については，一部民間会社が行うこともあるが，損害が起きた時の補償額が莫大となることが多いため，通常政府又は政府機関が担う。我が国では，**株式会社日本貿易保険（NEXI）**が代表的な役割を担っている。

(6) 貿易関係の官公庁

輸入貨物に関税を課したり，違法な貨物が輸出入されていないかを監視する

税関，規制品目の輸出入許可・承認等を行う経済産業省（安全保障貿易審査課，貿易審査課），食品や医薬品の輸入管理を行う厚生労働省（検疫所，医薬品医療機器等の許認可は都道府県の薬事担当部署に権限移管），動植物の輸出入検疫を行う農林水産省（動物検疫所，植物防疫所），港や空港の整備・管理そして船舶や航空機の出入港管理を行う国土交通省（運輸局），乗員や出入国者の管理を行う法務省（入国管理局）等がある。

(7) その他の関係機関

WTO，国際連合貿易開発会議（UNCTAD）等の国際機関，貿易に関する情報提供を行う各国の大使館・日本貿易振興機構（ジェトロ）等の貿易促進機関，原産地証明書を発行する商工会議所，貨物の品質や安全性，規格等を検査する検査機関，輸出入組合等の業界団体等がある。

5. 貿易実務の流れ

輸出手続き，輸入手続きの流れを図で表すと，それぞれ〈図表2-2〉，〈図表2-3〉の通りとなる。

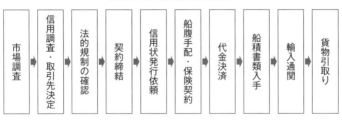

〈図表2-2〉輸出手続きの流れ

〈図表2-3〉輸入手続きの流れ

第3章　新しい貿易取引形態

1. 新しい貿易取引形態

　第2章で述べたような「貿易取引」は元来，輸出者（売手，売主）と輸入者（買手，買主）との二者間の取引であった。それが近年，企業のグローバル化に伴い，工場の海外移転が加速すると，注文を受ける買手が住む国と，物品を発送する国が異なるということが起こり，仲介（三国間）貿易が生まれた。また従来の二者間の取引であっても，買手の注文に応じて素早く納品がなされるように，予め買手の住む港の保税倉庫等に物品を搬入しておき，注文ごとに売手が遠隔操作で物品の搬出を行う非居住者在庫・通関が発達した。また近年のインターネットの発明は，貿易取引に革命をもたらした。自宅からインターネットで注文をすると，商品は国際郵便や国際宅配便等で海外から簡単に自宅まで届けられるようになった（越境EC）。さらに，これまで船舶や航空機で運ばれていた商品が電話回線や電波を介して運ばれる時代が到来したのである。この章ではこうした近年出現した新しい貿易取引形態とそのルール等について紹介する。

2. 仲介（三国間）貿易

⑴　仲介貿易とは

　仲介貿易とは，外国相互間の貨物の移動を伴う貨物の売買，貸借又は贈与に関する取引（外為法第25条第4項）をいう。当事者が輸出者，輸入者，仲介者と三者存在し取引が三国間にまたがることから**三国間貿易**とも呼ばれる。仲介者が多数存在し，国も四カ国，五カ国と多数国間にまたがることもある。従来は単にモノを作っている国にいる売主が他のある国にいる買主の注文によって

〈図表3-1〉仲介貿易（三国間貿易）

輸出をするという二国間貿易が主流であった。しかし近年の企業のグローバル化によって，注文を受ける売主とモノを輸出する者とが異なる国にいる仲介貿易が発達したのである。

三国間貿易を例にとると，〈図表3-1〉のように，タイC社から注文を受けた日本A社が中国B社から商品を購入し，その商品を，日本を迂回させることなく，タイC社に直接輸送して販売する。日本A社は，中国B社とタイC社との間に入って，貿易を仲介する。このとき日本A社は中国B社に商品の代金を支払う一方，タイC社から商品代金を受け取る。この差額が日本A社の利益となる。

(2) スイッチ・インボイス[1]（リインボイス）

(1)の例で挙げた取引では，日本A社とタイC社との間で売買契約を締結するが，商品である貨物は中国B社からタイC社に直送される。GATT/WTO関税評価協定第8条1.（第14章参照）では，輸入申告時の課税標準には仲介手数料を含むとしているため，タイでの輸入申告価格は，日本A社からタイC社への販売価格が基準となり，タイの税関では日本A社のインボイスが受け入れられるべきである[2]。このため中国B社が発行したインボイスは仕向け地のタイC社には送らず，一旦日本A社に送り，日本A社の利益を載せた新たなインボイスをタイ側C社に送り，この価格でタイ税関に申告する。このようにして発行されるインボイスのことを**スイッチ・インボイス**又は**リインボイス**という。日本

---

1 「インボイス」については第9章参照。
2 ただし実際にはこのような仲介貿易の場合であっても輸入地税関において実際に貨物が積み出された地で発行されたインボイスが要求されることもある。

A社，中国B社，タイC社がそれぞれ関連会社等で互いの会社の名称や所在地が知れても問題がない場合もあるが，そうでないケースも多い。つまり今回の例で言えば，日本A社にとってタイC社に，中国B社の名称，所在地，中国の船積み価格等を知られたくないというケースが多い。このような場合でも，スイッチ・インボイスは有効であり，中国B社で発行されたインボイスを日本A社が回収し，売主名と販売価格を書き替えて販売先のタイC社に発行することができ，中国B社の情報が知られることはない。インボイスは私文書であるため，このようなインボイスの書き替えは自由に行われている。

多くの自由貿易協定（FTA）／経済連携協定（EPA）（第4章参照）では，スイッチ・インボイスを**第三者インボイス（Third Party Invoice）**と呼び，原産証明書の特定欄にその第三者インボイス番号を記入させることが多い。

⑶ スイッチB/L

貨物の輸送が海上輸送の場合，船積み後，船会社から有価証券である，**船荷証券（Bill of Lading：B/L）**が発行される[3]。このB/Lを，本来の荷送人（Shipper）である中国B社から，荷受人（Consignee）のタイC社に直接送ると，タイC社に中国B社の名称や所在地が知れることとなる。この事態を防ぐため，実務上，一旦船積み地で発行された中国B社を荷送人としたB/Lを仲介地で回収し，当該仲介地における船会社代理店において，新たに日本A社を荷送人としたB/Lを発行，それを仕向地のタイC社に送るということを行う。これをスイッチB/Lと呼ぶ。ただし，これを行うには仲介地に船会社の代理店がなければならず，またB/Lスイッチ自体に応じない船会社もあるため，事前に船会社にその可否を確認しておく必要がある。また，B/Lのスイッチをしていると仕向地での貨物の引き取りの遅れにつながることから，最初から荷送人名を仲介者としたB/Lを船積みで発行することもある。この場合，日本A社から中国B社に決済を行うために，日本A社が中国に進出している日系等のフレイトフォワダーを起用し，貨物が中国で船積みされたら，中国のB社に貨物受取証

3　最近では船荷証券（B/L）に代えて非有価証券である海上運送状（Sea Waybill）が発行されることも多い。

（Forwarder's Cargo Receipt：FCR）を発行させる。それを証ひょうとすれば中国B社は，日本Aからの支払いを受けることができる。なお，この方法については，日本A社への中国での恒久的施設（PE）のみなし課税等のリスクが否定できないことから当事者間で話し合いながら進める必要がある。

⑷ 外為法上の仲介貿易規制

　仲介貿易を行うことは原則として自由だが，以下に挙げる国際連合安全保障理事会決議及び我が国の外国為替及び外国貿易法（外為法）に定める規定を遵守する必要がある。2004年4月採択の国際連合安全保障理事会決議第1540号では，大量破壊兵器等の不拡散の観点から，「仲介貿易取引」や「積替再輸出」（外国から到着した貨物を港湾や空港で積み替えた上で，第三国に輸出する形態）について，適切に管理することが義務付けられた。これを踏まえ，我が国では，2007年6月，輸出貿易管理令及び外国為替令（外為令）を改正し，仲介貿易取引及び積み替えの規制が強化された。仲介貿易取引規制の強化については，輸出管理徹底国（ホワイト国）以外の仲介貿易について，**客観要件及びインフォーム要件**に該当する場合は，経済産業大臣の許可が必要となった（外為令第17条第2項）。客観要件とは，扱う商品の用途や需要者が大量破壊兵器等の開発等に用いられる恐れのあるケース，インフォーム要件とは，経済産業省から許可を申請するよう通知を受けたケースを指す（第11章参照）。また，2006年10月には，北朝鮮から第三国への仲介貿易取引を禁止する措置が発動された。さらに，この仲介貿易取引の規制の対象となる取引が従来，「売買」に関するもののみとなっていたが，2009年11月施行の外為法改正で，貨物の「貸借」や「贈与」も含まれることとなった（外為法第25条第4項，外為令第17条第3項）。

⑸ 中国が関係する仲介貿易で指摘されてきた問題点

　従前，中国では，「カネ」の流れと「モノ」の流れが一致していなければならないという原則があり，仲介貿易はルール上できないのではないかと言われていた。つまり，⑴のケースで言うと，「モノ」については中国からタイに輸送されるが，「カネ」については，日本A社から入金されるため，「カネ」の流れ

と「モノ」の流れが一致せず，行うことができないとするものだ。それは，次の中国外貨管理条例（国務院令第532号）第12条が根拠とされていた。

中国外貨管理条例（国務院令第532号）
第12条（経常項目外貨収支）
経常項目外貨収支は，真実，適法な取引基礎を備えていなければならない。
人民元転及び外貨転を取り扱う金融機関は，国務院外貨管理部門の規定に従い，**取引証憑の真実性及び当該証憑と外貨収支の一致性**について適切な審査を行わなければならない。

しかし，現実には，中国が関係する仲介貿易は多く行われており，上記の法令の解釈も次の整理がなされている。本法令にいう「一致性」とは，取引の「真実性」を問うと解される。つまり，ここでいう「モノ」を，物理的な「モノ」ではなく，所有権としての「モノ」（「物流」でなく「商流」）と考える。今回のケースでいうと，もともと所有権がA社にある貨物をたまたまA社が指定したタイC社に納めたり，たまたま倉庫や工場のあるB社から出荷しているに過ぎず，問題はないとするものだ。

(6) 税務上の留意点

ここでは，日本A社が中国やタイに拠点を持たずして今回のビジネスを行うことで税務上のリスクがないかどうかを考える。つまり，中国やタイの税務当局から，現地に拠点がなくとも，倉庫等が**恒久的施設（Permanent Establishment：PE）**（4.(3)参照）とみなされ（現地に法人等があるものとみなされ），法人税や所得税が課されるというリスクがあるかどうかという点だ。この点について，我が国は，中国とタイの両方と租税条約を締結している。両租税条約の解釈では，今回のビジネスモデルにおいて，まず，企業に属する物品又は商品の保管，展示又は引渡しのためにのみ施設を使用することはPEではないとしている（日中租税条約第5条第4項(a)，日タイ租税条約第5条第5項(a)）。また中国，タイで起用する通関業者や物流業者等が日本A社にとって「独立代理人」の立場であれば，PEにはならない。「独立代理人」とは，中国やタイでの通関業者や物流業者等が日本A社専用（これを「従属代理人」とい

う）ではなく，不特定の顧客を持つ業者等をいう（日中租税条約第5条第6項・7項，日タイ租税条約第5条第6項・7項）。ただし，これらの判定は，最終的には，現地の税務当局の判断に委ねられるため，事前に国際税務の専門家に相談しながら進めることが推奨される。

3. 三者間取引

(1) 三者間取引とは

　三者間取引は，公式な定義は存在しないものの，ここでは〈図表3-2〉のように，仲介者は外国にいるが，貨物自体は同一の国内で輸送される取引をいう。ドロップシップメント（Drop Shipment）[4]と呼ばれることもある。このケースでは，貨物が輸送される国での付加価値税（我が国では消費税）の処理等が問題となってくる。

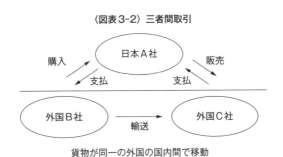

〈図表3-2〉三者間取引

(2) 貨物の輸送が日本国内で行われる場合

　(1)の取引において，貨物の輸送が日本国内で行われ，仲介を行う外国企業が我が国で基準期間の課税売上高が1,000万円を超えるときには，日本国内での消費税の納税義務が発生する。この場合には，国税通則法第117条に基づく納税管理人を選任して日本の税務署に対し納税申告を行う。基準期間の課税売上高が1,000万円以下の場合には，納税が免除されるが，この場合でも課税事業

4　ドロップシップメント（Drop Shipment）は2.の仲介（三国間）貿易のことを指すこともある。

者の選択届出を行うことで課税事業者になることも可能である。しかし我が国においてこの取引は，恒久的施設（PE）のみなし課税のリスクがあるため注意を要する。

(3) 貨物の輸送が外国の同一国内で行われる場合（タイでのケース）

仲介者である日本企業（(1)でいうA社）にタイ国内における付加価値税（VAT）の納税義務が発生する。タイVAT法上は，年間の売上が180万バーツ未満であれば免税事業者となるが，タイでのVATの課税方式がインボイス方式であるため，タイでの購入企業（(1)ではC社）が仕入税額控除を受けるためにはA社のTax IDが入ったTaxインボイスが必要となる。Tax IDは，事業者登録を行わないと付与されない。このため，A社は上述の免税規定に関わらず，タイにおいて課税事業者の届出を行う必要がある。この場合，タイ国内で実際に取引を行う事業者等を代理人として指定し，その者をVATの（代理）納税義務者として対応する。また，またこのケースでも(2)同様にタイにおいて恒久的施設（PE）のみなし課税のリスクがあるため注意を要する。

(4) 貨物が中国国内で輸送される場合の注意点

〈図表3-3〉の例のように，仲介者A社のまま，商品の移動が中国国内のB社からC社へという場合は，他の国と異なり注意が必要である。この場合，日本

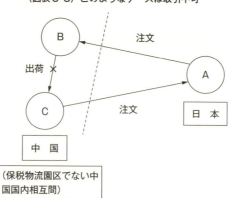

〈図表3-3〉このようなケースは取引不可

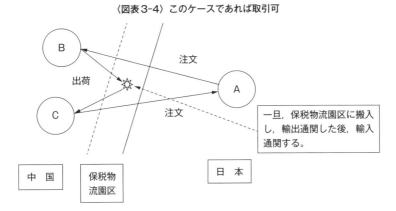

〈図表3-4〉このケースであれば取引可

A社が中国に実態がないため，中国国内で売り上げを上げることができない（中国当局が中国国内に実態のない日本A社に課税することができず，税制度上の問題が生ずる）。そこで，この場合は，〈図表3-4〉のように，貨物を一旦保税物流園区に搬入し，一旦輸出通関をし，再度輸入通関をしてC社に納めるという方法を取る。

(5) ベトナムにおけるOn the Spot Export／Import制度

ベトナムから最終的に輸出される商品の製造あるいは加工を手掛けている業者が，外国の取引先からの指示に基づき，ベトナムの業者から当該商品の材料をベトナム国内で調達する取引をOn the Spot Export／Import取引という。通常ベトナム国内での取引には付加価値税（VAT）が賦課されるが，最終商品が輸出されるOn the Spot取引の材料に関しては，ベトナム国内取引ながらVATの支払いを免除される。ただし，2012年4月12日に公布された通達Cicular 60/2012/TT-BTCにより，On the Spot Export/Importは**外国契約者税（Foreign Contractor Withholding Tax）**の対象となる。外国契約者税とは，外国法人又は個人である外国契約者が，ベトナム国内法人又は個人に対してベトナム国内でサービスを提供し対価を得た場合，その所得に対し課される税金をいう。

4. 非居住者在庫・通関

(1) 非居住者在庫とは

非居住者在庫とは，売手が買手からの注文の都度，売手側から商品を発送するのではなく，買手が居住する国又は近い場所の保税地域等にあらかじめ一定量を搬入しておき，注文の都度そこから搬出して納品を行うなど非居住者でありながら遠隔操作で商品を一括管理する手法をいう。欧州のオランダや東南アジアのシンガポールなど，交通の利便性が高く地域のハブ港となっているところで在庫することが多い。売手が主導して買手側に近いところで商品の在庫を管理することから**売手管理在庫**（Vendor Managed Inventory：VMI）とも呼ばれる。買手側にとっては予め大量の在庫を保有しなくとも商品がほしいときに素早く手に入れられるメリットがあり，売手側にとっても海外で複数ユーザーに対し商品を一括管理できるというメリットがある（〈図表3-5〉）。

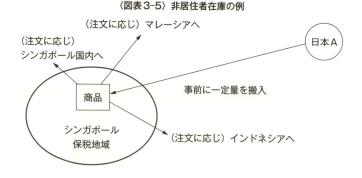

〈図表3-5〉非居住者在庫の例

(2) 非居住者通関

在庫の管理の場所が我が国である場合，非居住者である外国企業が自ら輸出者や輸入者となって保税地域にある商品を我が国に輸入したり，外国に積み戻したりすることができる。具体的には，外国企業は税関事務管理人を選任し，税関長に届ける（関税法95条第1項，関税法施行令第84条及び85条）。税関事務管理人は，外国企業のために，税関の事務を管理する役割を担うに過ぎず，

我が国への輸入の際，税関に対する関税等の実際の納税義務者は輸入者である外国企業となる。日本国内で税務署に対し，消費税の申告書を提出するためには，別途納税管理人を定め税務署長に届け出て手続きを行う必要がある（国税通則法第117条）。

輸出入申告が居住者に限定されている国も多い。このような場合には，非居住者在庫をしている場所の居住者である民間の物流業者や倉庫業者と別途契約を結び，現地での輸出入申告を委託する。

(3) 恒久的施設（PE）とその課税リスク

恒久的施設（Permanent Establishment：PE）とは，一般に事業を行う場所等のことをいい，企業が海外で事業を行う際に，その活動から生じる所得が現地の税務当局の課税権に服するか否かを決定する重要な指標となる。PEがあれば当該国の税務当局に課税権があり，PEなければ課税なしという考え方が国際的に主流となっている。例えば，非居住者の外国法人が日本国内で事業を行っていても，日本国内にPEを有していない場合には，その非居住者の外国法人の事業所得は日本で課税されることはない。

日本国内では，PEは以下の3種類に分類されている。

① **支店PE**・・・支店，出張所，事業所，事務所，工場，倉庫業者の倉庫，鉱山・採石場等天然資源を採取する場所がPEに含まれる。ただし，資産を購入したり，保管したりする用途のみに使われる場所，あるいは広告，宣伝，情報の提供，市場調査，基礎的研究等，その事業の遂行にとって補助的な機能を有する活動を行うためにのみ使用する場所は含まれない。

② **建設PE**・・・建設，据付け，組立て等の建設作業等のための役務の提供を，1年を超えて行う場合のその場所は，PEとみなされる。

③ **代理人PE**・・・非居住者のためにその事業に関し契約を結ぶ権限のある者で，常にその権限を行使する者や在庫商品を保有しその出入庫管理を代理で行う者，あるいは注文を受けるための代理人等はPEとみなされる。ただし，代理人等が，その事業に係る業務を非居住者に対して独立して行い，かつ，通常の方法により行う場合の代理人等はPEとみなされない。

ここで，今回のような非居住者在庫がPEとみなされるかどうかについて考

える。PEの範囲については，各国の国内法，及び我が国が他国と締結している租税条約に規定されている。そこで，日本企業が海外で事業を行う際，当該国が我が国と租税条約を締結している場合は，租税条約の規定を，締結していない場合は，現地の国内法を参照する必要がある。日本企業が他国に有している施設等がPEに該当するか否かの判定は最終的には現地の税務当局の取り扱い次第である点には留意が必要である。

5. 越境EC

⑴ 越境ECとは

「越境EC」とは，経済産業省の定義によると，消費者と当該消費者が居住している国以外に国籍を持つ事業者との電子商取引（購買）をいう。いわばインターネットを活用した国境を越えるオンラインショッピングのことで，ECは，電子商取引を表す "Electronic Commerce" の略である。インターネットが普及した現在において，越境ECによる取引が年々増加している。しかし，このような取引が近年急激に盛んになったため，各国の法整備がこれに追い付かず，我が国を含め，多くの国で越境ECに対する法制度は未整備と言ってよい。こうした中，世界最大のEC市場を持つ中国では越境ECの制度の構築が進んでいる。

⑵ 我が国における越境ECに関わる制度
① 輸入通関制度

前述の通り，我が国においては越境ECに関わる制度は未整備であり，我が国の輸入通関制度の主な部分を規定している関税関係法令でも，一般の輸入貨物と越境ECによる輸入貨物とを基本的には区別をしていない。一方，越境EC貨物の多くは郵便局の国際スピード郵便（EMS）やDHL，FedEx，UPS等の国際宅配便により輸送される。価格も少額であることが多い。このため，既存の制度中，小口輸入に対する次のような簡易な通関制度や関税・輸入消費税上の特例がある（第13章参照）。これらの特例措置は，判定が一般貨物か越境EC貨物かではなく，金額の多寡又は販売目的か個人使用かどうかによりなされる

点に注意が必要である。

② 電子商取引における消費税法改正

従前，電子書籍・音楽・広告の配信やダウンロード等のインターネット等を介して行われる役務の提供（電気通信利用役務の提供）が消費税の課税対象となる国内取引に該当するかどうかの判定基準（内外判定基準）が，役務の提供を行う者の役務の提供に係る事務所等の所在地であった。このため，従来は，国内事業者から国外事業は又は国外消費者に対する電気通信利用役務の提供に対しては消費税が課されたが，国外事業者からの国内事業者又は国内消費者に対する役務提供では消費税は不課税扱い（課税対象外）であった。この結果，まったく同質，同量の役務であっても，国内事業者が国外事業者に比べ不利な状況となっていた。この国内外の事業者間の競争条件をそろえる観点から，2015年10月1日，消費税法を改正し，内外判定基準を役務の提供を受ける者の住所等とした。この結果，これ以降，国外事業者が国境を越えて行う電子書籍・音楽・広告の配信等の電子商取引に，消費税を課税されることとなった。課税方式は，国内で当該サービスの提供を受ける者が事業者か消費者で異なる。事業者の場合は当該事業者に申告納税義務を課す**リバースチャージ方式**[5]が適用される。なお，この方式は，経過措置により，当分の間は，当該課税期間について一般課税により申告する場合で，課税売上割合が95％未満である事業者にのみ適用される。一方，国内でサービスの提供を受ける者が消費者の場合は，当該国外事業者が申告納税しなければならない。このとき，当該国外事業者が日本国内に事務所等がない場合には，納税管理人を指定するなどして手続きを行う。

(3) 中国における越境EC貨物の通関制度

中国では，2013年以降，越境ECに関する通関制度が急速に整備された。2013年8月，越境EC通関サービスプラットフォーム及び対外貿易取引プラッ

---

5 リバースチャージ（Reverse Charge）は一般的な意味では，電話料金を電話の発信者ではなく受信者が負担することを指す。税法では，本来納税義務を負うべき国外の役務提供者に代わって，役務の受益者が納税の負担，手続きを行うことを指す。

トホームを構築する旨の国発〔2013〕32号を公布した。これにより，越境EC
に適応する監督管理措置を実施し，電子商取引の「走出去」（海外進出）を促進
した。2014年3月には，「越境貿易ECサービスのネット通販保税モデル試行の
関連問題に関する通知」（署科函〔2013〕59号）を公布した。これは，上海，
杭州，寧波，鄭州，広州，重慶の6都市において，保税区を利用して輸入する
場合，**行郵税**[6]を適用し，一般貿易とは異なる手続きで通関を行うことを許可
するものである。この保税区を活用した越境EC貨物の輸入方法を**保税区モデ
ル**という。2016年9月現在，保税区モデルとしての機能を有する国務院認定都
市は計10都市に拡大し，さらに，越境ECの総合試験区として13都市が認定さ
れた[7]。中国の越境ECの制度は2016年に入ってから新たな局面を迎えた。中国
政府は「越境電子商取引による小売輸入の税収政策に関する通知」（財関
〔2016〕18号）を出し，2016年4月8日から実施した。これにより，まず，取引
上限額を1回あたりこれまでの1,000元以下から2,000元以下とする一方で，こ
れまで限度のなかった年間の限度額を2万元以下と設定した[8]。これらの限度額
の設定は保税区モデルのほか後述する直接モデルでも適用される。次に，保税
区モデルにおいて，行郵税の適用を廃止し，一般貿易と同様に，関税，増値税，
消費税が課されるようになった。ただし上述した上限額以内であれば，関税率
を0％，増値税と消費税については，ともに法定の70％を適用するとの優遇措
置を暫定的に設けた。加えて，保税区モデルでは，税額50元以下の免税措置を
撤廃した。また，保税区モデルでは，新制度ではポジティブリスト方式が取ら
れ，「越境電子商務小売輸入リスト」に掲載された品目（2016年4月現在1,293
品目）のみが越境ECの対象品目とされることになった[9]。リスト掲載品目につ
いては，中国の法制度に従った通関証明書（通関単）や化粧品や粉ミルク等特
定品目については輸入許可証が必要となった。しかしこれらの提出義務を一旦
2017年5月11日まで猶予し，その猶予をさらに2018年末まで延長した。中国国
務院常務会議は2018年11月21日，2019年1月1日以降も現行の管理政策を適用

---

6 入国する個人の荷物や個人の郵便物に対する輸入関税のこと。
7 2018年8月現在，越境EC総合試験区は22都市になった。
8 2018年11月，1回あたりの取引限度額は5,000元に年間上限額は2万6,000元に拡大した。
9 2018年11月，対象品目としてさらに63品目が追加された。

すると発表した。つまり2016年に施行された越境EC新制度による通関証明書提出等の実施猶予が，2019年以降も延長されることになった。

　保税区モデルに対し，外国のECサイトに出品した商品を中国の消費者から注文が入るたびに当該商品をEMSや国際宅配便等を利用して中国の消費者に直接配送する方法を**直送モデル**という。直送モデルでは，上述の2016年4月8日施行の財関〔2016〕18号で，保税区モデル同様に1回あたり2,000元以下，年間の限度額が2万元以下となったが，従前通り行郵税が課される。ただし，従前品目により10％，20％，30％，50％の4段階の区分から15％，30％，60％の3段階の区分に変更となった。課税額50元以下の免税措置は維持された。直送モデルでは，国が輸入禁止とする品目以外は中国への輸入が認められているが，保税区モデル同様，今回の改正で，化粧品や粉ミルク等特定品目については輸入許可証が必要となった。しかし保税区モデル同様これらの提出義務を現在さらに2018年末まで猶予することとしている。

(4)　米国における越境EC制度

①　米国における越境EC

　米国が1970年代後半に行った規制緩和（Deregulation）は，UPSやFedExといった，陸上での集配送を行うフォワーダーと貨物専用航空機を運行する航空会社の機能を併せ持つ**インテグレーター（Integrator）**と呼ばれる業態を生み出した。これにより米国のみならず，全世界的に，国際郵便に加え，国際宅配便による配送が活発化した。2016年3月10日，米国に輸入される物品の免税範囲が従前の課税価格200米ドル以下から800米ドル以下に引き上げられた。米国はアマゾン社を代表とするECサイトビジネスも活発化している。

②　アマゾン社が手掛けるFBAサービスとMFNサービス

　米大手ECサイトを運営するアマゾン社（Amazon.com, Inc.）はFBAとMFNというそれぞれ中国の保税区モデル，直送モデルに類似したサービスを展開している。

　FBA（Fulfilled By Amazon）は，売主が商品の一定数量を予め米国の倉庫に納品しておき，その後，アマゾン社が，売主に代わって受注処理，梱包，買主への発送，カスタマーサービス等を代行するサービスである。予めまとまっ

た商品を発送できる輸送コスト面でのメリット及び顧客への配送時間のリードタイムの大幅な短縮といったメリットがある。一方で，アマゾン社への手数料支払いのほか，米国側での一定の輸入手続き，関税，諸税の支払い，その他本来輸入者が持つ責任（米国食品医薬品局の手続き等）を一定程度輸出者である売主が負わなければならないというリスクがある。

これに対し，MFN（Merchant Fulfilled Network）は，注文があるごとに，梱包，買主への発送等を売主がすべて直接行う方法である。アマゾン社への追加の手数料が不要となるが，輸送コストの増加，注文から配送までのリードタイムが長くなるというデメリットがある。このほか，多くの場合，輸送手段として，EMSが使われるが，EMSの場合，現地の関税，諸税はすべて輸入者である買主側が直接支払わなければならず，売主側で負担する（立て替える）ことができない。

第4章 国際貿易体制と経済連携協定

1. 戦後のGATT体制

　1929年に始まった世界恐慌が，世界貿易の急激な縮小を招き，このことが第二次世界大戦勃発の遠因となったことは，第1章6.でも述べた。

　前述のような教訓から，第二次世界大戦後，国際貿易機関（ITO）設立を目指し，1948年，国際貿易機関を設立するハバナ憲章が作成された[1]。しかしハバナ憲章はその内容が余りに理想を追求したものであったため各国の批准を得られなかった。米国議会も批准を認めなかったため，ITOの設立はついに実現しなかった。これに代わり，ハバナ憲章の一部であった**関税及び貿易に関する一般協定（General Agreement on Tariff and Trade：GATT）**が同年調印された。GATTは当初ITOが設立されるまでの暫定的なものであったが，ITOが挫折すると，これが全面的に採用される形となった。これに遡ること1945年には，戦後の世界の通貨・金融の安定を目指して，国際通貨基金（IMF）や国際復興開発銀行（IBRD）[2]も設立され，いわゆるブレトン・ウッズ体制が整った。

　GATTは，**内国民待遇**，**最恵国待遇**，数量制限の廃止，途上国開発への配慮，の4つを基本理念としている。

　GATT体制では，1947年から全部で8回の多角的貿易交渉（ラウンド）が開催され各国の関税の引き下げ，貿易障壁の低減に大きな成果をあげた。1986年から8年に及ぶウルグアイ・ラウンドは，1994年4月モロッコのマラケシュの閣僚会議をもって終結し，翌年1995年1月，**世界貿易機関（World Trade**

---

[1] ITO設立は，米国政府が提案したものとされているが，英国の経済学者ジョン・メイナー・ケインズ（John Maynard Keynes）が戦前より提唱していたともされる。

[2] 5機関ある世界銀行（World Bank）グループのうちの1つ。通常「世界銀行」といったときはこの国際復興開発銀行（IBRD）を指す。

Organization：WTO）が設立された。

2. WTO体制

　GATTでは，関税一括引き下げ交渉を中心に成果を上げたものの，協定の内容がモノの貿易に限られていたため，自由貿易を促進するためには，サービス貿易，知的財産権，紛争解決，貿易政策等を含めた問題に包括的に取り組むことのできる国際機関の必要性が認識されていた。また，GATT体制では，各種協定は個別の協定（Code）として制定又は改正して対応しているため，協定によって参加国が異なり，協定ごとに紛争解決手続きが必要となる煩雑さから，条約として統一する必要があった。

　WTOによる紛争解決は，**ネガティブ・コンセンサス方式**で，全加盟国が反対しない限り，**紛争処理小委員会（Panel）**の設置や対抗措置の発動ができる方式となっている。また，小委員会の報告に不服がある場合は，**上級委員会（Appellate）**に審査要請のできる二審制となっており，紛争解決は，最長でも18カ月以内で決定する仕組みとなった。

　WTO附属書一のAは，GATT体制下のモノの貿易に関する協定を引き継いでいる。附属書一のBはサービス貿易，附属書一のCは知的所有権に関する協定（TRIPS協定）となっている。附属書二は紛争解決の協定，附属書三は貿易政策検討制度，附属書四は複数国間貿易協定となっている。

3. 世界の地域統合の動き

(1) 地域統合の発展とFTAの台頭

　1990年以降，世界各地で地域統合や地域連合が活発化した。地域協定・地域連合は，各種協定によりその内容が決められるが，関税や輸入数量制限の撤廃，投資・サービスの自由化，経済政策の協力，調整等がある。地域協定・地域連合が盛んになったのはWTOの行き詰まり感が背景としてある。WTOの加盟国は既に164カ国に達しており（2016年7月），それぞれの国の利害関係が複雑に絡み合い，意見統一が困難となってきた。これに代わって台頭したのが

〈図表4-1〉世界のFTA件数の推移

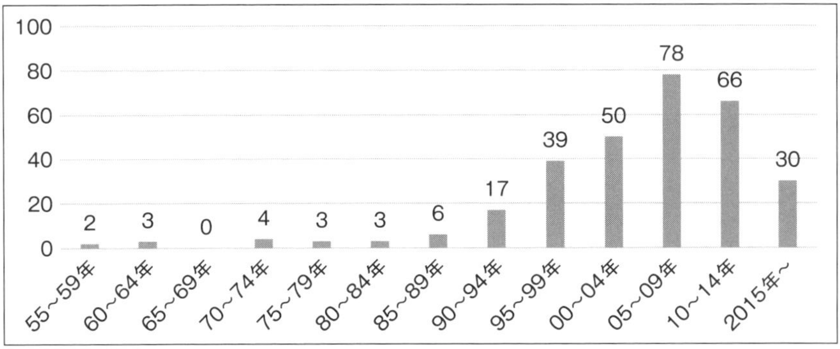

出所：『2018年版ジェトロ世界貿易投資報告』p.80より筆者作成

地域協定・地域連合で，特に近年急増しているのが**自由貿易協定（Free Trade Agreement：FTA）**である（〈図表4-1〉参照）。FTAは，二国間又は複数の国からなる地域間との間で，原則として互いに関税を撤廃するほか，貿易の手続きを簡素化することで相互の貿易の拡大を図ることを目的としている。特定国に対してのみ関税を引き下げ，又は撤廃するFTAは，最恵国待遇，内国民待遇が二大原則となっているGATTやWTO体制下では，本来その原則に反する。しかし，GATT第24条では，FTAを規定し[2]，域内の関税・貿易障壁を実質的にすべて廃止，諸外国に対する関税・その他の貿易障壁を，FTA締結以前より高めないこと等を条件にFTAの締結を容認している。世界の新規のFTA件数は2005～2009年をピークにその後減少傾向にある一方で，一つのFTAに多数の国が参加する**メガFTA**が増えつつある。

(2) **関税同盟**

関税同盟（Customs Union）は，1834年，プロイセンを中心とする18の諸邦により域内関税の撤廃，自由かと共通の域外関税の設定を目的として発足したドイツ関税同盟（Deutscher Zollverein）を起源とする。(1)のFTAと同様，

---

3 ただし同条では，FTAを自由貿易協定（Free Trade Agreement）ではなく，自由貿易地域（Free Trade Area）と規定している。

GATT第24条により，最恵国待遇の例外として認められている。FTAと関税同盟とを合わせ，**地域貿易協定**（Regional Trade Agreement：RTA）と呼ぶ。関税同盟は，二つ又はそれ以上の国家相互間で関税やその他の貿易障壁を撤廃するという点ではFTAと類似するが，同盟の非加盟国に対して共通の域外関税を設けるという点でFTAと異なる。関税同盟は，FTAに比べると，あまり多くない。FTAでは，域外からの迂回輸入（ただ乗り）を防ぐため，締結するごとに原産地規則を定める必要があるものの，既締結のFTA締結国との調整なく，また新たに別の国とFTAを新規に締結することができる。これに対し関税同盟は，域外共通関税が設けられているが故，新たに関税同盟を結ぼうとするときには，既存の加盟国との調整が必要となる。このことが関税同盟があまり拡大していない大きな要因といえる。しかし関税同盟は，開発途上国等の小国同士が手を組み，一つの大国として振る舞うことで，世界経済における発言力・交渉力が増す。

(4)の米州の地域統合のうち，北米のNAFTAは域外共通関税を持たないので関税同盟ではないが，南米のMERCOSURは関税同盟である。(5)のEUも関税同盟であるが，EUは，通貨の統合，通商政策，外交・安全保障政策をも含めた，関税同盟をはるかに超越した統合体となっている。

(3) 我が国が進めるFTA/EPA

我が国は，永らくGATT/WTOの多国間貿易体制を支持し，FTAについては消極的であった。しかし，WTOの行き詰まりや諸外国のFTA締結件数の急増により，我が国も2000年代に入って，二国間・特定地域間協定の交渉，締結を活発化させた。

ところで，我が国は，二国間・特定地域間協定としてFTAよりもEPAを推進している。EPAとは，**経済連携協定**（Economic Partnership Agreement）のことで，FTAのように貿易のみならず，投資や経済協力の拡大，人の移動の円滑化，知的財産の保護等幅広い分野での協力拡大を目指している。このEPAという用語は，我が国で生まれた造語で，1999年，当時の通商産業省地域協力課（現在の経済産業省経済連携課）の課長であった梅原克彦氏（その後在アメリカ日本大使館公使や仙台市長等を歴任）が考案した。モノの貿易にとどまら

ない幅広い経済交流をという点でFTAよりもEPAの方が明らかに優れた制度だということができる。一方で，自由貿易協定の自由（Free）という強い語感が，我が国では生産者を中心に強い拒絶感があり，国内で議論をするにあたり，これに代わる新たな名称が必要不可欠だったともされる。しかし現在世界の多くのFTAは我が国のEPA同様に貿易以外の幅広い分野での協力体制を構築しており，この2つの用語は実質同義といえる。

　2002年11月シンガポールとの間で我が国最初のEPAが発効した。その後，2005年4月にメキシコ，2006年7月にマレーシア，2007年9月にチリ，2007年11月にタイとの間でそれぞれEPAが発効した。2008年7月にはインドネシア及びブルネイと，同年12月にはASEAN（このASEANとのEPAは，我が国初のマルチ（多国間）の枠組みでのEPA発効であった），及びフィリピンと，2009年9月にはスイス，10月にはベトナムとの間で発効した。

〈図表4-2〉我が国のEPA進捗状況（2019年2月現在）

	国・地域	発効年月
発効済み （発効順）	シンガポール	2002年11月
	メキシコ	2005年4月
	マレーシア	2006年7月
	チリ	2007年9月
	タイ	2007年11月
	インドネシア	2008年7月
	ブルネイ	2008年7月
	ASEAN	2008年12月
	フィリピン	2008年12月
	スイス	2009年9月
	ベトナム	2009年10月
	インド	2011年8月
	ペルー	2012年3月
	オーストラリア	2015年1月
	モンゴル	2016年6月
	包括的・先進的TPP協定（TPP11）	2018年12月
	EU	2019年2月
署名済み	環太平洋パートナーシップ（TPP12）	2016年2月
交渉中	カナダ，コロンビア，中韓，東アジア地域包括的経済連携（RCEP），トルコ，湾岸協力理事会（GCC），韓国	

出所：税関ウェブサイト（http://www.customs.go.jp/kyotsu/kokusai/torikumi.htm）より筆者作成

2009年9月に発効したスイスとのEPAでは，我が国のEPAとしては初めて原産地証明に**認定輸出者制度**が導入され，認定された輸出者が，原産地証明を自己証明することができるようになった。その後も2011年8月にインド，2012年3月にペルー，2015年1月にオーストラリア，2016年6月にモンゴルとの間でEPAが発効した。オーストラリアとのEPAでは原産地証明について商工会議所による第三者証明に加え輸入者，輸出者又は生産者自身で証明することができる**自己申告（証明）制度**が導入された。

〈図表4-2〉に現在の我が国との間で発効又は交渉中のEPA一覧を示す。現在発効済みのEPAは15件，署名済が3件である。

⑷ 米州の地域統合

北米では，1994年1月，米国，カナダ，メキシコとの間で**北米自由貿易協定（North America Free Trade Agreement：NAFTA）**が発効した。同協定は，米国・カナダとメキシコという先進国・途上国間の間で関税を撤廃したことが特徴で，特に米国-メキシコ間の貿易がこの協定により拡大した。NAFTAは対外共通関税を持たず，労働力移動の自由化や経済政策の協調についても内容に含んでいないが，重要産業分野につき厳しい原産地基準を定め，加盟国相互の投資を優遇する規則やサービス貿易，知的財産権に関する規則，実効性の高い紛争解決手続きの導入，政府調達における優遇を定める等，実効性のある経済統合の枠組みを有している。2018年9月30日，NAFTAの再交渉が妥結し，新協定の名称が**米国・メキシコ・カナダ協定（United States-Mexico-Canada Agreement：USMCA）**となった。

南米では，1991年，ブラジル，アルゼンチン，ウルグアイ，パラグアイの4カ国首脳は，アスンシオン条約に調印し，**南米南部共同市場（MERCOSUR）**が発足した。1995年1月より域内貿易の自由化（関税及び非関税障壁の撤廃）とともに，対域外共通関税を設定することが合意された。2006年7月には，ベネズエラがMERCOSURへの正式加盟に関する議定書に署名をした。チリ，ボリビア，ペルー，エクアドル，コロンビアは準加盟国である。

1994年，北米地域のNAFTAと南米地域のMERCOSURを統合の基礎として，キューバを除く南北の34カ国が参加する米州自由貿易地域（Free Trade

Area of Americas：FTAA）の構想が打ち出されたが，米国とブラジル等の意見が対立し，設立に至っていない。その後，MERCOSURは2003年12月，ペルーやコロンビア等のアンデス諸国からなるアンデス共同体（CAN）との間でFTAを締結した。

(5) 欧州の地域統合とその拡大

　欧州では，第二次世界大戦後の1952年，フランス，西ドイツ，イタリア，ベネルクス三国（オランダ，ベルギー，ルクセンブルク）の6カ国で欧州石炭鉄鋼共同体（ECSC）を設立した。この共同体を設立したのは，石炭と鉄鋼こそが戦争のためのさまざまな道具に悪用されかねない諸悪の根源と考えられ，これらを共同で管理することが欧州の恒久な安全・平和の維持につながると考えられたためであった。1958年，同加盟国で欧州経済共同体（EEC）と欧州原子力共同体（EURATOM）が設立された。

　1967年，これら，ECSC，EEC，EURATOMの3共同体が統合し**欧州共同体（EC）**が成立した。ECはその後，1973年に英国，アイルランド，デンマークが加盟し，加盟国は9カ国となった。その後，1981年にギリシャが加盟，1986年にはスペイン，ポルトガルが加盟し12カ国となった。

　1993年11月，EC加盟12カ国でマーストリヒト条約（欧州連合条約）が発効し，**欧州連合（EU）**が成立した。1995年1月にはオーストリア，スウェーデン，フィンランドがEUに加盟し，加盟国は15カ国となった。1999年1月には単一通貨（EURO）が導入された。その後2004年5月には，ポーランド，チェコ，ハンガリーの東欧諸国等合計10カ国加盟，EU加盟国はこれで25カ国となり急拡大した。2007年1月にはブルガリアとルーマニアが加盟し，加盟国27カ国となった。

　一方，上述のEECが1958年に設立されると，同共同体に非加盟で，欧州の中での孤立化を恐れた英国は，**欧州自由連合（EFTA）**を提唱し，1960年同国を含むEEC加盟国以外の7カ国で調印，設立された。その後加盟や脱退があり，現在，同連合の加盟国はスイス，ノルウェー，アイスランド，リヒテンシュタインの4カ国である。1994年1月，このEFTA加盟国の一部とEU市場とを統合した**欧州経済領域（EEA）**が発足したが，その後EUへの加盟国が追加された

ため，現在このEEAは，EUとノルウェー，アイスランド，リヒテンシュタインとの間の協定となっている。2009年12月1日，EUの機能を強化する新基本条約**リスボン条約**がアイルランド等の未批准国が批准手続きを終え，発効した。2013年7月には新たにクロアチアが加盟しEU加盟国は28カ国となった。

〈図表4-3〉に欧州の地域統合の拡大の略史とEC・EUの加盟国数を記す。EUは，加盟国間の関税・貿易壁の撤廃，域外共通関税にとどまらず，共通外交・安全保障政策，警察・刑事司法協力等の幅広い協力も進展する政治・経済統合体となっている。

こうして拡大を続けてきたEUであったが，2016年6月23日，英国でEU離脱を問う国民投票が実施され，離脱支持側が僅差で勝利し英国のEU離脱が決定

〈図表4-3〉欧州の地域統合の拡大

年月	内　　　容	EC(EU)の総加盟国数
1952年	フランス，西ドイツ，イタリア，オランダ，ベルギー，ルクセンブルクの6カ国で欧州石炭鉄鋼共同体（ECSC）を設立	―
1958年	上記加盟6カ国で欧州経済共同体（EEC）と欧州原子力共同体（EURATOM）を設立	―
1960年	EEC加盟国以外の7カ国（英国等）で欧州自由連合（EFTA）設立	―
1967年	ECSC，EEC，EURATOMが統合し，欧州共同体（EC）が成立	6
1973年	英国，アイルランド，デンマークがEC加盟	9
1981年	ギリシャがEC加盟	10
1986年	スペイン，ポルトガルがEC加盟	12
1993年11月	マーストリヒト条約（欧州連合条約）が発効，欧州連合（EU）が成立	12
1994年1月	EFTA加盟国の一部とEU市場とを統合した欧州経済領域（EEA）が発足	―
1995年1月	オーストリア，スウェーデン，フィンランドがEU加盟	15
1999年1月	単一通貨（EURO）導入	
2004年5月	ポーランド，チェコ，スロバキア，ハンガリー，スロベニア，エストニア，ラトビア，リトアニア，キプロス，マルタの計10カ国がEU加盟	25
2007年1月	ブルガリアとルーマニアがEU加盟	27
2009年9月	リスボン条約発効	―
2013年7月	クロアチアがEU加盟	28
2016年6月	英国でEU離脱を問う国民投票の結果，離脱支持派が勝利し離脱が決定	27へ

出所：外務省ウェブサイト（https://www.mofa.go.jp/mofaj/area/eu/index.html）より筆者作成

した。手続きを経て2019年3月29日に離脱することが予定されている。離脱国が出るのはEU史上初となる。

(6) 東南アジアの地域統合

1961年，当時のマラヤ連邦首相ラーマンの提唱で，タイ，フィリピン，マラヤ連邦の3カ国により東南アジア連合（ASA）が結成された。その後ベトナム戦争を背景として，1966年の第1回南東アジア開発閣僚会議，アジア太平洋協議会等を通じて地域協力の動きが活発化した。その翌年1967年8月，インドネシア，マレーシア，フィリピン，シンガポール，タイの5カ国外相がバンコクに集結し，「バンコク宣言」が採択され，**東南アジア諸国連合（Association of Southeast Asian Nations：ASEAN）** が発足した。ASEANは，域内における経済成長，社会・文化的発展の促進，地域における政治・経済的安定の確保，域内諸問題に関する協力を目的としている。ASEANはその後拡大を続け，1984年1月にブルネイ，1995年7月にベトナム，1997年7月にラオスとミャンマー，1999年4月にカンボジアが加盟し，現在10カ国で構成される。

1993年1月，ASEAN域内の関税，その他の貿易障壁を撤廃し，域内の貿易・投資を拡大させることを目的として，**東南アジア諸国連合自由貿易地域（ASEAN Free Trade Area：AFTA）** が発足し，同時に**共通有効特恵関税（Common Effective Preferences Tariff：CEPT）制度**を創設した。CEPT制度では，工業製品，農産加工品，資本財の実効関税を2003年度までに5%以下に削減することを目標とした。最終的には2018年までに域内貿易の全品目について関税が完全に撤廃されることを目標とした。2008年にはこの協定を見直し，より包括的な**ASEAN物品貿易協定（ASEAN Trade in Goods Agreement：ATIGA）** に署名がなされ2010年発効した。ATIGAには，AFTAには盛り込まれていなかった貿易円滑化や税関，任意規格・強制規格及び適合性評価措置等が盛り込まれた。

ASEANはその後，2015年11月の首脳会議において「政治・安全保障共同体」，「経済共同体」，「社会・文化共同体」から成る**ASEAN経済共同体（ASEAN Economic Community：AEC）** の構築を宣言した。そして，更なるASEANの統合を深めるべく「ASEAN経済共同体ビジョン2025」及びこれら3

つの共同体それぞれのブループリント（2016～2025）を採択した。AECは2015年末に発足した。

(7) 環太平洋パートナーシップ（TPP）

　2006年5月，ブルネイ，チリ，ニュージーランド，シンガポールの4カ国が参加した環太平洋戦略的経済連携協定（Trans-Pacific Strategic Economic Partnership Agreemment：TPP）が発効した。この原協定は，その後の拡大交渉のTPPと区別して**P4協定**と呼ばれる。原協定の第20章最終規定の第1条及び第2条において，この協定の発効から遅くても2年後までに交渉を開始すると定められており，これに従い協定の拡大交渉会合が開かれるようになった。この拡大交渉に伴い，拡大交渉中の協定は**環太平洋パートナーシップ（Trans-Pacific Partnership：TPP）**と表現されるようになった。2008年9月，米国通商代表部（USTR）のスーザン・シュワブ代表は，原加盟国4カ国の代表と共に交渉の立ち上げの声明を出し，2009年11月にはバラク・オバマ大統領がTPPに係り合う意向を発表し，同国は最初に追加された交渉国となった。その後ペルー，オーストラリア，ベトナムが加わり，2010年3月にこれら4カ国を加えた第1回交渉会合が開催された。我が国は，民主党政権だった2011年11月に野田佳彦総理大臣が，自民党政権に移った2013年3月には安倍晋三内閣総理大臣がTPPの交渉参加を表明した。

　2015年9月～10月にかけ，米国のアトランタにおいて首席交渉官会合及び閣僚会合が開催され，最終日の10月5日にTPP交渉が大筋合意に達した。2016年2月，ニュージーランドのオークランドにおいてオーストラリア，ブルネイ，カナダ，チリ，日本，マレーシア，メキシコ，ニュージーランド，ペルー，シンガポール，米国及びベトナムの12カ国によりTPP協定の署名がなされた。ところが2016年11月の大統領選挙で当選した米国ドナルド・トランプ大統領が，翌2017年1月の就任直後にTPP離脱を米国通商代表に指示する大統領覚書に署名した。米国通商代表部はこれにより協定の寄託国であるニュージーランド政府に脱退を通知し12カ国での発効の目処が立たなくなった。米国離脱後，残った11カ国での早期発効が模索され，2017年11月，オリジナルTPPのうち20項目に関して，米国が復帰するまで実施を凍結するとした上で，11カ国によ

る大筋合意がなされた。そして2018年3月8日，チリのサンティアゴで署名式が行われた。この参加11カ国による協定の名称は，**環太平洋パートナーシップに関する包括的及び先進的な協定**（Comprehensive and Progressive Agreement for Trans-Pacific Partnership：CPTPPまたはTPP11）となった。その後同年10月31日までにメキシコ，日本，シンガポール，ニュージーランド，カナダ，オーストラリアが国内手続きを終了したとして協定の寄託国であるニュージーランドに通報を行った。これにより発効に必要な6カ国が出そろい，CPTPPは同年12月30日に発効することとなった。その後ベトナムが11月15日に通報を行い2019年1月14日に発効することとなった。

⑻ 日本・EU経済連携協定

日本・EU経済連携協定（Japan-EU Economic Partnership Agreement：JEEPA）は，2009年5月の日EU定期首脳協議において，日EU経済の統合の強化に協力する意図が表明され，翌2010年4月の日EU定期首脳協議では，合同ハイレベル・グループを設置し，日EU経済関係の包括的な強化・統合に向けた「共同検討作業」を開始することに合意した。2011年5月の日EU定期首脳協議において，交渉のためのプロセスの開始についての合意がなされ，日本政府と欧州委員会との間で，交渉の大枠である交渉の範囲（scope）及び野心のレベル（level of ambition）を定めるスコーピング作業を実施することとなった。2013年3月に行われた日EU首脳電話会談において，日EU・EPA及び戦略パートナーシップ協定（SPA）の交渉開始に合意した。

その後EU側が乳製品において大幅な市場開放を求めるなど強硬姿勢を崩さず協議が難航したが，米国のドナルド・トランプ大統領が保護主義政策を打ち出すと，協定締結に向けた交渉が加速した。2017年7月6日，ブリュッセルにおいて安倍晋三首相，EUのドナルド・トゥスク欧州理事会議長およびジャン・クロード・ユンカー欧州委員長との間で，交渉の大枠合意が確認された。その後同年12月に最終合意に至り，2018年7月17日，署名がなされた。同年12月21日，日本政府はEUとの間でEPAの発効に必要な文書を取り交わし，これにより2019年2月1日に発効することとなった。発効すれば域内総生産（GDP）が21.3兆ドル（世界の約28.4％）のメガFTAが誕生する。

(9) 東アジア地域包括的経済連携 (RCEP)

　従来，我が国が提唱していたASEAN＋6カ国の東アジア包括的経済連携 (CEPEA) と中国が提唱していたASEAN＋3カ国の東アジア自由貿易圏 (EAFTA) が併存しており，双方において民間研究や政府間の検討作業を実施してきた。2011年11月，ASEAN首脳は，両構想を踏まえ，**東アジア地域包括的経済連携** (Regional Comprehensive Economic Partnership：RCEP) に係る物品貿易，サービス貿易，投資の3作業部会を設立することで一致した。2012年11月，カンボジアのプノンペンにおいてASEAN関連首脳会議の機会にRCEP交渉立上げ式が開催され，ASEAN諸国及びFTAパートナー諸国により，RCEP交渉の立上げが宣言された。その後2013年5月にRCEP第1回交渉会合が，8月に第1回RCEP閣僚会合がそれぞれブルネイで開催されたことを皮切りに，2018年7月までに交渉会合が23回，閣僚会合が5回行われた。2018年7月17日〜27日までの日程でタイのバンコクで行われた第23回交渉会合ではこれまで妥結していた「経済技術協力」「中小企業」の2分野に加え新たに「税関手続き・貿易円滑化」「政府調達」の2分野について実質的に妥結した。残る交渉分野は全18分野あるうちの14分野となった。

4. FTA/EPAの活用

(1) FTA/EPA特恵関税適用のための要件

　3.でみた自由貿易協定(FTA)や経済連携協定(EPA)では締約国間で関税の優遇(特恵関税)の適用を受けることができる。ただしこの特恵関税を適用するためには以下の要件を満たし，これらの要件を輸入国税関で証明する必要がある。

　(1)　対象産品が利用するFTA/EPAの譲許表（のEPAでは附属書1）の対象品目に指定され，特恵関税が設定されていること（除外品目，再協議品目ではないこと）

　(2)　対象産品に要求されている原産地規則を満たしていること

　(3)　積送基準（直接輸送）を満たしていること

　(4)　(2), (3)を満たしていることを原産地証明書，運送要件証明書等で輸入締約国税関に証明すること

(2) 譲許表（関税撤廃・削減スケジュール表）

　それぞれのFTA/EPAの締結にあたっては，締約国間で品目ごとに関税の引き下げを行うもの，除外するもの再協議するもの等を取り決める。引き下げを行うものについては即撤廃するもの，時間をかけて徐々に引き下げていくものについて取り決める。このようにして取り決めたものをまとめたものを**譲許表（関税撤廃・削減スケジュール表）**という。それぞれの国や地域で相手国に対し引き下げを許すもの，国内産業保護等の理由で引き下げを認めない品目が異なる。このため締約国間では異なる譲許表を持ち合うこととなる。しかし自国側と相手国側では同じ様式で記載されるため混同しないよう注意が必要である。

(3) 原産地規則

① 原産地規則とは

　原産地規則（Rules of Origin：ROO）とは，貨物の原産地，つまり物品の国籍を決定するためのルールのことである。FTA/EPAでは，対象産品について締約国・地域の間でのみ排他的に優遇税率が定められている。このため，締約国を迂回して輸入する等して域外国・地域がただ乗りすることを防止するために厳格な原産地規則を定めている。ある一国のみの原料や材料を使用し当該一国のみで生産された輸出貨物が，第三国を経由することなく直接輸入国に輸入される場合は，原産地について議論の余地はほとんどない。しかしグローバル・サプライチェーンが盛んになった現代においては，複数の国・地域の原料や材料を使用したり，製造・加工が複数カ国・地域にまたがることが多く，このような場合には，当該貨物の原産地を明確に判定する必要がある。この判定ルールが原産地規則である。

　世界のそれぞれのFTA/EPA締約にあたっては，それぞれの国・地域において品目ごとに利害がまちまちであったため，原産地規則も一般原則とは別に品目別に定める必要性が生じた。この結果，世界のFTA/EPAにおいて協定ごとかつ品目ごとの多種多様な原産地規則が乱立し，いわゆる**スパゲティ・ボウル現象（Spaghetti bowl phenomenon）**をもたらした。

　なお，GATT/WTOのウルグアイ・ラウンドで合意された「原産地規則に関する協定」では非特恵分野での世界共通の原産地規則の調和がうたわれたが，

その調和作業が期限を大幅に過ぎた現在に至っても，いまだ完了をみない。

② 原産地認定規準

原産地認定規準は，以下の「完全生産品」，「当該締約国の原産材料のみから生産される産品」，「実質的変更基準を満たす産品」3類型に大別できる。

(a) 完全生産品（Wholly Obtained：WO）

締約国の領域において完全に生産される産品を原産品とする認定規準。農産品，動植物，鉱物資源等の天然資源等でこの基準を用いる。

(b) 当該締約国の原産材料のみから生産される産品（Produced Entirely：PE）

生産に直接使用される一次材料のすべてが，非原産の原材料を使用して生産された原産材料を含む当該締約国の原産材料である産品を原産品とする基準。

(c) 実質的変更基準を満たす産品

物品の生産に2カ国以上の国が関与している場合，当該物品に最後に**実質的変更（Substantial Transformation）**を加えた国を原産地とする基準。FTA/EPAでは，各協定の附属書において品目別に定められた基準である**品目別規則（Product Specific Rules：PSR）**に合致する変更をもたらしたときに原産品となる基準。具体的には以下の「関税番号変更基準」，「付加価値基準」，「加工工程基準」がある。

㋐ 関税番号変更基準（Change in Tariff Classification：CTC）

関税番号（HSコード，第12章参照）の変更を実質的変更とみなす基準。具体的には関税番号の上2桁（類）の変更（Change in Chapter：CC），4桁（項）の変更（Change in Tariff Heading：CTH），6桁（号）の変更（Change in Tariff Sub-Heading：CTSH）の3つの基準がある。

㋑ 付加価値基準（Regional Value Content：RVC）

物品の調達，生産，加工等の作業に伴って付加された価値を価額換算し，その割合（原産資格割合,）当該付加価値が一定の基準値（閾値）を超えた場合に，実質的変更があったとみなす基準。

㋒ 加工工程基準（Specific Process rule：SPルール）

ある特定の加工工程を行ったところを原産地とする基準。例えば繊維製品の場合で，紡織用繊維の糸からの製造を行った地を原産地とする基準。

⒟ 実質的変更基準の例外

次のような場合は，実質的変更には当たらないとされる。

㋐ 輸送又は保存のための乾燥，冷凍，塩水漬け等

㋑ 単なる切断

㋒ 選別

㋓ 瓶，箱その他これらに類する包装容器に詰めること

㋔ 改装

㋕ 仕分け

㋖ マーク，ラベル等の貼付

㋗ 非原産品の単なる混合

㋘ 単なる部分品の組立て

㋙ セットにすること

⒠ 僅少の非原産材料（デミニマス規定）

⒞アの関税番号変更基準（CTC）の適用に当たり，CTCを満たさない非原産材料の総額又は総重量（繊維製品）が特定の割合以下の場合，当該非原産材料については，当該産品が原産品であるか否かを決定する際に考慮しないこととできるという規定が設けられていることが多い。これを**僅少の非原産材料（デミニマス規定）**という。

⑷ 積送基準

FTA/EPAの特恵関税を受けるためには，対象物品の原産性を維持させるため，第三国での積み替え又は一時蔵置を除き，締約国間において物品を輸出国から輸入国へ直送しなければならない。これを**積送基準**という。従って第三国を経由する場合には以下のいずれかの書類（**運送要件証明書**）を輸入国の税関で提示することにより積送基準が満たされる。

① **通し船荷証券（Through B/L）の写し**

② 経由地の権限を有する官公署が加工等が行われなかったことを証明して発給した証明書（**非加工証明書**）

③ その他税関が適当と認める書類

この積送基準が満たされない場合は，有効な原産地証明書があったとして

も，物品の原産性が失われ，FTA/EPAの特恵関税の適用を受けることができない。

(5) 累積規定

　日アセアン協定のような複数カ国とのEPAにおいては，締約国の原産材料であって，他の締約国において産品を生産するために使用されたものについては，当該産品を完成させるための作業又は加工が行われた当該他の締約国の原産材料とみなすことができる。これを**累積規定（Accumulation）**という。

(6) 原産地証明書（Certificate of Origin：CoO又はCO）

① 原産地証明書の発給

　FTA/EPAの特恵関税を受けるためには，原産地において有効な原産地証明書の発給を受け，輸入国税関においてその原本を提出しなければならない。我が国では日本商工会議所及び全国の25カ所の日本商工会議所事務所においてEPAのための原産地証明書（**特定原産地証明書**）を発給している。我が国が締結している多くのEPAではこのような第三機関による発給を求めているが，2015年1月に発効した日オーストラリアEPAでは初めて**自己申告（証明）制度**が導入され，第三機関による発給又は自己申告（日オーストラリア原産品申告書）のどちらかを選択して提出すればよいこととなった。2018年12月に発効したCPTPP及び2019年2月1日に発効する日EU・EPAでは，これを自己証明のもののみで行うこととされている。

② 連続する原産地証明書（Back to Back CO）

　日アセアンEPAでは，**連続する原産地証明書（Back to Back CO）**を発給することができるとしている（附属書4第3規則の4(a)，(b)）。連続する原産地証明書とは，輸出国において最初の原産地証明書が発給された原産品が，一旦輸入締約国に輸入された場合さらに他の締約国に輸出される場合において当該輸入締約国政府機関等が発給するものである。この連続する原産地証明書が発給された場合，輸出締約国の原産品については，その権限のある政府当局等が最初に原産地証明書を発給した締約国の原産品とみなされる。ただし，我が国ではこの連続する原産地証明書は発給していない。

第5章 市場調査と取引先の決定

1. マーケティングと市場調査

　日本マーケティング協会の1990年の定義によると，**マーケティング**とは，「企業及び他の組織がグローバルな視野に立ち，顧客との相互理解を得ながら，公正な競争を通じて行う市場創造のための総合的活動」とある。

　マーケティングは，**製品（Product），価格（Price），流通経路（Place），販売促進（Promotion）**の4Pを基本とし，これを**マーケティング・ミックス**という。市場調査においてもこのマーケティング・ミックスを基本として進める。

　輸出の場合は，輸出予定国を決定したら，当該国の**一般的情報**と，輸出しようとする**商品特有の情報**の二側面から市場調査を行う。一般的情報とは，地理・文化・社会，政治・経済，法制度，金融・為替，通商政策，流通・物流・通信等の情報をいう。商品特有の情報とは，消費者・供給者，市場，需要，製品，価格，競合製品等の情報をいう。これらの情報について輸出予定国の市場調査を行い，その国が市場として適しているか，輸出に際して，日本側及び相手側に法的規制はないか，また，輸出しようとする商品に需要があり，**商品性（Merchantability）**や**市場性（Marketability）**のあるものかについて検討する（2. 参照）。この検討の結果，輸出することがメリットのあることだと判断が下されれば，取引先探し（3. 参照）等次なる行動に移る。

　輸入の場合は，市場は日本国内となる。従って，この場合，一般的情報については，基本的に国内品で調査を行う場合と同様の方法で行うが，法制度面では，品目によって輸入の際許認可等を要するものがあるため，我が国の輸入規制について事前に調査しておく。商品特有の情報については，外国の商品がそのまま日本の市場に受け入れられるか，日本市場に適合させるためのコストに見合うだけの取引かどうかを事前に検討する必要がある。

2. 市場調査の方法

1.の一般的情報や商品特有の情報を調査するためには，以下のような方法がある。

① インターネットを活用する（ジェトロのウェブサイト等）

② 公共の図書館やジェトロのデータベースコーター等を訪問し，各国の事情，法制度，統計等についての書籍，データベースを閲覧する

③ 専門紙誌，業界紙誌又はカタログ等を収集して情報を分析する

④ 関係業界，業者又は専門商社等から情報を収集

⑤ 大使館商務部やジェトロ等の貿易関係機関に助言を求める

⑥ 調査機関に市場調査を依頼する

⑦ 海外渡航をして実態調査する

⑧ 見本市に参加し，競合商品を調査したり，実際に出展して反響をみる

1990年代後半から，我が国でもインターネットが爆発的に普及し，多くの情報がインターネットを通じて手に入るようになった。特に，ジェトロのウェブサイトでは，国・地域別あるいは分野別にさまざまな貿易や投資に関する資料や統計等を掲載している。このほか，税関，経済産業省，厚生労働省，農林水産省等の貿易関連省庁のウェブサイトでも豊富に貿易関連制度や統計等を掲載している。

【参考】ジェトロ「国・地域別情報」（https://www.jetro.go.jp/world/）

見本市の情報については，ジェトロウェブサイトの「見本市・展示会データベース」に方法な国内外の見本市や展示会の情報を掲載し，検索・閲覧することができる。

【参考】ジェトロ「見本市・展示会データベース（J-messe）」
　　　　（https://www.jetro.go.jp/j-messe/）

〈図表5-1〉ジェトロが所有するデータベース（市場調査）

データベース名	発行元	内　　容
Global Trade Atlas	IHS社	世界168カ国・地域の貿易統計データベース。
World Tariff	FedEx社	世界175カ国の関税率とその関連情報を検索できるオンラインデータベース。登録すればジェトロウェブサイトからでも閲覧可能（登録無料）。

出所：ジェトロウェブサイト（https://www.jetro.go.jp/lib/database/）より筆者作成

　また，ジェトロは，東京にデータベースコーナー，大阪にはデータベースコーナーと資料閲覧コーナーを持つ[1]。全国46カ所のジェトロの国内事務所でも一部資料やデータベースの閲覧や相談が可能となっている。

　ジェトロ・ビジネスライブラリーが所有しているデータベースで世界の市場調査用のものは〈図表5-1〉の通りである。

【参考】ジェトロ・データベースコーナー（東京），資料閲覧コーナー（大阪）
　　　　（https://www.jetro.go.jp/lib/）
（東京）東京都港区赤坂1-12-32 アーク森ビル6F
　　　　TEL：03-3582-1775　開館時間：平日11：00〜15：00
（大阪）大阪市中央区安土町2-3-13 大阪国際ビルディング29階
　　　　TEL：06-4705-8604　開館時間：平日10：00〜15：00

---

3. 取引先を探す

　1.，2.で市場調査を終えると，次は取引先を探すことになる。取引先を探す方法としては次のようなものがある。
　① 　インターネットを活用する
　② 　取引関係業者，同業者，知人から紹介を受ける
　③ 　海外のダイレクトリー（業者名簿）を利用する

1　1951年の開館以来，国内唯一の海外ビジネスに関する専門図書館であったジェトロ・ビジネスライブラリーは東京については2018年2月末をもって閉館した。大阪は2018年1月末に一旦閉館し，改装した後同年4月18日にスペースや開館時間を縮小し，資料閲覧コーナーとして開館した。

46 第5章 市場調査と取引先の決定

〈図表5-2〉 インターネットによる企業・団体照会の例

・KOMPASS（世界の企業検索エンジン）
　http://jp.kompass.com/
・Yellow pages（全米の企業検索）
　http://www.yellowpages.com/
・イエローページ・ジャパン
　http://www.ypj.com/
・日本商工会議所 会員企業向け国内外からの引き合い情報等掲載サイト
　http://ibo.jcci.or.jp/
・日本の業界団体一覧（BE-TEC Co., Ltd）
　http://be-tech.ne.jp/keiei/dantai1.htm

出所：筆者作成

④　海外の（職業別）電話帳を利用する

⑤　在日外国機関（大使館商務部，貿易関係機関）に照会する

⑥　商工会議所，貿易関係団体に寄せられる引き合い等を利用する

⑦　海外の商工会議所や貿易関係団体に直接照会状を送付し，紹介を依頼する

⑧　海外の業界紙誌や専門紙誌等の記事や広告を活用する

⑨　海外の見本市への参加，出展，またその際に企業訪問する

⑩　調査会社に依頼する

　取引先探しでもやはり最も便利なのはインターネットである。インターネットに国境はない。国を問わず，さまざまなサイトにアクセスすることができ，サイトの掲示板に書き込んだり，電子メールを送って相手先にアプローチすることも可能である。インターネットで得られる企業情報は〈図表5-2〉のようなものがある。

　ジェトロ・ウェブサイトでは，**引き合い案件データベース（Trade Tie-up Promotion Program：TTPP）** がある。このデータベースでは，商品・部品の輸出入，関連するビジネスサービス等国内外企業約2万2,000件（2018年8月5日現在）のビジネス案件を無料で検索，閲覧することができる。また自身の情報を登録することにより（無料），既に登録されている各案件の相手方の詳細な連絡先を知ることができるほか，自社の情報を世界に発信することで，関心企業から引き合いがあると自動的に電子メールが届く仕組みとなっている。

【参考】ジェトロ「引き合い案件データベース（TTPP）」

（https://www.jetro.go.jp/ttppoas/indexj.html）

また，2.でも紹介したジェトロのデータベースコーナーでは，〈図表5-3〉のような企業情報データベースがあり閲覧することができる（印刷は1枚50円）。

〈**図表5-3**〉ジェトロ・データベースコーナーが所有するデータベース（企業情報）

データベース名（言語）	発行元	内容
KOMPASS Online （英語）	KOMPASS社	世界71カ国・地域の約1,300万社の企業情報を収録。企業名，業種等から検索可能。
Mergent Online（英語）	Mergent社	世界の上場企業約38,000社，未上場企業約3,500万社の企業情報を収録。最大15年分の財務情報を収録。
海外進出企業CD-ROM （2018年版）（日本語）	東洋経済新報社	東洋経済新報社「海外進出企業総覧」のCD-ROM版。データを条件で絞込むことが可能。
外資系企業CD-ROM （2016年版）（日本語）	東洋経済新報社	東洋経済新報社「外資系企業総覧」のCD-ROM版。データを条件で絞込むことが可能。

出所：ジェトロウェブサイト（https://www.jetro.go.jp/lib/database/）より筆者作成。

さらに国内で入手できない情報については，ジェトロ「海外ミニ調査サービス」（有料）を利用して，ジェトロの海外事務所を通じた簡易な調査を依頼することができる。

【参考】ジェトロ「海外ミニ調査サービス」

（http://www.jetro.go.jp/services/quick_info/）

4. 提案と引き合い

(1) 提案

1.～3.で述べたような市場調査を行い，取引先を探して候補者が見つかると，売手はその候補者に対し**提案（Proposal）**を行う[2]。ここでいう提案とは，取引先開拓のために行う売買取引の積極的な売り込みのことである。提案の方

---

2 「勧誘」ともいう。

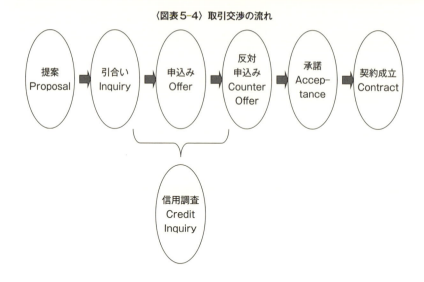

〈図表5-4〉取引交渉の流れ

法としては、直接取引先候補者に電子メール、手紙、FAXを送ったり、商工会議所等の貿易関係機関を通じて斡旋してほしい旨依頼したりする。

(2) 引合い

(1)の提案を受けた買手は、当該提案を受けた商品について興味を持つと、当該商品の価格、数量、納期等の問い合わせをする。また、必要に応じてサンプルの送付を依頼する。これを**引合い**（Inquiry）という。

5. 申込み

(1) 申込み

取引に関心を持つ売手（又は買手）から引合いがあると、商品の価格表、カタログ又はサンプルを相手方に送付し、納期や支払い条件について提示する。具体的に商談を進めるために必要な取引条件の提示である。これを**申込み**（Offer）という。申込みのうち、売手が買手に売り条件を提示することを**売り申込み**（Selling Offer）、買手が売手に対し買い条件を提示することを**買い申込み**（Buying Offer）という。この一方の申込みに対しもう一方が無条件に**承諾**

(Acceptance）すると契約が成立するが（これを**諾成契約**という），申込みはその契約成立に向けての具体的アプローチということになる。

(2) 申込みの種類

申込みには以下のような種類がある。

① 確定申込み（Firm Offer）

売手が市況の変動によるリスクを避けるため，買手に承諾の回答期限を付してする申込み。買手が回答期限内に無条件で承諾した場合は，売手は売る義務を負う。逆に期限内に回答がなかった場合，当該申込みは消滅する。また回答期限内は，売手は提示した条件の変更や撤回はできない。ただし，英米法系の国では，回答期限内でも確定申込みを変更又は撤回することを許容する国もあるため注意を要する。この場合買手は，確定申込みの条件に満足した場合は早めに承諾する等対処が必要である。

② 反対申込み（Counter Offer）

一方の申込みに対し，その申込みを受けたもう片方が，価格の値下げや船積時期の変更等一部修正や変更を加えて回答すること。これは条件付きで承諾するという意思表示で，新たな申込みがされたものとみなす。実際の取引では，一回の申込みで契約が成立することは少なく，双方の反対申込みを繰り返すことで互いに歩み寄り，最後にお互いが納得し両者の意思が完全に一致したとき契約が成立する。①の確定申込みに対してこの反対申込みが行われた場合は，確定申込みの期限内であっても，当該確定申込みの効力はその時点で消滅する。

③ （最終）確認条件付き申込み（サブコン・オファー）（Offer subject to Seller's（Final）Confirmation）

申込みを受けた者の承諾があっても，すぐに契約が成立するのではなく，申込みを行った者の確認があってはじめて契約が成立するという条件を付けた申込み。相手方の様子がよく分からないときや，市価変動の激しい商品の取引の際に使われる。この意味でこの申込みは，実質的には申込みでなく，相手から申込みを引き出すための勧誘ということもできる。

④ 先売りごめんオファー（Offer subject to Prior Sale, Offer subject to being Unsold）

供給に限りのある商品を，同時に多数の買手に対して行う申込み。相手方の承諾前に商品が売り切れたときは，当該申込みの効力は消滅するという条件付き申込みである。つまり「早い者勝ち」を意味する申込みで，この申込みを行うことで，相手に承諾を急がせ，早期に契約を成立させる効果も期待できる。

6. 信用調査

(1) 信用調査の重要性

貿易取引は，異国間で行われるため，国内取引に比べ取引相手の情報が乏しいことが多い。このため売手にとっては買手が確実に代金の支払いを行うか，買手にとっては売手が確実に商品を発送するか等の不安が生じる。これを**信用リスク**という。また，貿易取引は国内取引と異なり輸送に長い時間と距離を伴うため，売手にとっては，商品を発送してから代金を回収するまでに相当の時間を要することがある。これを**資金負担リスク**という。

以上のことから，取引先候補を選定し，具体的な引き合いがあったり申込みをしたり又は受けたりした段階で，相手先の信用状態を調べることが大切である。これを**信用調査（Credit Inquiry）**という。

信用調査は，以下の項目について調査をする。①～③を**3C's**，3C'sに④を加えたものを**4C's**という。

① Capital（資産，財政状態）
② Capacity（営業能力，経験，取引量）　⎫ 3C's ⎫
③ Character（品格，誠実性）　　　　　　⎭　　　⎬ 4C's
④ Conditions（政治・経済的事情）　　　　　　　 ⎭

(2) 信用調査の方法

信用調査の方法には以下のような方法がある。

① **取引銀行を通じた信用照会（Bank Reference）**

取引銀行による信用照会は，信用調査として一般に広く利用されている方法

である。相手方の取引銀行に直接照会するか，自社の取引銀行を通じて照会する。相手方の取引銀行は，相手方からの手紙のレターヘッド等に銀行信用照会先が記載されていることがある。信用照会を受けた銀行は，信用調書を発効する。照会料は，通信費等の実費が徴収されることもあるが，信用調書そのものは銀行の無料サービスとして行っていることが多い。ただし，銀行の信用照会では，顧客である企業に対しての信用調書を作成するため当たり障りのない抽象的な表現になりがちで，特に信用度が低い場合には歯切れの悪い表現となることが多いので注意が必要である。また銀行から見た信用状態であるため，企業の短期的な支払い能力に重点が置かれる傾向がある。

② 相手方の取引先や同業者を通じた信用照会（Trade Reference）

相手方の取引先や同業者を通じた信用照会では，多くの場合，業界での地位，経営スタッフの手腕等を得ることができるとされる。ただし，相手方の取引先や同業者はときに競合相手ともなることもあるため，協力が得られないこともある。

③ 専門の信用調査機関（Credit Agency）の利用

特に重要な取引先と判断される場合は，経費を掛けてでも信用調査機関に依頼することが望ましい。

世界的に有名な信用調査会社は，米国のダンアンドブラッドストリート（Dun & Bradstreet：D&B）社と欧州系のコファス（COFACE）社である。国内で有名な信用調査会社としては，株式会社東京商工リサーチと株式会社帝国データバンクがある。東京商工リサーチは，D&B社と提携し，合弁会社であるダンアンドブラッドストリートTSR社がある。コファス社は我が国に現地法人を持ち，コファスサービスジャパンがある。ジェトロでは，コファス社と提携し，ジェトロメンバーズ（ジェトロ会員）と前述の引き合い案件データベース（TTPP）登録者に対してはコファスの信用調査の割引が受けられるようになっている。

【参考】コファスジャパン信用保険会社（http://www.coface.jp/）
ダンアンドブラッドストリートTSR株式会社（http://www.tsr-net.co.jp /company/press_release/2007/1199638_1645.html）

株式会社東京商工リサーチ（http://www.tsr-net.co.jp/）

株式会社帝国データバンク（http://www.tdb.co.jp/）

ジェトロの会員制度（https://www.jetro.go.jp/members/）

④　日本貿易保険（NEXI）の「海外商社名簿」の利用

　株式会社日本貿易保険が与信管理等もために作成している「海外商社名簿」
の格付けから，海外の取引先の与信状態を知ることができる。海外の取引先が
登録されていない場合には，登録申請を行うことができる。これには通常費用
が発生するが，NEXIでは，中小企業を対象に1企業あたり8件までこれを無料
とするサービスを行っている。

【参考】独立行政法人日本貿易保険（NEXI）海外商社（バイヤー）登録手続きに
　　　ついて（https://www.nexi.go.jp/procedure/consult/buyer.html）

第6章　取引条件と契約

1. 取引条件の決定

　第5章の具体的な取引交渉（申込み）の段階では，品質，数量，価格，引渡し，決済，保険等，具体的な取引の条件を相手方に提示して交渉をすすめる。それを最終的に契約書という形でまとめる。以下にその条件について解説する。

2. 品質条件

⑴　品質基準の決定方法
　貿易取引では，当事者双方が納得する品質の基準をあらかじめ決定しておく必要があり，それは通常，次のような5つの売買方法のいずれかによる。

　　① 　見本売買（Sale by Sample）
　売手又は買手が契約する商品の見本を提示し，それを商品の品質基準とする方法。この決定方法は，主に製品や加工品の取引に利用されている。このとき使用される見本を品質見本（Quality Sample）という。売手側から提示する見本を売手見本（Seller's Sample），買手側から示すものを買手見本（Buyer's Sample），相手の見本提示に対して新たに提示する見本は**反対見本（Counter Sample）**という。

　見本売買においては，当該見本と取引商品が品性，性能，形状において一致していることが条件となる。しかし実際には，早期に契約成立に結び付けたいがため，見本だけは良いものを作ろうとする売手側の心理が働き，時折，実際の取引商品と見本との相違によるトラブルも発生している。取引が始まった当初は取引商品が見本と一致しているが，次第に見本とかけ離れていくというケースもある。13.で解説する貿易クレームの実に約8割が品質クレームである

とも言われているため注意を要する。このため，買手側は，数回に渡って売手に見本の作成を依頼したり，取引成立後も見本を保存して，将来起こり得るクレームに備える。売手側も，買手側に送った見本を保管し，クレームに備えることが大切である。

② **標準品売買**（Sale by Standard Quality）

農産物，林産物，水産物又は畜産物等の品質を決定する場合に使われる方法。これらのものの品質は，自然条件等に左右されるため，見本品売買の方法で取引商品と一致させることが困難である。そこでこの場合，標準品を示すことで，品質を決定する。標準品と取引商品との差は価格で調整する。標準品は，以下の2つのいずれかの条件により決定する。

(a) **平均中等品質条件**（Fair Average Quality Terms：FAQ）

農産物等，主に穀物類の売買に用いられる品質条件で，一季節の収穫物の平均的な中等品質であるとする条件。

(b) **適商品質条件**（Good Merchantable Quality Terms：GMQ）

漁労品，木材等，的確な見本取引が困難な場合に用いられる品質条件で，取引上適切と認められる品質（市場性のある品質）であることを保証する条件。

③ **銘柄売買**（Sale by Trademark or Brand）

トレードマークやブランドが世界的に知られている場合，それらのマークやブランドは高い信頼があり，品質も安定している。このためそれ自体が品質基準を示す役割を果たす。そこで，特定のトレードマークやブランドを指定してそれを品質基準とする方法があり，これを銘柄売買という。

④ **仕様書売買**（Sale by Specifications）

プラント，機械類又は化学品の売買では，設計図をもとに構造，性能，成分，材質，耐久性等の詳細なデータを示した仕様書を作成する。これに図面や写真等貼付し，これらを品質基準として取引する方法。

⑤ **規格売買**（Sale by Grade or Type）

国際規格，国の規格，業界の規格等の規格を品質基準とする方法。国際規格には国際標準化機構（ISO）の定めたISO規格がある。我が国では日本工業規格（JIS）や日本農林規格（JAS）がある。このほかそれぞれの国や地域にさま

ざまな標準規格がある。

(2) 品質決定時点

　品質を決定する条件として，どの時点の品質とするかをあらかじめ当事者間で取り決めておくことも重要である。貨物を長距離区間，輸送する必要のある貿易取引では船積み時と陸揚げ時で品質の差が生じることがあり，クレームの原因になりかねないからである。このため，通常，船積み時か陸揚げ時かのいずれかの時点を品質決定時点として取り決める。前者を**船積品質条件**（Shipped Quality Terms），後者を**陸揚品質条件**（Landed Quality Terms）という。前者の船積品質条件の場合，条件通り船積みされたかどうかは，距離の離れた買手には分からない。そこで，このことを証明するためには，買手は売手に，第三者である国際的な検査機関に検査を受けさせ，**検査証明書**（Inspection Certificate）を発行してもらうよう要求する。

3. 数量条件

(1) 数量単位

　貿易取引条件としての数量は，その商品の国際取引で通常使用されている単位（Unit）で表示する。〈図表6-1〉にさまざまな数量単位を挙げる。

(2) 重量単位

① 重量トン，容積トン，運賃トン

(a) 重量トン

　〈図表6-1〉では，重量単位の最上段にMetric Ton（M/T，メートルトン）とある。これを(b)の容積トンに対して**重量トン（Weight Ton）**という。日常生活では単にトン（t）といっているものも，国際取引では，〈図表6-2〉の通り，3種類のトンが存在する。我々が日常使っている重量トンがこの3種類のうち仏トン（メートルトン）ということになる。

(b) 容積トン

　容積トン（Measurement Ton）とは，容積を基準として算出したトンの単

56　第6章　取引条件と契約

〈図表6-1〉貿易取引に関わるさまざまな数量単位

種　類	単　位	略号	意　味	備考／1単位当たり換算
重量（Weight）	metric ton	M/T	メートルトン	kilo ton ともいう
	kilogram	kg	キログラム	1,000g
	gram	g	グラム	1,000mg
	milligram	mg	ミリグラム	1/1,000g
	pound	lb	ポンド	453.6g，16oz
	ounce	oz	オンス	28.35g
容積（Measurement）	cubic meter	m³	立法メートル	1,000,000cm³
	cubic centimeter	cm³	立法センチメートル	1,000mm³
	cubic millimeter	mm³	立法ミリメートル	1/000,000,000m³
	cubic feet	cft	立法フィート	28,316.846592cm³
	liter	l	リットル	10dl，1,000ml
	deciliter	dl	デシリットル	100ml
	milliliter	ml	ミリリットル	1/1,000l
	barrel	bl/bbl	バレル	「樽」の意／120〜160l，31.5〜42gal
	gallon	gal	ガロン	約3.785l
面積（Square）	square meter	m²	平方メートル	10,000cm²
	square centimeter	cm²	平方センチメートル	100mm²
	square millimeter	mm²	平方ミリメートル	1/1,000,000m²
	square feet	sft	平方フィート	929.0304cm²
長さ（Length）	meter	m	メートル	100cm
	centimeter	cm	センチメートル	10mm
	millimeter	mm	ミリメートル	1/1,000m
	yard	yd	ヤード	91.44cm，3ft
	feet	ft	フィート	30.48cm，12in
	inch	in	インチ	2.5cm
個数（Number）	piece	pc	個	
	each	ea	各々	
	dozen	dz	ダース	12個
	gross	gr	グロス	144個，12ダース
	set	st	セット，台	―
	pair	pr	組，対	―
梱包（包装）単位（Package）	Bag	―	袋	―
	Dram	―	ドラム缶	
	Bale	―	俵，バール	
	Case	―	箱，ケース	―
	Carton	―	箱，カートン	

〈図表6-2〉重量トンの種類

名称（日本語）	名称（英語）	ポンド換算	キログラム換算
英トン（重トン）	Long Ton	2,240 lb	1,016 kg
仏トン（メートルトン）	Metric Ton	2,204.6 lb	1,000 kg
米トン（軽トン）	Short Ton	2,000 lb	907 kg

位のことで，$1 M/T = 1 m^3$ で計算する場合と，40立法フィート（cft）を $1 M/T$ $= 1.133 m^3$ として計算する場合とがある。現在定期船の運賃は，$1 M/T = 1 m^3$ を採用している。我が国では，容積トンは $1 M/T = 40 cft = 1.133 m^3$ として，港湾料金表もこの計算方法で計算される。通関業者の中には，通関諸経費について $1 M/T = 40 cft$ の計算で行うところもある。

(c) 運賃トン

海上運賃（Ocean Freight：OF）は，(a)の重量トンと(b)の容積トンの高い方のトン数を運賃算出の際のトン数として採用する。これを**運賃トン（Freight Ton：F/T 又は Revenue Ton：R/T）**という。コンテナ輸送の場合は，コンテナ1個あたりのボックスレートが一般的である。海上運賃は基本運賃のほかに，割増運賃が必要な場合がある。

② 重量の測定方法

重量の測定方法は，以下の2通りある。

(a) **総重量（Gross Weight：G/W）**……包装等を含んだ総重量

(b) **純重量（Net Weight：N/W）**……包装等を除いた正味重量

(3) 数量決定時点

2.(2)の品質の決定時同様，貨物の長距離輸送により，船積み時と陸揚げ時で数量の差が生じることがある。このため，数量の場合でも，どの時点の数量を契約上の数量決定時点とするかをあらかじめ当事者間で取り決めておく必要がある。船積み時を決定時点とする場合を，**船積数量条件（Shipped Weight Terms）**，陸揚げ時とする場合を**陸揚数量条件（Landed Weight Terms）**という。前者の船積数量条件の場合，条件通り船積みされたかどうかを証明するためには，公的検量業者（Public Weigher，又は宣誓検量人 Sworn Measurer ともいう）に検量とその結果報告書兼証明書である，**容積重量証明（明細）書**

（Certificate and List of Measurement and/or Weight）の発行を依頼する。

(4)　数量過不足容認条件

　鉱産物や穀物等のバラ荷貨物（Bulk Cargo）では輸送中に数量の過不足が生ずることがあり，契約数量通りの貨物受渡しが困難である。この場合，あらかじめ**数量過不足容認条件（More and Less Terms）**を取り決め，当事者間で合意しておく必要がある。例えば，5% more or less at the Seller's（or Buyer's）option（5%の過不足は，売手又は買手の任意）のような契約条項を加える。後述の信用状統一規則第30条b項でも，船積書類の買取りの条件として「物品数量の5%を超えない過不足の許容範囲が容認される」としている。また同条a項では，about又はapproximatelyという語は，10%を超えない過不足の許容範囲を容認していると解釈される，としている。我が国の関税法では，輸入申告時の数量と実際の数量との過不足について3%以内を許容している（関税法基本通達67-3-14, 67-3-15）。

(5)　引受け可能数量条件

　企業の生産コストと利益は，取引数量によって変わる。従って，売手はあらかじめ採算水準以上の利益を上げるための最低取引数量を定め，**最小引受可能数量（Minimum Quantity Acceptable）**として買手に提示し，取り決めておく必要がある。一方で，企業はそれぞれ生産設備や生産能力に限界がある。また商品によっては大量に供給しにくいものや，原材料調達の状況によっては生産能力に限界があるものもある。従って，**最大引受可能数量（Maximum Quantity Acceptable）**についても必要に応じ取り決める。

4.　価格条件

(1)　価格条件の3要素

　取引の価格が決定されるためには，貿易条件（第7章参照），価格算定（第7章参照），決済通貨（(2)参照）の3つの要素が必要となる。

(2) 決済通貨

　取引の商品代金を決済する通貨としては，自国通貨，相手国通貨，第三国通貨のいずれかの通貨で決済する。外国の取引先と代金の決済をするときは，実際に現金を送り合うのではなく，資金の指図による為替（かわせ）という方法で決済する（第8章参照）。為替の交換比率，つまり為替相場は日々変動しており，外国の通貨で決済する場合は，常にこの為替変動のリスクを伴うことになる。そこで，上述の3種類の通貨のうちで，最もリスクが少ないのは，自国通貨で決済することである。しかしこの場合は相手方にそのまま為替変動リスクがのしかかることになる。従って，相手が自国通貨での決済を容認するかが鍵となる。

　相手国通貨や第三国通貨の外国通貨を使用することになった場合は，為替予約等為替リスクを回避するための手段を講ずることが必要である（第8章参照）。

　一般的に国際市場性に乏しく，信用度の低い通貨は，為替リスクが大きい上，為替取引手数料も割高となるため使用は避け，為替相場が安定しているUSドル，ユーロ，円等を選択する。国際取引で最も使用されている通貨は基軸通貨であるUSドルである。

5. 引渡し条件

(1) 引渡し条件

　引渡し条件とは，売手が，取引する貨物を買手に，どうやって（方法），どこで（場所），いつ（時期）引渡す（deliver）かという条件のことである。貨物の積替えや分割積みの可否についてもここで定める。「引渡し」は「占有の移転」という民法上の概念があるが（第182条等），貿易取引では，引渡しは必ずしも占有や所有権の移転を意味しない。所有権の移転については別途定める必要がある。

(2) 引渡し方法

　「引き渡す」という行為は，これらの用語にあたる英語の"deliver"が意味するように，本来「届ける」「配達する」という意味である。ところが貿易取引

では，売手と買手の距離が離れているため，通常，売手から買手に直接「届ける」ことができない。通常，船会社や航空会社等の運送人に物品を託して輸送することとなる。従って貿易取引においては，どの時点をもって貨物を「引渡し」たことにするかということを事前に当事者間で取り決める必要がある。

(3) 引渡し場所

引渡し場所（Place of Delivery）は，FOB Yokohama や FCA San Francisco 等のように，第7章で述べるインコタームズのルールに従って，売手と買手で合意された場所が引渡し場所となる。ところで，インコタームズで現状，多く使用されている FOB，CFR，CIF やコンテナ船や航空機で使用する FCA，CPT，CIP はいずれも引渡し場所が積み地側である。これらの場合は，船積み（ship）あるいは積み込む（load）ことにより，物品の引渡しを完了する。貿易取引は，通常長距離間での取引となるため，船積みすることで売手の引渡しの責任を完了とするという商慣習を人々は，長い歴史の中で作り上げたのである。このように積み地で貨物が引き渡される条件を**積地（つみち）条件**という。これに対し，インコタームズのD条件では，受渡しは，船積みでは完了せず，揚地側の港や指定地となる。これを**揚地（あげち）条件**という。

(4) 引渡し時期

(3)では，多くのケースで船積み（ship）をすることで引渡し（deliver）を完了すると述べた。このことから，**引渡し時期（Time of Delivery）と船積み時期（Time of Shipment）**とが同義であることが多い。船積み時期は，船会社の配船予定の変更等が頻繁に行われたりすることから，通常，特定日に限定することはせず，ある一定の期間を船積み時期とする。以下のようなものがある。

① **単月積み**

商品が特定の1カ月間に船積みすることを条件とするもの。例えば，「1月積み」を意味する January Shipment, Shipment during January は，1月1日から1月31日までに間に船積みをするという条件である。

② **連月積み**

連月積みは，特定の連続した複数の月の間に船積みすることを条件とするも

の。例えば，「1月/2月/3月積み」を意味するJanuary / February / March Shipmentとは，1月1日から3月31にまでの間であればいつ船積みしてもよいという条件である。

③ 特定日を基準として期間を限定する船積み条件

特定日，例えば注文受領日や信用状受領日等を基準として，その以後何日以内に船積みをするということを定めた条件。例えば，

Shipment within 30 days after receipt of your order

（注文受領後30日以内に船積み）

Shipment within 15 days after receipt of L/C

（注文受領後15日以内に船積み）

④ 直（じき）積み

直積みは，特定の船積み期日を示さず，Immediate Shipment, Prompt shipment, As soon as possible等の用語を使い，「できる限り早く船積みする」という意味である。しかしこのような条件は，意味が不明確でお互いの理解の齟齬を招きやすいため避けるべきである。信用状統一規則第3条でも，船積書類の買取りの条件として，「書類の中で用いることを要件としている場合を除き，prompt, immediately, as soon as possibleというような語は無視される」と定めている。

なお，直積みを「じかづみ」と読むことがあるが，**自家積み**と混同しないよう注意する。「自家積み」とは，運送人や海貨業者等が一括で多数の荷主から貨物を集めてする「総積み」に対し，荷主が自己の責任において本船船側から直接本船に積み込むことを指す用語である（第9章2.(5)参照）。

(5) 積替えの可否

積替え（Transshipment） とは，船積み港で貨物が積込んだ本船が，直接，仕向港（Port of Destination）に行かないで，途中で仕向港行きの他の船に積み替えることをいう。この積替えを容認する（be allowed）のか禁止する（be prohibited, not allowed）かについて時点に当事者間で取り決めておく必要がある。

(6) 分割積みの可否

分割積み（Partial Shipment）とは，契約の全数量を，複数回に分けて船積みすることをいう。これについても，分割積みを容認するか否かについてあらかじめ取り決めておく必要がある。特に取引がある程度大きくなってくると，分割積みを考慮しなくてはならないときがある。

6. その他の条件

その他，代金決済の時期や方法を定めた**決済条件**（Payment Terms），輸送中の貨物の損害を担保する**保険条件**（Insurance），また貨物の**梱包・包装**（Packing）や**荷印**（Shipping Mark）の条件等について取り決める。

7. 契約の成立

契約（Contract）とは，相反する2個以上の意思表示を合意に至らしめる行為をいい，ある一定の場合には，法的保護を受けたり，法的拘束力を持つものである。

貿易取引では，第5章で見てきたように，提案（Proposal）に始まり，引合い（Inquiry）を経て，一方の申込み（Offer）を受けたもう一方が（通常は複数回に渡っての反対申込み（Counter Offer）を経て）承諾（Acceptance）することで契約が成立する。これを**諾成契約**という[1]。

8. 契約書の作成

7. では，貿易取引は諾成契約を基本とし，一方の申込みに対し，相手方が承諾すれば，口頭でも契約が成立する。しかし，現実的には，契約の証拠として

---

[1] 諾成契約に対し，当事者間の合意に加え，目的物の提供を持って成立する契約を要物契約という。諾成契約は，口頭での承諾でも契約が成立するとしている。これに対し，婚姻や保証人契約等では，婚姻届や保証人契約書等の文書が必ず必要となる。これを要式契約という。

必ず文書での契約書を締結する。貿易取引は，通常言語や文化の異なる外国との取引である。後に発生し得る幾多のトラブルを防止するためにも契約書の作成は不可欠である。

9. 契約書の種類

(1) 契約書の種類

① 注文書，注文請書を契約書とする

取引が小口の場合は，買主側が作成する注文書（Order Sheet）や売主側が作成する注文請書（Confirmation of Order）を契約書として用いることが多い。

② 合意した内容を全て一つの契約書にまとめる

取引が大口になっていくにつれ，当事者間でより拘束力を持たせるために，注文書や注文請書とは別に，正式な契約書の形で作成する。③で挙げるものとは異なり，取り扱う数量がある程度大口であっても取引が1回限りである場合は，合意した内容を全て一つの契約書にまとめる方が合理的である。

③ 基本取引条件契約書と個別取引条件契約書に分離する

プラント輸出等の大型取引や継続的な取引では，まず，契約に係る基本的条件を一つひとつ列挙し，売主・買主間相互でそれぞれ確認した後，取り決め事項として全て文書にした基本契約書を作成する。そして個々の船積みに関しては，それぞれ簡単な書式の個別契約書を作成する。

(2) 契約書の名称

(1)の通り，様々な契約書の種類や形態があることを述べた。これらの名称については，およそ〈図表6-3〉の通りとなる。ただしこれらの用語はしばしば混用され，以下表の日本語と英語とが対応しない場合がある。例えば，売約書として以下に記載しているSales Noteは時に注文請書の意味として使われることがあり，注文書として記載があるPurchase Orderはしばしば買約書や買い契約書の意味として使われることもある。また，売約書（Sales Note）と売り契約書（Sales Contract），買約書（Purchase Note）と買い契約書（Purchase Contract）は，いずれもそれぞれ区別しないで同義のものとして用いられるこ

<図表6-3> 契約書の種類と名称

	売主の側から作成するもの			買主の側から作成するもの		
日本語	注文請書 (注文確認書)	売約書	売り契約書	注文書	買約書	買い契約書
英語	Confirmation of Order, Sales Confirmation	Sales Note	Sales Contract	Order Sheet, Purchase Order	Purchase Note	Purchase Contract

出所：筆者作成

とが多い。

10. 契約書の構成

(1) 契約書の構成

　契約書は，通常，次の(2)の表面条項と(3)の裏面約款の2面からなる。「条項」「約款」の用語をそれぞれ統一し，「表面条項」「裏面条項」又は「表面約款」「裏面約款」ということもあるが，項目・文字数が比較的限定的なものを指す「条項」，項目・文字数が多く詳細な「約款」とここでは区別した。

　このような契約書は2通作成し，2通とも署名をした後，相手方に送り，相手方にも2通ともに署名をさせ，1通はそのまま相手方保管，もう1通を返送させる。

(2) 表面条項（タイプ条項）

　表面には，通常，契約条件の項目のみがあらかじめ印刷されていて，それぞれ記入欄が設けてある。これは，当事者間が合意し整理した内容を，これら記入欄にあとでタイプするようになっているからである。これらのことからこの契約書の表面のことを**表面条項又はタイプ条項**という[2]。

2　現在では，当然，タイプライターを用いて「タイプ」することはほとんどなく書類のほとんどはPCで作成される。

(3) 一般取引条件と裏面約款（印刷条項）

貿易取引の取引条件には，貿易条件（第7章参照），決済条件（第8章参照），不可抗力等，どの取引にも適用される条件がある。これらを**一般取引条件**（General Terms and Condition）という。これをどの取引の場合にも使用できるように裏面にあらかじめ印刷しておく。以上のことからこの契約書の裏面のことを**裏面約款**又は**印刷条項**という。

(4) それぞれの条項の優先順位

(2)，(3)で記載した内容で相互に矛盾があった場合は，タイプ条項である表面条項が印刷条項である裏面約款に優先する。また，これとは別に手書きの条項（**書き入れ条項**）があった場合にタイプ条項との間で矛盾事項があったときは，書き入れ条項がタイプ条項に優先する。つまり〈図表6-4〉の通りとなる。

〈図表6-4〉各条項の優先順位

①書き入れ（手書き）条項 ＞ ②タイプ条項（表面条項）＞ ③印刷条項（裏面約款）

11. 書式の戦い

10.(3)の裏面約款は，当事者のどちらかが案（Draft）を作成し，それを相手方に送って署名を求めるということが多い。作成する側は自社に有利なようにあるいは不利にならないように作成するため，相手方には逆に不利な内容になっていることがある。このため，相手方は表面条項には合意しても，裏面約款の条項については簡単に合意しないことがある。買主は売主が作成して送ってきた案に署名せず，買主側に有利な新たな案を作成し，これを逆に売主に送りつけ，こちらに署名するよう求める。このように双方でお互いに案を送りつけ合っている状態を**書式の戦い**（Battle of Forms）という。

この書式の戦いが発生したときは，①力関係を行使し，相手方に署名させる，②譲歩して裏面条項を訂正する，あるいは③既に合意に達している表面条項だけの条件で取引を始める等の解決策をとる。

12. ウィーン売買条約

(1) ウィーン売買条約の成立と我が国の加入

　ウィーン売買条約は，物品の国際売買に関して取り決められた国連条約で，正式には**国際物品売買条約に関する国際連合条約**（United Nations Convention on Contracts for the International Sale of Goods：CISG）という。同条約は，国際連合国際商取引法委員会（United Nations Commission on International Trade of Law：UNCITRAL）によって起草され，1980年ウィーンで開催された外交会議で採択され，1988年1月発効した。全101条及び前文，末文からなり，契約の成立や当事者の権利義務について定めている。条約発効以来，着実に締約国を増やしており，徐々に世界法としての地位を確立しつつある。我が国は永らく加入しないでいたが，2008年7月ついに国連に加入書を提出し，2009年8月1日より発効した。2018年11月現在同条約の加盟国数は89カ国である。同条約は，条約締約国間の取引である場合は自動的に適用されることになるが，当事者間で特段の合意がある場合は，当該合意事項が同条約に優先する。

(2) インコタームズとウィーン売買条約

　ウィーン売買条約は，内容は第7章のインコタームズと類似する点も多い。しかし，同条約は，当事者間の合意に則り任意でその規定を使用するインコタームズとは異なり，条約締結国同士の取引であれば，事前の特段の取り決めがない限り，自動的に適用される。このため，我が国の経済界や法曹界からは以前より早期加盟の要望が強くなされていたのである。

　ウィーン売買条約では，インコタームズでは規定のない，契約の成立並びに契約違反に対する救済についての規定が設けられている。

　売主と買主の義務とリスクの移転時点については，インコタームズにもウィーン売買条約にも規定があるが，両者の規定に相違がある場合は，当事者自治の原則（同条約第6条）により，インコタームズの規定を優先する。ただしこの場合には，契約書の貿易条件（Trade Terms）の条項で「取引条件は

〈図表6-5〉ウィーン売買条約とインコタームズとの主要規定の比較

	ウィーン売買条約	インコタームズ
売主と買主の義務	○	○
リスク移転の時期	○	○
契約の成立	○	×
契約違反に対する救済	○	×
契約の有効性	×	×
所有権の移転の時期	×	×

出所：新堀聰『ウィーン売買条約と貿易実務』同文舘出版，p.6

2010年版インコタームズによる」などと明示しなければならない。

　ウィーン売買条約とインコタームズの違いは〈図表6-5〉の通りである。

13. トラブルの解決方法

(1) クレームの発生と解決策に向けての準備

　貿易取引等の国際商取引では，さまざまなトラブルや金銭の伴う損害賠償を求めるクレームが発生することがある。実際のトラブルやクレーム解決の情況により，2つ以上の方法を組み合わせ，有利な解決を図ることも考慮する。契約の相手方へのクレーム（**貿易クレーム**）や船会社・保険会社等へのクレーム（**運送クレーム**）の請求は，いずれも客観性や合理的裏付けのあるものでなければならない。必要に応じ，立証のための証拠書類として公正な第三者の鑑定人が発行する鑑定書（Survey Report）を用いる必要がある。国際的に信用にある鑑定人は，英国ロイズ保険組合であり，世界の主要都市に代理店がある。日本国内では，次のような団体が鑑定業務を行っている。

【参考】㈳日本海事検定協会（NKKK）（http://www.nkkk.or.jp/）
　　　　㈳新日本検定協会（SK）（http://www.shinken.or.jp/）

(2) トラブルの解決方法

① 和解

和解（Compromise）は，一般的な解決方法であり，国際取引におけるほとんどのクレームはこの方法で解決されている。このためには，注文書，売買契約書や契約前後の各種通信記録や関係情報を参照して，当事者同士で真摯に話し合いを行い，なるべく短い期間で賠償方法やその額等を取り決める。

② あっせん（斡旋）

あっせん（Mediation）は，話し合いによる解決の見込みが立たない場合に，当事者の一方又は双方から解決のための協力を第三者の専門家あるいは専門機関に依頼し，第三者が双方の主張と問題点を明らかにして，両者と話し合いを進めながらお互いに譲歩させて自主的に解決に導く方法である。

あっせんによる解決を行うためには，両当事者によるあっせんの合意が必要であるが，現実の交渉においては，第三者のあっせん機関やあっせん人の選定によっては利害が相反するため，クレーム発生後の合意は容易ではない。また，あっせんが合意され，あっせん案が出されても勧告に過ぎず法的強制力がないため，当事者はそのあっせん案に不服であればあっせんを受け入れる義務はなく拒否することができる。従って，あっせんでは最終的な解決に至らない場合がある。

③ 調停

調停（Conciliation）は，紛争当事者間による調停付託の合意に基づき，当事者が選定した調停人が双方の主張を聞き，提出された関係書類を調べたうえで調停案（妥当な解決案）を提示する。調停による解決を行うためには，両当事者による調停の合意が必要であるが，現実の交渉においては調停の場所や調停人の選定によっては利害が相反するため，多くの場合クレーム発生後の合意は困難となる。また，調停が合意され，調停案が出されても法的強制力がないため，当事者はその調停案に不服であれば調停を受け入れる義務はなく，拒否することができる。したがって，調停では最終的な解決に至らない場合がある。

調停機関としては，我が国では日本商事仲裁協会が調停についても受け入れ体制を整えている。国際機関としては国際商業会議所（ICC）仲裁裁判所が調停規則，仲裁規則を持っている。また，国際連合国際商取引法委員会

（UNCITRAL）が，調停機関を利用しないで紛争当事者が自主的に調停を行うための調停規則を作成し，利用を勧めている。

④ 仲裁

仲裁（Arbitration）は，紛争当事者の仲裁付託合意に基づいて行われるもので，当事者により選任された仲裁人が仲裁判断を下す。両当事者は仲裁判断を受け入れる法的義務がある。

仲裁付託合意は次のいずれかの方法による。

① 契約条項にあらかじめ「紛争が生じたときは仲裁により解決する」という「仲裁条項」を設け，仲裁地，仲裁機関，仲裁規則の3つの事項について取り決める。

② 契約に仲裁条項がないまま紛争が発生した場合は，当事者がその紛争を仲裁により解決するという「仲裁付託契約」を締結する。

当事者によって合意された仲裁条項又は仲裁付託契約があれば，法的拘束力が生ずるため，訴訟に持ち込むことはできない。仲裁人による仲裁判断は，1923年仲裁条項に関するジュネーブ議定書，1927年ジュネーブ条約，1958年**ニューヨーク条約**の加盟国によって，その効力が加盟国間で承認されることになっている。また二国間仲裁協定が，各国の仲裁機関が協定を結び，仲裁判断とその執行に関する取り決めを行っている。これらの条約や協定によって，仲裁判断は国境を越え，両国間又は加盟国間で裁判の判決と全く同じ効果のある執行権を及ぼしている。

仲裁判断が出されたが，相手の財産が我が国にない場合や相手がその判断に従わない場合は，その仲裁判断を相手国で執行する必要がある。仲裁判断の強制執行は，仲裁合意書の原本，仲裁判断の原本，これらの原本の翻訳文に当該外国領事館の証明を受けたものを執行地の裁判所に提出し，強制執行の判決を受ける。

我が国における代表的な仲裁機関は**一般社団法人日本商事仲裁協会（JCAA）**である。

⑤ 訴訟

外国との取引による商事紛争が，和解，あっせん，調停，仲裁のいずれの方法によっても解決できない場合は，訴訟に持ち込むことになる。しかし，国際

商取引から生ずる紛争を**訴訟**（Lawsuit）で解決するための国際的裁判所は存在しない。オランダ・ハーグに国際司法裁判所があるが，ここでは国家間の紛争（例えば領土紛争等）を取り扱い，企業間の商事紛争は取り扱わない。したがって国際的紛争であっても，国内の訴訟と同様に自国の裁判所に訴訟を提起するか，又は相手国の裁判所に提訴するか，いずれかによることとなる。

　自国の裁判所で勝訴し判決が確定しても，判決の執行に際し，被告の財産が自国内にあれば執行できるが，ないときには執行することができない。国内における判決の効力は外国には及ばない。我が国の判決を被告の国で執行するためには，別途その国の裁判所に提訴して執行を認める判決を得る必要があるが，国によって法律が異なるため，いずれの国においても外国の判決を執行する判決を得ることは容易ではない。

　一方，被告の国の裁判所で訴訟を起こした場合は，その国の法律によって判決が出るので強制執行ができる。しかし，外国での訴訟は法体系も言語も異なり，信頼できる弁護士を探すことも困難かつ弁護士費用が多額になるため，勝訴の見込みがない限り，訴訟には踏み切れないのが現状である。

　訴訟は国家権力による紛争解決手段であり，当事者を敵対関係で裁くため，これまで築き上げてきた信頼関係を損なうことにもなりかねない。そこで，近年では，信頼関係を保ちながら紛争を解決しようとする訴訟の**代替的紛争解決手段**（Alternative Dispute Resolution：ADR）が注目されている。前述の和解，あっせん，調停，仲裁等はADRの例である。紛争当事者としては，訴訟に持ち込む前に，ADRによる解決を図ることができないかをまず検討する。

第7章 インコタームズと価格算定

1. 貿易条件の誕生

　「1600年以降,英国やオランダの商人は香辛料等を買い付けるために,自らの船で,インドネシアやインドへ盛んに出向いた。香辛料は,冷蔵庫のない時代に防腐剤として,また食欲を増進する調味料として大変な貴重品だった。当時は良港がなかったため,本船は沖合に停泊し,現地の人が,香辛料の入った布袋を艀で本船の船側まで運ぶ。そこに本船から縄はしごを降ろす。次に,片手で縄はしごをつかみ,もう一方の手で布袋を担いで縄はしごを昇り,その布袋を本船の欄干を越えて投げ入れた。」(中野宏一 (2010)『最新貿易ビジネス 4訂版』白桃書房,pp.81-82)

　このとき,世界初の貿易条件,**FOB（Free On Board）**が生まれたとされる。

　貿易取引では,売主と買主との間での運賃や保険料等の費用の負担区分や売主と買主での物品の危険の移転時点等について取り決める必要がある。これらについて取り決めたものを**貿易条件**（Trade Terms）という。貿易条件は,貿易取引上不可欠なもので,商慣習として誕生し発展してきた。FOBがその中でも最も古い貿易条件といわれ,1812年には既に英国でFOBについての判例が見られる。

　一般に二者間共通でその機能を持っていないと成立しないような類のものは,当初はなかなか普及しないが,徐々に浸透し始めた後,ある臨界点に達すると爆発的に普及するという性質を持つ。現代の携帯電話やパソコンの電子メールが良い例である。この貿易条件についても,インドの香辛料貿易等の特定地域で生まれた貿易条件は,徐々にその他の地域の貿易にも浸透していき,ある臨界点を持って爆発的に世界に波及したものと考えられる。

2. インコタームズの制定と概要

　1936年，パリに本部を置く**国際商業会議所（ICC）**は，1.のように商慣習で形成された貿易条件を，貿易取引での共通の了解事項や合意事項を国際ルールとして確立するため，はじめて定型的な貿易条件としてまとめた。これをInternationalのInとCommerceのCoにtermsをとって，**インコタームズ（Incoterms）**と呼ぶ。インコタームズはその後，1953年，1967年，1976年，1980年，1990年，2000年に修正，追加，改訂が行われ，これが国際的商慣行として確立した。

　このように近年では10年ごとに改定がなされ，現在では2011年1月1日に発効した**インコタームズ2010**が最新版となっている。2018年現在，インコタームズ2020に向けた改訂作業が進められている。

　インコタームズは，貿易取引契約において貨物引渡しの場所，リスクの移転時点，運送の手配と運賃の負担区分，保険の手配と保険料の負担区分，輸出入の通関手続きと関税の負担及びその他の経費負担等について，売主と買主がどのように負担すべきかを国際的な統一ルールとして定めている。

　インコタームズの記号は，アルファベット3文字で貿易条件を表しており，FOB Yokohama, CIP New York, FCA Naritaのように，船積港，仕向地，指定地等の売主と買主の費用分担を示す地点を付記して使用する。

　インコタームズは条約や法律ではないため，貿易取引でこれを利用する場合は，契約書等で貿易条件条項（Trade Terms）として「取引条件は2010年版インコタームズによる」（The Trade Terms shall be interpreted in accordance with "INCOTERMS 2010"）などと明示する必要がある。近い将来，インコタームズ2020の適用が開始されると，2010年版と2020年版がしばらく併存することなるため，契約書ではインコタームズの何年版を用いるのかを明記しておく必要がある。

3. インコタームズ2010

　2010年9月27日，国際商業会議所（ICC）は，インコタームズの改訂版である**インコタームズ2010**を発表し，翌年2011年1月1日に発効した。2010年10月1日にはICC日本委員会（東京都千代田区）が英和対訳版を発行した。インコタームズ2010の11の規則のリスクの移転時点を旧版であるインコタームズ2000と比較して表すと，〈図表7-1〉の通りとなる。

〈図表7-1〉インコタームズ2010（カッコはインコタームズ2000）

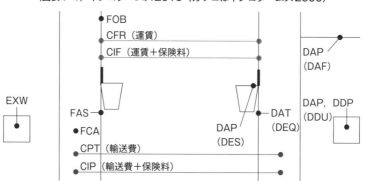

4. インコタームズ2010の概要

(1) インコタームズ2010の類型

　インコタームズ2000までは，Eグループ（出荷），Fグループ（主要輸送費抜き），Cグループ（主要輸送費込），Dグループ（到着）の4グループに分類していたが，インコタームズ2010では，以下の通り「**いかなる単数又は複数の輸送手段にも適した規則**」と「**海上及び内陸水路輸送のための規則**」の2クラスに分類することとした。（まえがき　インコタームズ2010規則の主な特徴　2. 前段）。

いかなる単数又は複数の輸送手段にも適した規則
(Rules for Any Mode or Modes of Transport)

EXW	Ex Works	工場渡
FCA	Free Carrier	運送人渡
CPT	Carriage Paid To	輸送費込
CIP	Carriage and Insurance Paid To	輸送費保険料込
DAT（新設）	Delivered At Terminal	ターミナル持込渡
DAP（新設）	Delivered At Place	仕向地持込渡
DDP	Delivered Duty Paid	関税込持込渡

海上及び内陸水路輸送のための規則
(Rules for Sea and Inland Waterway Transport)

FAS	Free Alongside Ship	船側渡
FOB	Free On Board	本船渡
CFR	Cost And Freight	運賃込
CIF	Cost Insurance And Freight	運賃保険料込

以下(2), (3)において，それぞれ個々の規則について見る。

(2) いかなる単数又は複数の輸送手段にも適した規則

① EXW（指定引渡地を挿入）　工場渡し

　EXW（工場渡し）では，売主が，売主の施設又はその他の指定場所（工場，製造所，倉庫等）において物品を買主の処分に委ねた時，引渡しの義務を果たす。売主は，通常包装なしで送るものを除き，自己の費用により物品を包装する義務を負い，包装には適当な荷印を付す。売主は，物品を受取りのための車両に積み込む必要はなく，売主に輸出通関の義務はない。ただし，売主は，買主が物品の輸出に必要な輸出許可その他の公式の認可を取得するに当たり，買主に助力を与えなければならない。

　買主は指定引渡地以降の物品の引取りに伴う一切の費用と危険を負担する。このため，指定引渡地内の具体的な地点をできる限り明瞭に特定しておくことが賢明である。指定引渡地内で特定の地点が合意されておらず，かつ，いくつかの地点が利用できる場合には，売主は自己の目的に最も適した地点を選択す

ることができる。買主はまた物品の輸出通関及び輸入通関の義務を負う。また，輸出国の当局によって命ぜられる検査も含め，船積み前検査が義務付けられている場合には買主がその費用を負担する。買主が，直接又は間接に輸出通関許可を取得できない場合は，EXWを使用しないことが賢明である。

EXWに類似する貿易条件として，Ex-Godown，Ex-Factory，Ex-Warehouse，Ex-Mill，Ex-Plantation等がある。貿易条件の取決め売主と買主の間で自由に取り決めることができる。しかし上述のEXW以外の条件は，売主，買主の義務や費用負担等に関し拠り所となる国際的に権威のある機関が定めた規定が存在しない。このため，トラブルやリスクを避けるためにはこれらの条件に代えてEXWを使用することが推奨される。

② FCA（指定引渡地を挿入） 運送人渡し

FCA（運送人渡し）では，売主が，売主の施設又はその他の指定地で，買主によって指名された運送人等に物品を引き渡した時に引渡しの義務を果たす。具体的には，物品が，荷おろしの準備ができている売主の輸送手段の上で，買主によって指名された運送人又はその他の者の処分に委ねられた時に引渡しが完了する。売主は，自己の危険及び費用により，物品の輸出に必要な輸出許可その他の公式の認可を取得し，かつ，一切の輸出に関する通関手続きを遂行しなければならない。売主は，この輸出に必要な通関手続きの費用，輸出に際して支払われる一切の関税，税金その他の諸掛りを負担する。売主の包装及び荷印を付する義務はEXWの場合と同様である。売主は，船積み前検査に関しては輸出国の当局によって命じられたものについてのみ負担をする。

買主は指定引渡地以降の物品の引取りに伴う一切の危険及び輸出通関に関連する費用を除いた一切の費用を負担する。買主は，自己の費用により，指定引渡地からの物品の運送契約を締結する。買主は，物品の輸入に際して支払われる一切の関税，税金その他の諸掛り，ならびに，通関手続きを遂行する費用及びいずれかの国を通過して物品を輸送する費用を負担する。買主はまた，輸出国の当局によって命ぜられる場合を除き，船積み前検査の費用を負担する。

③ CPT（指定仕向地を挿入） 輸送費込み

CPT（輸送費込み）では，売主が，合意された場所で，売主によって指名された運送人等に物品を引き渡し，かつ指定仕向地へ物品を運ぶために運送契約

を締結し，その費用を負担する。売主の輸出通関の義務及び費用，包装及び荷印を付する義務及び船積み前検査についてはFCAの場合と同様である。売主は運送契約の中で売主の勘定とされている場合には，いずれかの国を通過して物品を輸送する費用を負担する。売主は，当該運送人等に物品を引き渡した時に引渡しの義務を果たし，このとき危険負担が売主から買主に移転する。このため，前述のEXWやFCAと異なり，危険の移転時点と費用の負担区分が異なる場所で起こることに注意を要する。売主は，物品を積み込む費用及び運送契約に含まれている場合には仕向地における荷おろしの諸掛りを含めた指定仕向地までの運賃その他の一切の費用を負担する。ここにいう積込み費用や荷おろし費用にはいわゆるターミナルハンドリングチャージ（THC）と呼ばれる費用を含む。FCAを使用した場合に，積地側及び仕向地側のTHCを売主が負担するか買主が負担するかはそれらが運送契約の中で売主の勘定となっているかどうかによる。しかし実際にはインコタームズの規定だけではどちら側の負担となるかが明確にならないことも多い。THCは一般に高額となるため，売主と買主の間でどちら側の負担となるかを事前に明確にしておく必要がある。売主が，指定仕向地における荷おろしに関し，運送契約の下で費用を負担した場合には，売主は，当事者間で別段の合意がなければ，その費用を買主から回収することはできない。これは買主が二重でこの費用を負担することを防ぐための規定である。

　買主は物品が引き渡された時から物品の滅失又は損傷の一切の危険を負担する。輸送中の物品に関する一切の費用，諸掛り及び荷おろしの費用について，運送契約の下で売主の勘定とされていないものについては買主が負担する。買主はまた，物品の輸入に際して支払われる一切の関税，税金その他の諸掛りならびに通関手続きを遂行する費用を負担する。買主の船積み前検査に関する規定はFCAの場合と同様である。

④　CIP（指定仕向地を挿入）　輸送費保険料込み

　CIP（輸送費保険料込み）では，売主が，合意された場所で，売主によって指名された運送人等に物品を引き渡し，かつ指定仕向地へ物品を運ぶために運送契約を締結し，その費用を負担する。売主はまた，運送中における物品の滅失又は損傷についての買主の危険に対する保険契約を締結しその費用を負担す

る。CIPの下では，売主は最低限の補償範囲の保険だけを取得すればよいとされている。具体的にはロイズ市場協会又はロンドン国際保険業者協会の協会貨物約款の(C)の条件のものを指す。この保険は，契約金額に期待利益の10%を加えた額を補償すべきとしている。買主が，協会約款(A)，(B)，協会戦争約款又は協会ストライキ約款もしくは同種の約款に従う補償範囲等の追加補償を求める場合には，買主の費用で提供すべきとしている。売主は，FCA及びCPT同様に当該運送人等に物品を引き渡した時に引渡しの義務を果たし，このとき危険負担が売主から買主に移転する。つまり，CIPもCPT同様に危険の移転時点と費用の負担区分が異なる場所で起こる。このため，売主が付保した保険の求償権は，危険負担が売主から買主に移転するタイミングで，つまり運送人等に引き渡された時に，売主から買主に移転させる必要がある。具体的には保険会社から発行された保険証券に売主が裏書きを行って買主に求償権を移転させる。売主の輸出通関の義務及び費用，包装及び荷印を付する義務及び船積み前検査についてはFCA，CPTの場合と同様である。積込み及び荷おろしの費用を含む運送に関わる費用についての規定はCPTの場合と同様である。

　買主は物品が引き渡された時から物品の滅失又は損傷の一切の危険を負担する。買主の輸入通関の義務及び費用に関する規定はCPTと，船積み前検査に関する規定はFCA及びCPTの場合と同様である。

⑤　**DAT（仕向け港又は仕向地における指定ターミナルを挿入）ターミナル持込み渡し**

　DAT（ターミナル持込み渡し）は，インコタームズ2010で新設された規則で，インコタームズ2000ではDEQにこれに当たるものとなる。

　DATでは，指定仕向港又は仕向地における指定ターミナルで，物品が，一旦到着した輸送手段から荷おろしされてから買主の処分に委ねられた時，売主が引き渡しの義務を果たす。「ターミナル」には，埠頭，倉庫，コンテナ・ヤード，道路，鉄道，航空貨物ターミナル等が含まれ，屋根があるかないかを問わない。売主は，指定仕向け港又は仕向地におけるターミナルまで物品を運び，かつ，ターミナルで荷おろしすることに伴う一切の危険を負担する。この危険の移転時点となる合意された仕向港又は仕向地におけるターミナルは，ターミナル内の特定の地点を示す等できる限り明瞭に特定することが求められる。売

主はまた，この選択に正確に一致する運送契約を取得する。売主の輸出通関の義務及び費用，包装及び荷印を付する義務及び船積み前検査についてはFCA，CPT及びCIPの場合と同様である。売主は物品が引き渡されるまでの物品に関する一切の費用及びいずれかの国を通過して物品を輸送するための費用を負担する。

買主は物品が引き渡された時から物品の滅失又は損傷の一切の危険及び費用を負担する。買主の輸入通関の義務及び費用に関する規定はCPT及びCIPと，船積み前検査に関する規定はFCA，CPT及びCIPの場合と同様である。

⑥ DAP（指定仕向地を挿入）仕向地持込み渡し

DAP（仕向地持込み渡し）はインコタームズ2010で新設された規則で，インコタームズ2000のDAF，DES及びDDUを統合したものである。

DAPでは，指定仕向地において，荷おろしの準備ができている到着した輸送手段の上で物品が買主の処分に委ねられた時，売主が引渡しの義務を果たす。売主は，指定地まで物品を運ぶことに伴う一切の危険及び費用を負担する。売主の輸出通関の義務及び費用，包装及び荷印を付する義務及び船積み前検査についてはFCA，CPT，CIP及びDATの場合と同様である。売主は物品の輸入通関及び輸入税を支払う義務を負わない。売主は，自己の費用により，指定仕向け地又は指定仕向け地における合意された地点までの物品の運送契約を締結しなければならない。売主は物品が引き渡されるまでの物品に関する一切の費用及びいずれかの国を通過して物品を輸送するための費用を負担する。売主が，仕向地における荷おろしに関し，運送契約の下で費用を負担した場合には，売主は，当事者間で別段の合意がなければ，その費用を買主から回収することはできない。

買主は物品が引き渡された時から物品の滅失又は損傷の一切の危険及び費用を負担する。買主は，運送契約の下で売主の勘定となっていない場合には指定仕向地において到着した輸送手段から物品の引渡しを受け取るのに必要な荷おろしの一切費用を負担する。

買主の輸入通関の義務及び費用に関する規定はCPT，CIP及びDATと，船積み前検査に関する規定はFCA，CPT，CIP及びDATの場合と同様である。

⑦ DDP（指定仕向地を挿入）関税込み持込み渡し

DDP（関税込み持込み渡し）は，物品が，指定仕向地において，荷おろしの準備ができている到着した輸送手段の上で輸入通関を済ませ，買主の処分に委ねられた時，売主が引渡しの義務を果たす。売主は，指定地まで物品を運ぶことに伴う一切の費用と危険を負担し，かつ，物品の輸出通関及び輸入通関を行い，輸出及び輸入時に必要な一切の関税，税金（輸入時に支払う付加価値税を含む）その他の諸掛りを支払う。荷おろしに関する費用の規定はDAPの場合と同じである。売主が直接又は間接に輸入通関許可を取得できない場合には，DDPを使用しないことが賢明である。売主の包装及び荷印を付する義務についてはFCA，CPT，CIP，DAT及びDAPの場合と同様である。売主は輸出国又は輸入国の当局によって命じられる船積み前検査の費用を支払わなければならない。

買主は物品が引き渡された時から物品の滅失又は損傷の一切の危険及び費用を負担する。買主の荷おろしの費用負担についてはDAPの場合と同じである。買主は，売主に対して，輸出国又は輸入国の当局によって命じられる強制的な船積み前検査の費用を支払う義務を負わない。

(3) 海上及び内陸水路輸送のための規則

① FAS（指定船積港を挿入）船側渡し

FAS（船側渡し）では，物品が，指定船積み港において，買主によって指定された本船の船側（埠頭や艀の上等）に置かれた時，「連続売買」のような場合には，既にそのように引き渡された物品を調達したとき，売主が引渡しの義務を果たす。売主は，物品が引き渡されるまでの物品の滅失又は損傷の一切の危険及び費用を負担する。売主の輸出通関の義務及び費用，包装及び荷印を付する義務及び船積み前検査についてはFCA，CPT，CIP，DAT及びDAPの場合と同様である。

買主は物品が引き渡された時から物品の滅失又は損傷の一切の危険及び費用を負担する。買主は自己の費用により，指定船積み港からの物品の運送契約を締結する。買主の輸入通関の義務，費用に関する規定及び船積み前検査に関する規定はFCA，CPT，CIP，DAT及びDAPの場合と同様である。

② FOB（指定船積港を挿入）本船渡し

FOB（本船渡し）では，売主が，指定船積み港において買主によって指定された本船の船上に置かれた時，連続売買のような場合には，既にそのように引き渡された物品を調達した時に引渡しの義務を果たす。主は，物品が引き渡されるまでの物品の滅失又は損傷の一切の危険及び費用を負担する。FOBはインコタームズの中で最も歴史が古く広く親しまれている。我が国をはじめ多くの国で税関への輸出申告価格をFOBと定めており，取引価格としても使用頻度が依然高い。しかしこの規則は，海上又は内陸水路輸送でしか使用できず，航空輸送では使用できないことに注意を要する。また，海上又は内陸水路輸送であっても，ターミナルで引き渡されるコンテナ貨物のように輸送物品が本船の船上に置かれる前に運送に引き渡される場合にはFOBではなくFCAを使用すべきである。売主の輸出通関の義務及び費用，包装及び荷印を付する義務及び船積み前検査についてはFCA，CPT，CIP，DAT，DAP及びFASの場合と同様である。

買主は物品が引き渡された時から物品の滅失又は損傷の一切の危険及び費用を負担する。買主は自己の費用により，指定船積み港からの物品の運送契約を締結する。買主の輸入通関の義務，費用に関する規定及び船積み前検査に関する規定はFCA，CPT，CIP，DAT，DAP及びFASの場合と同様である。

③ CFR（指定仕向港を挿入）運賃込み

CFR（運賃込み）では，FOB同様に売主が，指定船積み港において買主によって指定された本船の船上に置かれた時，連続売買のような場合には，既にそのように引き渡された物品を調達した時に引渡しの義務を果たす。主は，物品が引き渡されるまでの物品の滅失又は損傷の一切の危険及び費用を負担する。売主は，指定仕向港に物品を運ぶために必要な契約を締結し，かつその費用と運賃を支払う。CPT，CIPと同様に危険の移転時点と費用の負担区分が異なる場所で起こることに注意を要する。売主が，仕向地における荷おろしに関し，運送契約の下で費用を負担した場合には，売主は，当事者間で別段の合意がなければ，その費用を買主から回収することはできない。売主の輸出通関の義務及び費用，包装及び荷印を付する義務及び船積み前検査についてはFCA，CPT，CIP，DAT，DAP，FAS及びFOBの場合と同様である。

買主は物品が引き渡された時から物品の滅失又は損傷の一切の危険を負担する。輸送中の物品に関する一切の費用，諸掛り及び艀料及び埠頭使用料を含む荷おろしの費用で運送契約の下で売主の勘定とされていないものについては買主が負担する。買主の輸入通関の義務，費用に関する規定及び船積み前検査に関する規定はFCA，CPT，CIP，DAT，DAP，FAS及びFOBの場合と同様である。

④ CIF（指定仕向港を挿入）運賃保険料込み

CIF（運賃保険料込み）では，FOB及びCFR同様に売主が，指定船積み港において買主によって指定された本船の船上に置かれた時，連続売買のような場合には，既にそのように引き渡された物品を調達した時に引渡しの義務を果たす。主は，物品が引き渡されるまでの物品の滅失又は損傷の一切の危険及び費用を負担する。売主は，指定仕向港に物品を運ぶために必要な契約を締結し，かつその費用と運賃を支払う。売主はまた，運送中における物品の滅失又は損傷についての買主の危険に対する保険契約を締結しその費用を負担する。CPT，CIP及びCFRと同様に危険の移転時点と費用の負担区分が異なる場所で起こる。売主が，仕向地における荷おろしに関し，運送契約の下で費用を負担した場合には，売主は，当事者間で別段の合意がなければ，その費用を買主から回収することはできない。売主の輸出通関の義務及び費用，包装及び荷印を付する義務及び船積み前検査についてはFCA，CPT，CIP，DAT，DAP，FAS及びFOBの場合と同様である。

買主は物品が引き渡された時から物品の滅失又は損傷の一切の危険を負担する。輸送中の物品に関する一切の費用，諸掛り及び艀料及び埠頭使用料を含む荷おろしの費用で運送契約の下で売主の勘定とされていないものについては買主が負担する。買主の輸入通関の義務，費用に関する規定及び船積み前検査に関する規定はFCA，CPT，CIP，DAT，DAP，FAS，FOB及びCFRの場合と同様である。

5. リスクの移転時点

リスクの移転時点とは，貨物の損害に対する責任が売主から買主に切り替わ

る時点を指す。貨物の長い輸送期間中では，天災や事故等で貨物が損害を被ることがある。このため，この損害に係るリスクを売主と買主で負担し合う必要がある。このとき，全区間をお互いで共に負担するのではなく，ある特定時点をもって，その時点までは売主が負担しその時点以降は買主が負担するという方法が合理的であるということが商慣習の中で取り決められてきた。

通常，このリスクについては，貨物に保険（貨物海上保険）を付保することで担保する（第10章参照）が，インコタームズではCIFやCIPでは，リスクの移転時点と保険の負担区分とが一致しない。このため，これらの条件の場合は，売主が一旦買主のために保険を付保し，リスクの移転時点以降は，保険証券の裏書きをすることによって保険金の受取人（被保険者）を売主から買主に移転する方法をとる。

リスクの移転時点は，同時に，契約の履行時点及び貨物の引渡し時点を表している。

6. 所有権の移転

貿易取引では，しばしば貨物の**所有権**（**Title, Ownership, Property Right**）のことについて問題となる。しかし，インコタームズでは貨物の所有権の移転時点について規定していない。インコタームズのリスクの移転時点や費用の負担区分は，所有権の移転時点を示すものではない。インコタームズ2010 まえがき　インコタームズ2010規則の使用法の4.でも，インコタームズ規則が所有権の移転については扱わないことを明確にしている。（Neither do they deal with the transfer of ownership of the goods, or the consequences of a breach of contract.）

有価証券である船荷証券（B/L）の所有者もまた，貨物の所有権者ではなく，**貨物の処分権**（**Disposal Right**）**者**と解される。例えば，委託販売契約は，船荷証券が売主から買主に譲渡された後，買主は，その処分権で現地において販売をすることができる。ただしこのとき所有権については売主に留保されているため，売れ残ったものは売主に返送される。

2009年8月に我が国で発効したウィーン売買条約でも，売主の義務として所

有権の移転が規定された（同条約第30条）ものの，その移転時点については，規定することを断念している（同条約第4条）。

CISG第4条　（前半省略）この条約は，この条約に別段の明文の規定ある場合を除くほか，特に次の事項については，規律しない。(a)省略(b)売却された物品の**所有権**について契約が有し得る効果

CISG第30条　売主は，契約及びこの条約に伴い，物品を引渡し，物品に関する書類を交付し，及び**物品の所有権を移転**しなければならない。

モノの所有権，領土の領有権等をめぐって，人々はこれまで敏感にあるいは感情的に反応し，時としてこのために略取や殺戮を行わなければならなかった。人類の歴史とは常にこれらの奪い合いの歴史であったと言ってよい。国際取引に関するルール作りにおいてもこのことについて取り決めるには余りにも問題が繊細過ぎた。結局のところ，所有権の移転時点については当事者間の取り決めに委ねるほかなかった。

以上のことから，貨物の所有権を明確にしたい場合は，当事者間であらかじめ契約書等で取り決めるほかない。しかし，契約書等で所有権の移転の時点について規定がない場合，過去の裁判の判決文の中には「貿易慣習としては，契約の指定地において，指定運送人に対する売手の約定品引渡しは，他に別段の定めがないかぎり，それは「買手への引渡し」と推定され，この占有移転は，無条件又は条件付きで所有権の移転に移行するものとみなされる」（神戸地裁昭和61年6月25日判決昭和59年行ウ7号）というものもある。

7. インコタームズ規則の変形

インコタームズ2010では11の規則しか規定していない。そこで必ずしもすべての取引がこの11パターンに収まるとは限らない。このため当事者間の了解により定められたインコタームズのルールの一部を変更して使用することができる。これを**インコタームズ規則の変形**（Valuation of Incoterms rules）という。例えば，EXWにおいて，本来輸出通関の義務は買主にあるが，これを売主に課す場合，EXW cleared Export（by Seller）として使用する。また，DDPにおいて，本来売主が輸入関税及びその他の輸入税を支払う義務がある

が，このうち輸入時の付加価値税だけを買主に負担させる場合には，DDP VAT unpaid などとしたりする。ほかには，砂や鉄鉱石等を扱う在来船では FOB Stowed and trimmed（FOB ST）のような条件が使用されることがある。これは本船に積み込んだ（stowed）後，バランスよくしておく（trimmed）ことを売主の義務として課す条件である。さらに，CIF や CIP に口銭（Commission）を追加した CIF&C，CIP&C や利息（Interest）を加算した CIF&I，CIP&I のような変形がある。

　ただし，このような変形を用いた場合，売主と買主の間の費用やリスクの負担区分を当事者間で契約書等で明確に取り決めておかないとトラブルになることがある。インコタームズ2010まえがき「インコタームズ規則の変形」でも次のように規定し，注意喚起を行っている。「時として当事者はインコタームズ規則を変更することを望む。インコタームズ2010規則は，かような変更を禁じてはいないが，そうすることには危険がある。歓迎されない驚きを避けるためには，当事者は，かかる変更の意図する効果を契約で非常にはっきりとさせることが必要である。したがって，例えば，もしインコタームズ2010規則における費用の配分が契約で変更される場合には，当事者は，危険が売主から買主へ移転する地点を変更する意思があるかどうかもはっきりと述べるべきである。」

8. EXW を使用した場合の消費税の取扱い

　インコタームズ2010においてEXW（工場渡し）は，売主が，売主の施設又はその他の工場，製造所，倉庫等の指定場所において物品が買主の処分に委ねられた時，引渡しの義務を果たすと規定されている。また，売主は，物品の受取りのための車両に積み込む義務はなく，物品の輸出通関の義務もない。次に我が国の消費税法をみると，消費税法第4条（課税の対象）第1項では，国内において事業者が行った資産の譲渡等及び特定仕入れには，この法律により，消費税を課すと規定されている。また同法第7条（輸出免税等）第1項第1号では，輸出として行われる資産の譲渡又は貸付けは消費税を免除すると規定されている。ここで，我が国から輸出される物品でEXWを使用する場合を考える。インコタームズのEXWの規定と我が国の消費税法を合わせて考えたとき，売

主から買主への物品の引渡しは日本国内で行われるため，消費税法第4条第1項に規定される国内における事業者の資産の譲渡等に該当すると考えられる。つまり，理論上，EXWを使用した場合，売主から買主への物品引渡しの際に消費税8％が課税される。また，その場合，同法第7条の輸出免税を受ける権利があるのは売主ではなく，物品を日本国内で買い取り，自身が輸出者となって外国に向けて送り出す買主である。しかし外国の買主が，我が国で消費税の課税事業者になっていなければ，輸出取引に伴う仕入れ控除を受けることができない。

　ここで，インコタームズのEXWを使用すれば，常に物品の引渡し時に消費税が発生するものなのかを考える。注意しなければならないことは，我が国の消費税法がインコタームズの規定を念頭に置いて作られてわけでも，インコタームズが我が国の消費税法に合わせて作られたわけでもないことである。つまり，両規定に相関性がない以上，安易に，EXW使用＝消費税課税とはならず，ケースごとに現実の取引を見て判断する必要があるのである。

　そもそも，EXWは，規定上，輸出通関をする前に国内で物品の引渡しが行われているのであるから，その点だけを見れば，国内における事業者の資産の譲渡といえ，消費税はその時点で課税されるようにみえる。しかし，EXWを使用している時点で，扱われる物品は，国内では使用や消費がされず，あらかじめ外国に向けて輸出されることが予定されている。また実務上，EXWを使用しているほとんどの場合で，物品は引渡し場所において買主が指定する運送人に引き渡され，そのまま輸出される。実態として外国にいる買主に日本国内での物品の所有権や処分権はない。EXWを使用しながら，実質的に売主が輸出通関を行っていることも多い。ここで，消費税の輸出免税制度は，輸出許可書等輸出をしたことを証する所定の書類を保存することを要件として適用される。従って，①売主が輸出通関を行っている場合は，売主自身が輸出免税の適用を受けることができ，②売主が運送人や買主の名義で輸出したとしても，輸出許可書等輸出をしたことを証する所定の書類を売主が保存し，実質売主からの輸出となっている場合には，「消費税輸出免税不適用連絡一覧表」を交付することで売主が輸出免税を受けることができると考えられる。

　なお，EXWを使用し，あらかじめ物品が外国に輸出されることが予定され

ていたとしても，日本国内で買主に引渡し後，完全に物品の処分権が買主に移った場合，つまり，引渡し後，買主は予定を変更して日本国内で処分することもできるような場合には，引渡し時に消費税が課され，売主は輸出免税を受けることはできない。

7.で述べたように，インコタームズでは，当事者間のリスクや費用の負担区分を明確にすることを条件に，11の規則を変形することを許容している。EXWを使用しつつも売主が輸出通関を行っている場合には，"EXW cleared by Seller"等と実態に合わせた変形を用いることも後のトラブルを避けるために有効である。

EXWを使用しつつ，売主側で輸出免税の適用を希望する場合には，税務署からの指摘に備え，事前に買主との間で交わすインボイスや契約書において，次の2点のいずれか又は両方を明記しておくことが重要である。1点目は，EXWによって日本国内で物品の引渡しが行われたあとも所有権については依然売主にあり，輸出通関後又は船積み後にようやく売主から買主に移転すること。2点目は，買主が日本国内で物品を引き取ったあと輸出通関後又は船積みされるまでは当該物品の所有権も処分権も有しないことである。

9. 価格算定

(1) 価格の算定

貿易を行う目的がビジネスである以上，売上げや利益を上げなければならない。売上げや利益を上げるには，前述の市場調査等の他に，採算面での検討，つまり取引価格の事前の綿密な価格算定が必要となる。特に，貿易取引では，国内取引にはない，海上運送費，海上保険料，輸入の場合は，関税，消費税等の輸入税を価格に盛り込む必要があるので，注意が必要である。

価格算定の方式には，大きく分けて次の**コストプラス方式**と**コストブレイクダウン方式**の二通りある。

(2) コストプラス方式

コストプラス方式とは，仕入原価に各種の経費を積み上げることによって取

引価格を算出する方式である。〈図表7-2〉の通り，工場渡し価格（EXW）又は倉庫渡価格に，国内輸送費，通関諸費用，船積み諸費用，金利等の必要経費及び利益を積み上げていく。

輸出を行う場合には，まずコストプラス方式により輸出価格を算出することが基本となる。これにより輸出時のプライス・リストを作成し，オファー又は商談の際に使用する。最終的に〈図表7-2〉のそれぞれの価格算定の要素のどの価格まで積み上げ，取引価格とするかは，2.～4.のインコタームズの貿易条件等を用い，事前に当事者間で取り決める。

(3) コストブレイクダウン方式

コストブレイクダウン方式とは，外国における小売価格から流通経費等を差し引いていくことにより算出する方式である。〈図表7-2〉では，①～⑦を全て足した価格から一つひとつの要素を差し引いて取引価格を算出する方式である。コストブレイクダウン方式による輸出価格の算出では，まず相手国市場における小売価格を設定する（従って，外国の市場価格が把握できないとこの方式を採ることはできない）。次に，**陸揚価格（Landed Price）**を設定する。陸揚価格は，陸揚げされ通関を完了した時点の価格をいう。陸揚価格は，当該国の商品の工場渡価格と同一のスタートラインに立つ商品価格である。最終的に

〈図表7-2〉価格算定の要素

①商品仕入価格	工場渡価格（包装，荷印含む）	EXW 価格
②輸出諸経費	国内輸送費，輸出検査料，倉庫料，輸出通関諸費用，船積み費用	FOB（FCA），FAS価格
③輸出業者経費	事務・管理諸費，通信費，金利，利益	
④海上運送費	運賃 / 海上保険料	CFR（CPT）価格 / CIF（CIP）価格
⑤輸入税	関税，消費税，その他の輸入諸税	
⑥輸入諸経費	輸入検査料，倉庫料，輸入通関諸経費，荷卸し・陸揚げ費用，国内輸送費	DAT，DAP価格 / 陸揚げ価格（Landed Price） / DDP価格
⑦輸入業者経費	事務・管理諸費，通信費，銀行保証料，金利，利益	輸入品卸価格（小売価格）

出所：『ジェトロ貿易ハンドブック2018』ジェトロ，p.6より筆者作成

〈図表7-2〉の価格算定の要素のどの価格まで差し引いて取引価格とするかは，(2)のコストプラス方式同様，インコタームズの貿易条件等，当事者間の取り決めによる。

(4) コストプラス方式とコストブレイクダウン方式の長所・短所

それぞれの内容と長所及び短所はそれぞれ〈図表7-3〉の通りである。それぞれの長所，短所を比較検討し，それぞれの取引に応じ優れた方を選択する。コストブレイクダウン方式で算出した陸揚価格と，コストプラス方式で輸出価格から算出した陸揚価格との価格差がプラスの場合は，余剰利益が生じることとなる。競争力ある価格とマージン率を基本に，デザイン，品質，納期等比較優位を説明し，有利に商談を進めることが重要である。

〈図表7-3〉コストプラス方式とコストブレイクダウン方式の長所・短所

	内　容	長　所	短　所
コストプラス方式	仕入原価にコストを加算していき取引価格を算定する方法。	正当なコストを積み上げることにより売価を設定できる。	算出の結果，競争力のある価格設定とならない場合がある。
コストブレイクダウン方式	売れるであろう小売価格を先に決めた上でコストを引き算して取引価格を算定する方法。	ビジネスとして競争力のある価格設定を行いたい場合には有効。	算出の結果，採算割れとなる場合がある。

10.「運送」と「輸送」

〈図表7-2〉では，「海上運送」，「国内輸送」のように同じ「モノを運ぶ」行為であっても，「運送」と用語と「輸送」という二つの用語が存在している。

「運送」は，貿易実務では，船積み（Shipment）から荷揚げ（Discharge）(11.参照）まで，つまり港から港まで（Port to Port）の純粋な海上運送を指すことが多く，英語では"Transport" "Transportation"を当てる。「運送書類（Transport Document）」等の用語がある。この区間に発生するモノを運ぶための費用を**運賃**（Freight, Ocean Freight）という。

「**輸送**」は，港から港に限らない指定地から指定地（Place to Place）へとモ

ノを運ぶ際に用いられ，この区間の費用を**輸送費**（Carriage）という。これを使った代表的な用語として，4.(2)③のインコタームの輸送費込み条件（Carriage Paid To：CPT）がある。

しかし，港から港でなく指定地から指定地にモノを運ぶ場合でも，「保税運送」のような関税法上の用語もあるし，船舶，航空機，鉄道のさまざまな交通手段を利用した**複合輸送**（Multimodal Transport, Combined Transport）は**複合運送**ともいうなど，必ずしも明確に定義付けができるものでもない。

11. 「荷卸し」「陸揚げ」「荷揚げ」「船卸し」

〈図表7-2〉の⑥輸入諸経費の項目では，「**荷卸し・陸揚げ費用**」という用語が登場する。このほか，類似する用語として「**荷揚げ**」，「**船卸し**」等の用語もある。これらの用語は「荷を卸す」「陸に揚げる」「荷を揚げる」「船から卸す」でいずれも「港に到着した本船から貨物を陸地に取りおろす」という同じ意味を指す。英語では"discharge"や"unload"を当てる。「**陸揚げ**」については，陸揚品質条件（Landed Quality Terms），陸揚価格（landed price）にあるように，"land"を当てるのが良さそうである。いずれにしてもこれらの用語は混用され用語の統一や意味の明確な区別がなされていない（さらに「卸し」は「降ろし」とも書かれることがある）。特に，ここで混用されている「あげる」と「おろす」は本来間逆の意味である。水産物の採捕では「水揚げ」ということがある。テレビニュースの映像等で，底引き網で水産物を捕獲し，陸地に揚げられ，網にかかった魚がぴちぴちとはねている画像を思い浮かべたとき，この「水揚げ」の「あげる」について違和感がない。しかし一般の貨物の場合はどうか。コンテナがなかった時代には，船もさまざまであり，港の形状，整備

〈図表7-4〉「船積み」「荷卸し」を巡る用語の整理

貨物を輸送手段に積込む	貨物を輸送手段からおろす
船積み（ship） 積込み（load）	荷卸し・荷降ろし（unload） 荷揚げ（discharge） 陸揚げ（land） 船卸し

状況もまちまちであった。このため港に到着した貨物を船から陸地に「あげる」ことになるのか「おろす」ことになるのかはその時によって異なったのかも知れない。しかし定期船の9割がコンテナ輸送という現代において，岸壁に到着したコンテナ船の甲板は，常に岸壁よりはるかに高い位置にあり，ガントリークレーンを使って，貨物を一旦は空中にあげるが，最終的には陸地におろしている。インコタームズでは，「**荷おろし (unload)**」の用語が使われている。従って本書では，この場合，「**荷卸し**」という用語を原則用いることとし（インコタームズの説明に際しては「荷おろし」とする），既に定まった用語がある場合，例えば「陸揚品質条件」，「陸揚価格」「荷揚港（Port of discharge）」等の場合では，適宜その定まった用語を用いることとする。

　「**船卸し**」に至っては，当然ここでは「船から卸す」ことを指し，「**船卸し票 (Cargo Boat Note)**」等若干の用語が存在する。

第8章 外国為替相場と代金決済

1. 為替と外国為替市場

　外国との間で代金を決済しようとするとき，現金そのものを移動させるのではなく，資金移動の指図をすることで資金を移動させる。これを**為替**[1]（かわせ，Exchange）という。

　外国為替の取引が行われる国際市場を外国為替市場という。フランクフルトやパリのように市場の参加者が毎日一定時刻に集合して取引を行う組織的市場とニューヨーク，ロンドン，東京のように通常電話で個々に行う一般的市場がある。いずれの場合も銀行や為替ブローカーと呼ばれる仲介者が市場に参加し，通貨の売買を行っている。この銀行と為替ブローカーのネットワークのことを**インターバンク**といい，その市場を**インターバンク（銀行間）市場**，そこで行われる取引のことを**インターバンク（銀行間）取引**という。また，このインターバンクでの変動相場のことを**インターバンク・レート（銀行間取引相場）**という。

　外国為替市場は，通常このインターバンク取引の場を指すが，広義では3.の対顧客取引の場をも含めることがある。

2. 外国為替相場

　外国通貨建てで取引する場合は，自国通貨との交換が生ずる。このときの交

---

[1] 為替（かわせ）という用語は，もともと「交わし」の音が変化したもので，鎌倉時代に遠隔地の年貢を取り立てる商人が代行するかはし（為替）やかへせん（替銭）が語源という説もある。その後為替は，江戸時代に江戸の商人が大阪の商人から物を買って代金を払うとき重い貨幣を遠方に運搬するかわりに江戸から大阪に送る証書として発展した。

換比率を**外国為替相場**という。

外国為替相場は，外国為替市場における通貨の需要と供給の関係で変動する。ドルを買いたい者が多くてそれを売りたい者が少なければドルは値上がりするし，反対に円を買いたい者が多くなってそれを売りたい者が少なくなれば円高となる。

外国為替相場のうち，今現在の相場を**直物相場**（じきものそうば，Spot）といい，将来の相場を**先物相場**（さきものそうば，Forward）という。

3. 対顧客相場

インターバンクでの取引は，1.，2.で述べた通り，通貨の需要と供給の関係によって相場が変動する。銀行が，この常に変動している相場を，輸出者や輸入者といった顧客に対してもそのまま適用すると，不都合が生じる。そこで，その日ごとの固定相場を定め，輸出入取引等に適用している。これを**対顧客相場**という。

〈図表8-1〉外国為替市場と相場の種類

```
┌──────┐   ┌─────────────┐     ┌───────────────────────────┐
│ 銀行 │ + │ 為替ブローカー │  →  │ インターバンク（銀行間）取引 │
└──────┘   └─────────────┘     └───────────────────────────┘
   └──────┬──────┘
          │
          ↓
┌────────────────────────────────┐ ─── 直物相場（2営業日後渡し条件）
│ インターバンク・レート（銀行間取引相場） │
└────────────────────────────────┘
          （変動変動相場）        ─── 先物相場（順月制のみ）
          │
          ↓
┌──────────┐
│ 銀行マージン │（リスク料＋手数料）
└──────────┘
          │
          ↓
┌──────────┐
│ 対顧客相場 │
└──────────┘
```

- 直物相場
  - 売相場
    - 電信売相場（TTS）…金利部分なし
    - 一覧払輸入手形決済（TTS＋メール期間金利）
  - 買相場
    - 電信買相場（TTB）…金利部分なし
    - 信用状付一覧払輸出手形（TTS＋メール期間金利）
    - 信用状付期限付輸出手形買相場
      （TTS−（メール期間金利＋手形期間金利））
    - 信用状無一覧払輸出手形買相場（A/S−リスク料）
- 先物相場（T.T. Rate）
  - 売相場…金利部分なし
  - 買相場…金利部分なし

対顧客相場は，毎日朝，銀行間取引相場を参考にして，米ドル場合は朝10時頃，各銀行がマージンを加えて発表する。対顧客相場は，原則この発表された相場を終日適用するが，売買幅を大幅に上回るような変動が起こった場合は，対顧客相場の公表を停止（Suspend）し，市場実勢相場による個別交渉に切り替わる。

 銀行からみて外貨を顧客に売るときの相場を**売相場（うりそうば）**，外貨を顧客から買うときの相場を**買相場（かいそうば）**という。

4. 対顧客直物相場

 対顧客の直物相場は，外貨の売買契約の成立時，当該外貨の受渡しが行われる取引に適用される。対顧客の直物相場は，〈図表8-2〉の対顧客相場表の通り，以下のような種類がある。

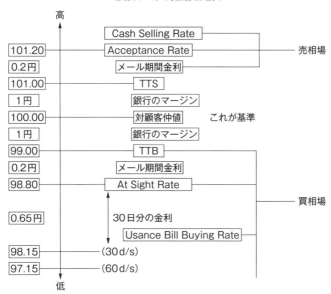

〈図表8-2〉対顧客相場表

(1) 対顧客仲値

対顧客仲値（Telegraphic Transfer Middle Rate：TTM）は，対顧客相場の基準となる値で，各銀行が，毎日午前10時頃，インターバンク（銀行間取引）市場で変動している直物相場を参考にして決定する。原則として当該決定された相場が終日適用される。

(2) 電信売相場

電信売相場（Telegraphic Transfer Selling Rate：TTS）は，取引の資金移動を電信で指図するときに適用される直物相場で，①の対顧客仲値に銀行の利益分として1ドルあたり1円を加えた値である。TTSは，銀行側が資金の立替えを行わない場合の相場である。例えば，日本側の買主が外国の売主に対して商品代金として外貨を送金するとき，買主は円貨を銀行に支払って外貨を購入しそれを外国に送金する。このとき，円貨と外貨の交換はその場で行われるため，銀行は資金の立替えは行わない。このときにTTSが適用されるのである。

(3) 電信買相場

電信買相場（Telegraphic Transfer Buying Rate：TTB）は，銀行が顧客から外貨を買い取るときの相場で，①の対顧客仲値から1ドルあたり1円を差し引いた値である。顧客から外貨を買い，円貨で支払うとき，この差引分が銀行の利益となる。

(4) 一覧払輸入手形決済相場

一覧払輸入手形決済相場（Acceptance Rate）は，顧客相場表の売相場のうち，輸入信用状にもとづく一覧払手形（L/C At Sight）の決済に適用される相場である。この相場では，輸入国の決済銀行が輸出国等の買取銀行と決済するために，郵送による手形取立期間を12日間とし，この間の金利を上乗せして設定する。この12日間の期間のことを**メール期間（Mail Days）**といい，この金利のことを**メール期間金利（Mail Days Interest）**という。〈図表8-2〉では，このメール期間金利は1ドルにつき0.20円となっている。

(5) 一覧払輸出手形買相場

一覧払輸出手形買相場（At Sight Rate）は，顧客相場表の買相場のうち，買取銀行で荷為替手形の買取り時に適用される相場である。銀行が，輸出者の信用状付きの手形を買い取ったとき，輸入地で代金が一覧払いによって入金されるまでの間，つまり手形の輸送期間である12日間（メール期間），資金を立て替えることになる。このため，銀行はそのメール期間金利を差し引いて，輸出者に代金を支払う。これが一覧払輸出手形買相場で，〈図表8-2〉では，このメール期間金利は(4)一覧払輸入手形決済相場と同じく1ドルにつき0.20円となっている。

なお，買取銀行が信用状なしの一覧払い手形を買取る場合は，さらにリスク負担料分を差し引いた信用状なし一覧払輸出手形買相場が適用される。

(6) 期限付手形買相場

期限付手形買相場（Time Bill（Usance Bill）Buying Rate）は，銀行が輸出者から信用状付きの期限付き手形を買い取ったときの相場である。銀行が期限付き手形を輸出者から買い取ると，銀行はメール期間に加え，手形期間に応じその期間の資金を立て替えることになる。従って銀行は，その手形期間分の金利をさらに差し引く。これが期限付手形買相場で，〈図表8-2〉では，1ドルにつき0.65円となっている。

5. 先物相場

外国為替相場のうち，直物相場に対して，将来の特定の日又は将来の一定期間内に決済することを約束することとして定めた相場を**先物相場**という。

外貨での貿易取引では，変動する外国為替相場の影響に常にさらされることとなる。輸出者側が事前に緻密に輸出価格を算定してもこの為替変動いかんによって，代金回収の際に損失を被ることがある。輸入者側でもこの為替変動によって，当初見積もっていた価格以上の代金の支払いを余儀なくされることもある。これを**為替変動リスク**という。この為替変動リスクを回避するための方法として，以下6.の**為替予約**等でこの先物相場が使われる。

6. 為替予約

(1) 為替予約と受渡し方法

将来の代金決済時の為替変動リスクを回避するために，**為替予約**（又は**先物予約**）をいう方法を用いる。これは，5.の先物相場を用いて，将来の特定の日又は将来の一定期間の為替の受渡し日を決め，あらかじめ為替を予約することである。

先物為替の受渡し方法には，次のような種類がある。

① 順月確定日渡し

先物取引日の翌々営業日後から起算して1カ月目，2カ月目等の応答日に受渡しを約束する方法。例えば，1月20日（月～水曜日のいずれかの曜日に限る）に2カ月の順月確定日渡しの為替予約を行った場合は，翌々営業日1月22日から2カ月後である3月22日が引渡し日となる。先物取引日の翌々営業日後から起算するのは，我が国の外国為替市場では，銀行間直物為替の引渡し日が翌々営業日となっているからである。

② 確定日渡し

将来の特定日を引渡し日とする方法。

③ 歴月オプション渡し

例えば1月渡しや2月渡し等，将来の特定月を引渡し月とする方法。当該定めた特定月内の営業日であれば，為替予約者が自由に受渡し時期を決定できる方法。

④ 順月オプション渡し

何月15日から翌月14日までの1カ月のように，各月の応答日を基準とした1カ月の間であれば，為替予約者が自由に受渡し時期を決定できる方法。

⑤ 特定期間渡し

1月10日～20日等いった特定期間を指定し，その期間内であれば，為替予約者が自由に受渡し時期を決定できる方法。

⑵ 為替予約の手続き

為替予約は，外国為替を取り扱う銀行で行う。初めて外国と取引する場合は，あらかじめ銀行に**先物外国為替取引約定書**等の差し入れが必要である。銀行との取引が恒常的になると，電話による為替予約も可能となることが多い。ただしこの場合でも後日，書面で予約内容の確認を行うことが必要となる。この場合，通常，**為替予約票**（Exchange Contract Slip）に必要事項を記入して銀行に差し入れる。

7. その他の為替変動リスク回避の方法

6. では，為替変動リスクを回避する方法として為替予約について述べた。ここではそれ以外の為替変動リスクを回避する方法について述べる。

⑴ 自国通貨（円）建て決済

為替変動リスクを回避する最良の方法は，自国通貨（円）による取引である。しかし，自国通貨で取引することは，こちらの為替変動リスクがゼロになる半面，相手方に100％リスクが降りかかることになる。よって，相手方が自国通貨での取引に簡単に合意するとは限らない。相手が米国企業であれば，当然，米国の自国通貨である米ドルを使用することを主張するであろう。このときお互いの力関係等で取引通貨が決まるが，契約を成立させるためには外貨を選択することが止むを得ない場合が多い。実際，〈図表8-3〉を見て分かるように，最新の2018年上半期で我が国からの輸出で約6割強，我が国への輸入では約7割強が外貨建てによる貿易取引である。日本円も輸出，輸入でそれぞれ約4割弱，3割弱と健闘している。しかしこれらの円取引は，貿易相手が日本企業の関連会社や子会社であるいうことも多い。

⑵ リーズ・アンド・ラグス

リーズ・アンド・ラグス（**Leads and Lags**）のLeadsは，「支払い又は取引自体を早めること」，Lagsは「支払い又は取引自体を引き延ばす」を意味する。リーズ・アンド・ラグスは，外貨建て決済の時期を早くしたり，遅くしたりし

第8章　外国為替相場と代金決済

〈図表8-3〉貿易取引にかかる主要通貨の使用比率

単位：%

	日本からの輸出				日本への輸入			
	米ドル	日本円	ユーロ	その他	米ドル	日本円	ユーロ	その他
2013年上半期	53.7	35.6	5.4	5.3	74.5	20.6	3.3	1.6
2013年下半期	53.4	35.6	6.1	4.9	74.1	20.6	3.5	1.8
2014年上半期	52.4	36.5	6.2	4.9	74.1	20.5	3.5	1.9
2014年下半期	53.5	35.7	5.8	5.0	73.4	20.8	3.6	2.2
2015年上半期	53.9	35.4	5.5	5.2	71.1	22.6	3.7	2.6
2015年下半期	53.1	35.5	6.0	5.4	69.8	23.8	3.7	2.7
2016年上半期	51.2	37.1	6.1	5.6	66.9	26.1	4.1	2.9
2016年下半期	51.0	37.0	6.0	6.0	66.7	26.8	3.9	2.6
2017年上半期	51.3	36.2	6.1	6.4	69.0	24.5	3.9	2.6
2017年下半期	51.2	35.9	6.4	6.5	68.9	24.2	4.1	2.8
2018年上半期	49.2	37.3	6.6	6.9	68.5	24.6	4.0	2.9
2018年下半期	50.4	36.7	6.3	6.6	69.8	23.7	3.7	2.8

出所：税関ウェブサイト「報道発表資料」(http://www.customs.go.jp/toukei/shinbun/trade-st/tuuka.htm)

て相場変動リスクを回避する方法である。

　外国為替相場は，細かいときには秒単位でも激しく変動しているが，一定の波長，周期がある。このような外国為替相場の傾向を把握すれば，リーズ・アンド・ラグスによって差損を防いだり，差益を生み出すことが可能となる。円高傾向のときは，輸出決済については1日も早く決済し，輸入決済についてはできるだけ換金を遅らせる。逆に円安傾向のときは，この逆のことを行うと差益が生じる可能性が出てくる。

(3)　為替マリー

　為替マリー（Exchange Mary） とは，輸出代金を円に換金せず，外貨勘定にプールしたままにしておき，それを輸入代金や外貨建て支払い代金に充当する方法。マリーは，売買両面の為替取引を行わないため銀行手数料や為替売買手数料が節約できるほか，為替相場の変動の影響を受けないというメリットがある。

(4)　通貨オプション

　通貨オプション（Currency Option） とは，通貨を売ったり買ったりする権

利を売買する取引で，通貨を買う権利を**コール・オプション**（Call Option），売る権利を**プット・オプション**（Put Option）という。通貨オプションの買手は，通貨オプション料（Premium）を支払うことで，通貨の受渡し時期が到来したとき，受渡しを実行するかどうかを判断することができる。一方，通貨オプションの売手は，買手から通貨オプション料を受け取る代わりに，コール・オプションでは買手の求めがあれば通貨を権利行使価格で売り渡さねばならず，プットオプションでは，買手の求めがあれば通貨を権利行使価格で買い向かわなければならない。

　通常の為替予約では，一定期間後に予約した為替相場で必ず通貨の受渡しを行わなければならないが，通貨オプションでは，相場の動きを見ながら受渡しを実行するかどうか決めることができるのである。

⑸　スワップ取引

　スワップ取引（Swap Transaction）とは，為替の売買において取引通貨の直物と先物の売りと買いを同時に行う方法で，一般に銀行や大口顧客の先物取引はこのスワップ取引によって行われ，決済期日の為替変動リスクをカバーするとともに採算を確定している。

⑹　ネッティング

　10.⑴で解説する**ネッティング**（Netting）は，外国の取引相手との間で輸出と輸入の両方がある場合，一定期間の外貨債権と外貨債務を相殺し，差額のみを決済する方法で，為替リスクの対象となる金額をできる限り少なくすることができる。

8.　決済方法の種類

　外国と代金を決済をするとき，現金そのものを移動させるのではなく，資金移動の指図をすることで資金を移動させる為替（Exchange）という方法を使うことを第11章で述べた。外国為替による外国との**決済方法**（Payment）には，〈図表8-4〉のような種類がある。

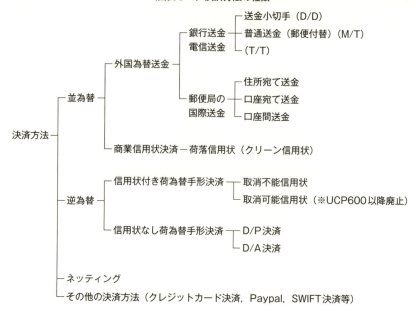

〈図表8-4〉決済方法の種類

9. 並為替と逆為替

外国為替による決済は，資金の流れによって，以下の並為替と逆為替に分けられる。

(1) 並為替

並為替は，送金為替と資金の流れが同一方向となるため，こう呼ばれる。送金人から受取人に資金を送る方法で，**送金為替**ともいう。

並為替による決済は，ほとんどが**銀行送金（Remittance）**又は**郵便局の国際送金（国際郵便為替，Postal Money Order）**による外国為替送金であるが，荷落信用状（Clean L/C）に基づく為替手形の回金方式による決済方式もある。

銀行送金には，銀行振り出しの小切手による**送金小切手（Demand Draft：D/D）**，銀行の送金取り組み通知を郵便で送る**普通送金（郵便付替，Mail Transfer：M/T）**，銀行の送金取り組み通知を電信で送る**電信送金（Telegraphic**

Transfer：T/T）の方法がある。

(2) 逆為替

逆為替は，輸出者が輸入者宛てに**荷為替手形**（Documentary Bill）を振り出し，代金を輸入者から取り立てる方法で**取立為替**（Bill for Collection）ともいう。荷為替手形とは，**為替手形**（Bill of Exchange，12. 参照）に船荷証券，保険証券，商業送り状等の船積書類が添付されたもののことである。

逆為替には，信用状付き荷為替手形決済と信用状なし荷為替手形決済がある。

① 信用状付き荷為替手形決済

信用状付き荷為替手形決済は，荷為替手形が，銀行の支払い確約のある信用状（13. 参照）に基づいて振り出される場合をいう。貿易取引において，信用状付き荷為替手形は決済手段として一般的によく使用されている。この信用状による場合は，通常銀行側は通常，輸入者側への取り立て（Collection）による方法ではなく，船積み書類を買い取る（Negotiation）方法により輸出者側に支払いを行うため，輸出者にとっては船積後すばやく代金を回収でき資金負担リスクを最小限に抑えることができる。信用状取引では，輸入者側に信用状開設費用が発生するほか，輸出側でも，銀行は買取りに係る割引を行って輸出者に代金を支払うので，輸出者側の事実上信用状に係る費用を一部負担していることになる。国によって，この信用状取引を原則義務付けているような国もあるため注意を要する。

以前は，この信用状にはさらに，取消不能信用状（Irrevocable L/C）と取消可能信用状（Revocable L/C）があったが，2007 年改正の信用状統一規則（UCP600）以降，信用状は，取消不能信用状（Irrevocable L/C）のみとなった。

② 信用状なし荷為替手形決済

信用状なし荷為替手形決済は，①の信用状に基づかない荷為替手形決済で，決済方式は，①の買取り方式ではなく，輸入者側に代金を取り立ててから輸出者側に支払うという取立て方式である。中年米諸国等この方法での決済が主流となっている国・地域があるので取引の際，注意する。信用状なしであるため，信用状開設費用が不要という長所があるが，同時に銀行の支払い確約がないこ

とから，代金を回収できない可能性があるというリスクがある。そこでこの方法は，一般的に親子会社間又は本支店間の取引や自社の販売店との取引，あるいは長期にわたる取引で信用を確立している場合に用いられる。

我が国からの輸出の場合で，この方法でかつ買取り方式による決済を希望する場合は，銀行は通常，**貿易保険**（第10章参照）の一保険種目である**輸出手形保険**の付保を条件に引き受ける。

信用状なし荷為替手形決済には，次のD/P，D/Aの2種類ある。

(a) **支払渡し**（Documents against Payment：D/P）

銀行が，輸入者等の名宛人に手形を呈示し，名宛人がその代金の支払う引き換えに船積書類を引渡す方法をいう。

(b) **引受渡し**（Documents against Acceptance：D/A）

銀行が，輸入者等の名宛人に手形を呈示し，名宛人がその手形を引き受けたとき，つまり将来の手形期日に代金の支払うことを約束する引き換えに船積書類を引き渡す方法をいう。

10. その他の決済方法

(1) ネッティング（Netting）

輸出入が相互にある場合，一定期間の取引から生ずる債権債務を帳簿上で相殺し，差額のみを決済する方法。**交互計算**（Open Account）又は**相殺勘定**（Offset Account）ともいわれる。この方式は商社の本支店間取引や先進諸国間の取引方法としてよく行われる。差額決済は，為替エクスポージャー（Exposure）の圧縮になるため，外国為替相場変動リスク対策としても有効である。ネッティングには，二社間で行う**バイラテラル・ネッティング**と多社間で行う**マルチラテラル・ネッティング**がある。

(2) クレジットカード決済

インターネット通販等の少額の取引においては，最近ではクレジットカード決済も多く取り入れられている。

11. 決済の時期による分類

決済方法は，決済の時期によって分類すると，次のような方法がある。

(1) 前払い方式（Advance Payment）

貨物代金の一部又は全部を船積み前に支払って決済する方法。この方法によれば，輸出者にとっては代金の前受けとなり，リスクや金利負担がなく，最も安全で費用もかからない決済方法といえる。一方，逆の立場となる輸入者にとってはリスクが非常に大きい方法である。

(2) 後払い方式（Deferred Payment）

貨物が輸入者に引き渡されてから代金が支払われる方法。輸入者にとっては最も安全で費用もかからない方法であるが，輸出者にとっては最も大きな代金回収リスクとなる。

(3) 同時払い方式

小口取引の場合やサンプル買付け等に，輸入者が直接輸出地に出向いて輸出者への代金の支払いと引換えに商品を受け取る**現金引換方式（Cash on Delivery：COD）**や，輸入者があらかじめ取引銀行経由で輸出地の銀行に送金しておき，輸出者の船積後，当該銀行に船積書類を提出し，代金を受け取る船積み同時支払い方式（Cash on Shipment, Payment against documents at place and time of shipment）等があるがいずれも貿易取引では一般的な方法ではない。

(4) 繰延べ・分割払い方式

巨額のプラント，船舶鉄道車両等や機械設備等の取引の際に用いられる方式。決済方法は契約時，生産開始時，船積み時に一部前払い，引渡後10年の年賦払いというように，繰延べ払い（Progressive Payment）又は分割払い（Installment Payment）とする。このような方式では，輸出者側は，将来の代

金回収リスクに備え，貿易保険（第10章参照）付保を検討する。

12. 為替手形

　2.(2)の逆為替（荷為替手形）による決済方法では，信用状の有無にかかわらず，**為替手形（Bill of Exchange）**を作成して取立依頼のために銀行に持ち込む。この貿易決済に使用する為替手形は，輸送中の事故や遅延あるいは手形流通上の障害を防ぐため，第1券（First of Exchange）と第2券（Second of Exchange）の組手形（Set Bill）で2通作成する。しかし，手形の二重払いを避けるために，第1券の手形本文に「同じ手形期限及び振出日の第2券未払いの場合に限る」（Second of the same tenor and date being unpaid），また第2券には「第1券未払いの場合に限る」と印刷されている。

　為替手形のひな形，記入要領及び仮訳は，〈図表8-5〉のとおり。

13. 信用状

⑴　信用状の発展

　第2章で述べた通り，貿易取引では一般的に，国内取引と異なり，輸出者と輸入者とが離れたところにいるため，貨物の船積み・引渡しから代金決済までの時間差が生じる。人々は商慣習の中でこれを解決する方法を模索した。こうして生まれた方法が**信用状（Letter of Credit：L/C）**による決済方法である。

　信用状取引は，輸出地，輸入地それぞれの銀行が輸出者と輸入者の間に介在することで，輸出者，輸入者双方の決済にかかるリスクを減少させる。輸出地側の銀行は，条件通りに持ち込まれた船積み書類の買取りと引換えに輸出者に代金を支払い，輸入地側の銀行は，輸入者への与信行為として信用状を発行し，輸入者の支払いを確約する。

　輸出者にとっては，条件通り船積みをすれば即座に代金を回収することができるし，輸入者にとっても，条件通り船積みがなされたものに対しのみ代金を支払えばよいため安心して取引を行うことが可能となる。信用状は，このようにして世界貿易の発展に貢献してきた。

13. 信用状 *105*

〈図表8-5〉 為替手形

---

① No. 2000   BILL OF EXCHANGE

For ② U.S. $ 250,000.00   ③ TOKYO, October 1st, 2018

    At ④ ＊＊＊＊＊＊＊sight of this FIRST of Exchange (SECOND of the same tenor and date being unpaid) pay to ⑤ The AKASAKA Bank Ltd. or order the sum of ⑥ US DOLLARS　TWO HUNDRED FIFTY THOUSAND ONLY

Value received and charge the same to account of ⑦ Sawadee Trading Inc.

Drawn under ⑧ The Sukumvit Bank Inc., Bangkok, Thailand

Irrevocable L/C ⑨ No. 1234 dated ⑩ September 1ˢᵗ, 2018

To ⑪ Sukumvit Bank Inc.   ⑫ ABC Trading Ltd.

23 Sukumvit st., Bangkok,   (Signed)

THAILAND   Manager

---

① 手形番号を記入。

② 手形金額を数字（Figure）で記入。この金額は，商業送り状（Commercial Invoice）と同一金額とする。

③ 手形の振出地，振出日を記入（信用状に基づいて手形を振り出す場合には，信用状有効期限内の日付でなければならない）。

④ 手形が一覧払いの場合はAt＊＊＊＊＊＊＊sightと＊＊＊＊＊＊＊を記入（**一覧払手形**）。手形が一覧後60日払いであればAt 60 days after sightと記入（**期限付手形**）。

⑤ 手形金額受取人として手形買取銀行名を記入。この欄は輸出者名と誤解されがちであるが，輸出者は対価受領済み（Value Received）であるので，ここは買取銀行名になる。

⑥ 手形金額を文字（Wording）で記入。

⑦ 輸入者名を記入する欄であるが，⑪の名宛人が銀行の場合は輸入者名を記入し，⑪の名宛人が輸入者の場合は空白のままにしておく。

⑧ 信用状発行銀行名（D/P，D/A手形の場合は空白）

⑨ 信用状番号（D/P，D/A手形の場合は空白）

⑩ 信用状発行日（D/P，D/A手形の場合は空白）

⑪ 信用状の中に名宛人として指示されているとおり，信用状発行銀行又は補償銀行を記入（信用状の場合は，一般的に，輸入者は名宛人としない）。信用状のないD/P，D/A手形の場合は，名宛人は，支払人である輸入者となる。

⑫ 輸出者名を記入。

〈日本語仮訳〉

---

① No. 2000   為替手形

② 250,000 US ドル   ③ 東京　2018年10月1日

    この④ 一覧払い為替手形第一券（同期日・振出日の第二券にて支払いがなされていない場合に限る）をもって，⑤ 赤坂銀行又はその指図人に，合計⑥ 二百五十万USドルをお支払い願う。（振出人は）対価を受領済みであるので，その同額を⑩ 2018年9月1日付けでタイ・バンコクの⑧ Sukumvit銀行にて発行された取消不能信用状⑨ No. 1234に基づき，⑦ Sawadee Tradingに要求されたい。

⑪ Sukumvit銀行宛   ⑫ ABC Trading., Ltd.

23 Sukumvit st., Bangkok,   （サイン）

THAILAND   マネージャー

近年，国際取引においても国内取引同様に送金による決済が主流となってきており，信用状取引の全体の決済に占める割合は小さくなっている。しかし初めての取引相手との場合や国によっては依然信用状による取引が行われることがある。

(2)　信用状のしくみ

信用状の当事者は，A輸入者，B輸入者側の**発行銀行（Issuing Bank）**，C輸出者側の**通知銀行（Advising Bank）**又は**買取銀行（Negotiating Bank）**及びD輸出者の4者である。このときの輸入者の立場を，信用状の発行を銀行に依頼するため，**発行依頼人（Applicant）**，輸出者の立場は，その信用状の便益を受ける者として，**受益者（Beneficiary）**という。その関係を図解すると〈図表8-6〉のようになる。

(3)　信用状の開設

(2)の②では，輸入者が信用状発行銀行に対し，信用状の発行（開設）を依頼する貿易業者が銀行と初めて取引を開始するためには，まず**銀行取引約定書**を取引銀行と取り交わす。この約定書は，借入金，利息，担保，債務返済，届出事項等について取り決める。

輸出者が荷為替手形の買取り等を依頼するためには，上記の銀行取引約定書の追加として，**外国向為替手形取引約定書**を買取銀行に差し入れる。

輸入者が信用状を開設するためには，追加約定書として，**信用状取引約定書**ならびに**輸入担保物保管に関する約定書**を信用状開設銀行に差し入れる。次に，銀行所定の**信用状開設依頼書（Application for Letter of Credit）**を提出して信用状開設を依頼する。信用状開設依頼を受けた銀行は，依頼者から信用状開設手数料（Opening Charge）を徴収する。また，信用状発行銀行は，輸出者の振り出す荷為替手形の引き受け及び支払いの義務を負うことになるため，輸入者の信用状態に応じて与信枠が一杯の場合は適宜現金又は担保の差し入れを要求する。

開設された信用状は，発行銀行の輸出地にある支店又は取引関係のあるコルレス銀行を経由して輸出者に届けられる。このコルレス銀行は，輸出者からみ

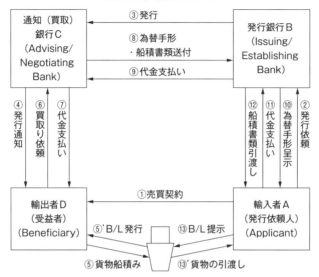

〈図表8-6〉信用状のしくみ

① 輸出入者A, B間で売買契約を締結し, 決済条件として信用状による決済とする。
② 発行依頼人（Applicant）である輸入者Aは, 取引銀行である信用状発行銀行Bに信用状の発行を依頼する。
③ 発行銀行Bは, Aについて与信上問題がないと判断した場合, コルレス銀行である通知銀行Cを経由して受益者（Beneficiary）である輸出者Dに信用状を発行する。
④ 信用状を受け取った銀行Cは, 輸出者Dに信用状が発行された旨を通知する。
⑤ 輸出者Dは, 信用状の条件どおりに貨物の船積みを行う。⑤'船会社はB/Lを発行する。
⑥ 輸出者Dは, 船積みを行った後, 為替手形に船積書類一式を添えて買取銀行である銀行Cに荷為替手形の買取りを依頼する。
⑦ 買取銀行Cは, 信用状条件と船積書類を点検し, 信用状条件と船積書類の内容が完全に一致している場合に限り, 船積書類を買取り, 輸出者に代金を支払う。
⑧ 買取銀行Cは, 為替手形と船積書類を銀行Bに航空便で送付する。
⑨ 発行銀行Bは, 為替手形, 船積書類を受け取ると, 買取銀行に手形代金を支払う。
⑩ 発行銀行Bは, 手形を輸入者Aに呈示する。
⑪ 輸入者は, 手形代金の支払い又は引き受け（手形期日までの支払いの約束）を行う。
⑫ ⑪と引き換えに船積書類を引渡す。
⑬ 輸入者Aは船積書類を船会社に提出する。⑬'それと引き換えに輸入貨物を受け取る。

ると通知銀行となる。発行銀行から通知銀行へは, 郵送（Mail）, 電信（Cable又はSWIFT[2]）等により信用状の原本が通知される。

2　SWIFTについては(7)を参照。

(4) 船積書類の買取り依頼

(2)の⑥では，輸出者は船積みが完了し，信用状が要求する船積書類をそろえた段階で，買取銀行に対し，船積書類の買取りを依頼する。

このとき，信用状が要求する船積書類とは，信用状条件ごとに異なるが，商業送り状（Commercial Invoice），海上保険証券（Marine Insurance Policy），船荷証券（Bill of Lading），包装明細書（Packing List）等が代表的なものである。いずれにしても，信用状で要求されている書類はすべてそろえなければならない。

(5) 内容の不一致とその対処方法

(2)の⑥で買取銀行は，信用状の条件と船積書類の内容が完全に一致したとき初めて買取りに応じる。信用状と船積書類の内容に**不一致（ディスクレ：Discrepancy）**が生じた場合は，銀行は原則買取りを拒否する。この場合，以下のような方法で対処する。

① 信用状の修正（アメンド：Amendment）

輸出者が，輸入者に対し，信用状の修正を求める方法。

輸出者は，買取銀行及び輸入者側の発行銀行を通じ，輸入者に対し船積書類の内容に合うように信用状の修正を求める。輸入者がそれに応じ信用状をアメンドすると，再び発行銀行を通じて買取銀行に通知され，船積書類の内容を一致することを確認し，船積書類を買い取る。

② 電信照会（ケーブルネゴ）

不一致の内容が軽微な場合や①の信用状の修正を行う時間のないときにとる方法。買取銀行が，コルレス契約を締結している発行銀行に対し，電信で，買取に応じてよいかを照会する。発行銀行が輸入者の了解のもと了承すれば，買取銀行は船積書類を買い取る。

③ 保証状の差し入れ

不一致の内容が軽微な場合や①の信用状の修正も②の電信照会をも行う時間がない場合にとる方法。輸出者は，銀行に**保証状（Letter of Guarantee：L/G）**を提出し，必要に応じて保証金を積んで，買取りに応じてもらう（これを**L/Gネゴ**という）。この場合のL/Gは，代金の支払いが拒絶された場合は荷為替手

形を買い戻す等，万一の場合でも銀行に迷惑をかけないことを輸出者が約束するものである。ただし，L/Gネゴは銀行の与信審査により，有力取引先に限定されることがある。

④ 取立手形として処理

銀行は買取りを断念し，D/P，D/Aの信用状なし荷為替手形の扱いと同様に，代金取立手形（Bill for Collection）として処理する。

(6) 信用状の機能

信用状統一規則（UCP600）第4条では，「信用状は，その性質上，信用状の基礎となることのできる売買契約その他の契約とは別個の取引である。たとえ契約へのなんらかの言及が信用状に含まれている場合であっても，銀行は，このような契約とは無関係であり，またこのような契約によりなんら拘束されない」と規定されている。この信用状の，売買契約から独立した別個の取引，すなわち決済上の書類取引を行うことを目的としていることを**信用状独立の原則**という。

また，信用状統一規則（UCP600）第5条では，「銀行は，書類を取り扱うのであり，その書類が関係することのできる物品（goods），サービス（services）又は履行（performance）を扱うのではない」と規定されている。銀行は手形を買い取り，支払いをする場合に，輸出者が提供する船積書類を審査するだけであって，銀行自ら船積貨物を検査するわけではない。これを**書類取引の原則**という。

(7) 信用状の国際ルール

国際商業会議所（ICC）は1933年，**荷為替信用状に関する統一規則及び慣例（信用状統一規則）**を制定し，信用状の取扱いや解釈についての基準を策定した。この信用状統一規則は，その後，1951年，1962年，1974年，1983年，1993年，2007年に改訂を重ね，国際ルールとなって各国の銀行がこれに従っている。

信用状には次の文言を入れ，信用状統一規則を信用状取引の一条件とする。

"This credit is subject to Uniform Customs and Practice for Documentary Credits, 2007 Revision, ICC Publication No.600."

1973年には，金融機関の国際的な通信ネットワーク運営を目的として，**国際銀行間通信協会**（Society for Worldwide Interbank Financial Telecommunication：**SWIFT**）がベルギーにおいて設立された。このSWIFTモデルの信用状では，Applicable Rulesの欄に"UCP・URR Latest Version"と記載し，独自の構文規則から成るSWIFTメッセージを用いて，国際金融取引のデータ通信交換を行う。

(8) 信用状の種類

① 取消不能信用状（Irrevocable L/C）

従来，取消可能信用状（Revocable L/C）という分類があったが，信用状統一規則（UCP600）第2条において，「信用状とは，いかなる名称が付され又は表示がなされているかを問わず，取消不能（撤回不能：Irrevocable）である」，また第3条において「信用状は，たとえその趣旨の表示がない場合であっても，取消不能である」と規定されたので，現在，信用状はすべて取消不能となっている。

② 確認信用状（Confirmed L/C）

格付の高い銀行（コルレス銀行等）が格付の低い（信用に不安のある）銀行が発行する信用状の信用度を高めるために，確認を付加させた信用状をいう。ここでいう「確認」とは，発行銀行以外の銀行が支払いを確約することをいい，その確認を行った銀行のことを**確認銀行**（Confirming Bank）という。

確認信用状とは反対に，他行が確認を加えていない信用状を**無確認信用状**という。

③ 買取銀行指定信用状（Restricted L/C, Special L/C）

買取銀行が指定されている信用状をいう。この場合は，指定された銀行でしか船積書類の買取りが許されないが，当該指定銀行と取引がない場合は，取引銀行に手数料を支払うことにより，当該取引銀行を経由して買取銀行への買取りを依頼する。

買取銀行指定信用状に対し，買取銀行の指定のない信用状を**買取銀行無指定信用状**（General Credit, Open Credit）という。

④ **回転信用状**（Revolving L/C）

一定期間で更新される信用状をいう。同一の相手との間で同一種類の商品が，相当期間継続的に取引される場合に利用される。取引のたびに信用状を開設するのは手数料がかかる上，発行銀行に多額の担保等を取られることになるため，この信用状を利用すると便利である。

⑤ **譲渡可能信用状**（Transferable L/C）

第一の受益者が，支払い，引き受けもしくは買取り等を授権された銀行に対して，信用状の全部又は一部を，1回に限り，第二の受益者が使用できるよう譲渡することができる信用状。譲渡可能信用状は信用状面に"Transferable"と記載されている。反対にこの文言がない信用状は，譲渡することはできない。

⑥ **スタンドバイ信用状**（Stand-by L/C）

入札保証や契約履行保証等の債務保証目的のために発行される信用状。外国で日本企業の現地法人が地元銀行から資金調達する場合等に，我が国の親企業の依頼により我が国で発行され，発行銀行が返済を保証する。

14. 輸出入金融

⑴ 輸出金融

輸出金融とは，輸出者側で必要となる資金を銀行からの融資等さまざまな方法で調達することで，以下のものがある。①〜③は船積み前の輸出金融，④は船積み後の輸出金融である。

① **エキスポートアカウント**（E勘定）

当座貸越勘定の一種で，輸出者はE勘定を引き当てとして小切手による支払いをし，輸出手形代金をその返済に充てる形で利用する。E勘定は，輸出手形買取りが条件となっているため，通常の当座貸越より低い金利が適用される。

② **輸出前貸し**

輸出契約締結後に，輸出商品の生産・集荷に要する資金の融資を受けるもの。輸出前貸しはD/P，D/Aによる前貸しもあるが，通常は信用状を受け取った後に融資を受ける。輸出業者の場合は，信用状金額の90％，製造業者の場合は80％を目途で融資がなされる。

③ つなぎ融資

つなぎ融資とは，輸出契約や決済期日まで，又は次の輸出契約までをつなぐために必要な資金を融資することをいう。輸出契約前の見込生産や集荷資金の融資であるため，国内融資となる。

④ 輸出手形の買取り

輸出船積後の金融として輸出手形の買取りがある。輸出者は輸出代金を早く回収したい場合は，荷為替手形を銀行に買い取ってもらう（輸出手形の割引を受ける）ことによって輸出金融を受けることになる。

(2) 輸入金融

輸入金融とは，輸入者側で必要となる資金を銀行からの融資等さまざまな方法で調達することである。輸入取引においては，輸入した貨物を売却し代金を回収するまでに何らかの形での金融が必要となり，融資期間も比較的長期となる傾向がある。輸入金融には，次の種類があります。

① 信用状による輸入金融

信用状は輸出者に対して代金の支払いを確約するものであるが，輸入者に対しては信用状の発行から荷為替手形の引き受け又は支払いまでの期間の銀行の一種の輸入金融といえる。

② 本邦ローン（自行ユーザンス）

一覧払手形決済時に，信用状発行銀行が自己外貨資金を輸入者に貸し付け，これを一覧払手形の決済に充当し，外貨約束手形の期日に輸入者から代金を取り立てる方式。この場合，外国との決済は既に終了し，国内の銀行の輸入者への貸付となるため，国内のローンである。

本邦ローンを受けるには，輸入者は，銀行から借り入れるための契約書である**輸入担保荷物保管証**（Trust Receipt：T/R）と約束手形を銀行に差し入れる。

③ アクセプタンス（Acceptance）方式（外銀ユーザンス）

ユーザンス信用状に基づいて振り出された期限付為替手形を，輸出地の買取銀行で買い取られたあと，ロンドンやニューヨークの金融市場にあるコルレス銀行（手形の名宛銀行）宛に振り出して引き受けてもらい，コルレス銀行が金融市場で割引調達した後，輸出地の銀行に対し支払いを行う方法。コルレス銀

行が支払期日まで引き受けた手形をBA手形（Banker's Acceptance Bill）とい
い，また，この金融市場をBA市場という。手形期日に手形名宛銀行は信用状
発行銀行から決済を受けて，その代金で引受手形の決済をする。

④　シッパーズ・ユーザンス

輸出者が期限付き為替手形（D/A手形）を振り出し，輸入者が手形引受けを
行うことにより，手形期日までの支払猶予（ユーザンス）効果が発生する。こ
の方法をシッパーズ・ユーザンスという。さらに，輸出地の銀行で買取りが行
われる場合を，B/C（Bill for Collection）ディスカウントという。

⑤　はね返り融資

輸入商品の国内での販売代金の手形期日とユーザンスの期日等にずれがある
場合，その間を新たな融資（円融資）でつなぐ方法。

はね返り融資のうち，商業手形割引の形で融資することを**ハネ商手**，単名手
形による貸付けの形で融資することを**ハネ単手**，対外決済のために輸入ユーザ
ンスを供与せず，直接円融資を行うことを**直ハネ**という。ただし，直ハネは，
輸入金融ではなく，国内融資の範疇となる。

15. 国際ファクタリング

国際ファクタリング（International Factoring）とは，輸出代金債権について
民間のファクタリング会社が支払保証を行う決済方法である。この仕組みで
は，世界各国のファクタリング会社が連携して安全に代金回収，資金化を手助
けする国際的な組織を作りあげている。有力な組織としてはFactors Chain
InternationalやFactor International Groupがあり，我が国の大手銀行系の
ファクタリング会社が参加している。ただし，利用可能な国には制限がある。
また，ファクタリングでは輸入者の不払い等信用事故のみをカバーし，非常危
険やマーケットクレームのような係争事由等は担保されない。さらにファクタ
リング手数料は輸出業者が負担するのが原則とされる。

16. フォーフェイティング

フォーフェイティング（**Forfaiting** 又は **Forfeiting**）とは，信用状付き輸出手形の買取りのうち，輸出者への買戻請求権を放棄した買取り形態をいう。輸出者の依頼に基づく銀行による輸出手形買取取引のうち，万一手形が不払となっても買取銀行は輸出者に手形の買戻を要求しない。銀行は遡及権を放棄して行う買取をいう。輸出者にとっては手形の買戻義務のないノン・リコース（Non-Recourse）取引である。買取の対象となる輸出手形は，期限付（ユーザンス）手形で，一覧払（at sight）手形は対象とはならない。通常は商業信用状（L/C）付取引に限定され，L/C発行銀行が引受けした後に実行される。

17. 電子貿易決済サービス（TSU・BPO）

これまで輸出入者と銀行との間でやり取りを行う貿易書類は紙ベースであったため，時間とコストがかかり，輸入港に貨物が到着しているのに引き取れない等の問題があった（**船荷証券の危機，B/L Crisis**）。このため，こうした書類を電子化して事務処理を簡便にし，かつL/C決済が持つ安全性が維持された形での決済ニーズが高まった。

2007年6月，国際銀行間通信協会（SWIFT）が世界の主要銀行と提携し，**電子貿易決済システム（Trade Service Utility：TSU）**を完成させた。この結果，貿易書類のデータがシステム上で管理できるようになった。

TSUの基本的概念は，貿易取引や決済の電子化を図ることにより，企業の輸出入貿易の管理や決済の迅速化・簡素化・リスク軽減・コスト低減等を実現することにある。

このTSUの中に，輸入銀行が輸入者に対する支払確約を行う**銀行支払確約（Bank Payment Obligation：BPO）**がある。これは，輸入者が万一支払不能となったとき，貿易取引データにディスクレがなければ，輸入銀行が輸入代金を支払う確約で，L/Cの電子版と言える。BPOには輸入代金の支払確約機能と，輸出銀行によるBPO買取りという輸出ファイナンス機能という2つの機能があ

る。TSUと銀行の支払確約であるBPOを総称して**電子貿易決済サービス（TSU・BPO）**と呼ぶ。

電子貿易決済サービス（TSU・BPO）の構築に伴い，2013年7月，国際商業会議所(ICC)は，BPO統一規則（Uniform Rules for Bank Payment Obligations：URBPO）を発効した。これは，信用状統一規則UCP600の考え方を継承した新しい国際ルールで，この国際ルールの発効で，企業の信頼性が増し，その後の利用拡大につながっている。2015年には我が国の大手自動車メーカーがこのサービスを導入した。2018年4月現在，世界の企業や銀行の利用企業数は85社，TSU契約締結銀行は194行（51カ国）となった。日本の大手小売業の会社がTSU・BPOの利用件数等では世界で最も多く，世界をリードしている。近年アジアや欧州の利用企業や銀行が増え，今後の拡大が期待されている。

またフィンテック（Fin Tech）やブロックチェーン（Block Chain）技術と連携した貿易電子化についてもSWIFTが検討しており，多様な利用価値や裾野拡大に向けて動いている。

18. 仮想通貨

2008年11月1日，日本時間午前3時10分，サトシ・ナカモト（Satoshi Nakamoto）という名義で書かれた"Bitcoin：A Peer-to-Peer Electronic Cash System"という論文が，インターネット上の暗号技術のメーリングリスト"The Cryptography Mailing List"で公表され**ビットコイン（Bitcoin）**という名の**仮想通貨**が誕生した。ビットコインは，時系列の取引のコンピュータ的証明を作成するP2P（peer-to-peer）分散型タイムスタンプ・サーバーを用いた。そのサービスの中核は**ブロックチェーン（Block Chain）**と呼ばれるデータベースから成る。このブロックチェーンの技術は，過去の記録の書き換えを不可能にし非可逆的な取引を実現させた。

2018年4月現在，ビットコインのような仮想通貨は1568種類あると言われる。しかし取引のほとんどは投資目的で，貿易取引の決済手段としては普及していない。

貨物の輸送と船積み書類

1. 貨物の輸送手段

　貨物の輸送手段には，船舶による海上輸送，航空機による航空輸送，鉄道やトラック等による陸上輸送とこれらを組み合わせた国際複合輸送がある。
　海上輸送は，貿易取引の貨物の輸送手段として最も使われている輸送手段であり，また最も歴史のある輸送手段である。大量輸送や大型貨物の輸送に適しているが輸送時間が比較的長い。
　航空輸送は，商品が小型で少量なものや，鮮度が要求されるもの，又は時間的制約のある場合等に使用されている。
　陸上輸送は，島国である我が国では直接，貿易には使われないが，欧州諸国等陸続きの国々では，重要な貿易の輸送手段の一つとして，盛んに用いられている。
　近年では，**国際複合輸送一貫業者**（International Multimodal Transport Operator）による**国際複合輸送**，従来の**国際郵便**のみならず航空会社とフォワーダーの機能を併せ持つ**インテグレーター**（Integrator）による**国際宅配便**輸送等が活発化し，短時間でのDoor to Door輸送を実現させている。

2. 海上輸送

(1) 定期船と不定期船

　海上輸送の手段として使われる船舶は，航海スケジュールにより運航されているか否かで〈図表9-1〉の通り，**定期船**と**不定期船**とに分類される。
　① **定期船**
　定期船（Liner）は，定期航路を**航海スケジュール**（Shipping Schedule）に

〈図表9-1〉船舶の種類

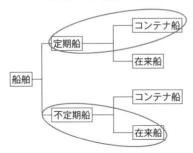

基づいて規則的に航行している船舶である。運送契約は**個品運送契約**による。個品運送契約では，船会社が不特定多数の荷主から運送を引き受け，一船に積み合わせて運送する契約である。貨物の輸送委託する荷主はそこで，航海スケジュールにより，仕向地に最も適した船を選択し，**船腹予約（せんぷくよやく，Space Booking）**する。この契約による運送は，一般雑貨，部材，部品等が主である。

② 不定期船

不定期船（Tramper）は，①の定期船のような航海スケジュールにはよらず，必要に応じて傭船された船舶をいう。運送契約は**傭船契約（Charter Party）**による。傭船契約は，船主（船会社又は船の持主）が荷主に対して，船の一部又は全部を貸し切って運送する契約で，この契約による運送は，包装せずにバラのまま運送される穀物，石炭，鉄鉱石等の**バラ荷貨物（Bulk Cargo）**が主体となる。

(2) **コンテナ船と在来船**

船舶はその仕様によって，つまりコンテナ輸送のために特に建造されたコンテナ船と，そのコンテナ船が出現する以前から存在した在来船とに分けられる。(1)の定期船と不定期船には〈図表9-1〉の通り，それぞれ以下のコンテナ船と在来船があることになるが，定期船のほとんどがコンテナ船である。

① コンテナ船

コンテナ船（Container Ship）は，1960年代に登場し，海上輸送に革命をもたらしたと言ってよい。コンテナという世界標準化機構（ISO）の定めた世界

標準規格の容器（20フィートコンテナと40フィートコンテナが一般的，2005年には45フィートがISOにより規格化された）に個々の貨物を積み込み，港ではガントリクレーンにより規則正しく船舶積み卸しされる。雨天下での積み卸しも可能である。これらのことは貨物の積み卸しに要する時間の大幅短縮となり，コンテナ船の登場は，まさに船舶輸送の高速化時代の幕開けとなった。

② 在来船

在来船（Conventional Vessel）は，①のコンテナ船が登場する以前から存在した船舶。通常船舶自体が貨物荷卸し用のクレーンを搭載しているため，コンテナ船用に港が整備されていなくても荷役が可能となる。また，在来船とは，貨物を積み込む船倉と荷役用のクレーンを持つ船を指すことが多いが，広い意味で自動車専用船，石油タンカー，LNG船（液化天然ガス専用船，Liquefied Natural Gas Ship）等の専用船を指すこともある。

(3) 海上運賃

① 定期船の運賃

かつては**海運同盟**（Shipping Conference）によって定期船の運賃率（Tariff Rate）が定められていた。複数の船会社が個々の船積みごとにその都度荷主と運賃や運送条件を交渉していたのでは船の安定配船ができなくなるばかりか，船会社同士の運賃の過当競争にも発展しかねなかったことが背景にある。船会社は，このため，互いに協定して国際カルテルを締結し，共通の運賃体系や運送条件を取り決めるようにした。これが海運同盟である。この同盟に参加する船会社・船舶を**同盟船**，そうでないものを**盟外船**（Outsider）といった。海運同盟は特に運賃についての協定であることから，**運賃同盟**（Freight Conference）とも呼ばれる。独占禁止法等では，通常カルテルを結ぶことは禁じられている。しかし，海運企業の船舶購入の莫大な投資，海運の多大な貿易の発展への貢献度，公共的性格性等に鑑み，海運同盟は例外的なカルテルとしてこれまで認められてきた。しかし現在，米国では例外的なカルテルの適用範囲が最小限に限定され，さらに盟外船のサービスレベルが向上したため，海運同盟は形骸化している。

ところで，定期船の運賃には，通常，本船積込み費用と荷卸し費用を含むた

め，②の傭船契約の運賃体系では(a)のバース・タームに当たるが，定期船では傭船契約の場合と区別するため特に**ライナー・ターム**（**Liner Term**）と呼ぶことがある。

② 傭船契約の運賃

不定期船の場合の傭船契約では，本船積み込み費用と荷卸し費用を荷主と船会社のどちらが負担するかで，以下の4つの条件がある。

(a) **バース・ターム**（**Berth Term**）

積地における本船積み込み費用及び揚地における荷卸し費用がともに船会社負担，つまり傭船契約運賃に含まれる条件。①で述べた通り，定期船では，これをライナー・ターム（Liner Term）と呼ぶことがある。

(b) **FI**（**Free In**）

積地の本船積み込み費用については荷主が負担し，揚地の荷卸し費用は船会社が負担する条件。ここでいうF（Free）とは船会社から見てフリー（免除されている）という意味。

(c) **FO**（**Free Out**）

積地の本船積み込み費用については船会社が負担し，揚地の荷卸し費用については荷主が負担する条件。揚地側での船会社の荷卸し義務がフリー（免除）という意味。

(d) **FIO**（**Free In and Out**）

積地の本船積み込み費用も揚地の荷卸し費用も荷主が負担する条件。

③ コンテナ船の運賃

コンテナ船の場合は，コンテナ単位の**ボックスレート**（**Box Rate**）が決められる。ボックスレートとは，コンテナのFCL貨物（コンテナ単位の貨物で，他の荷主の貨物と混載しない）に適用される運賃で，コンテナの中に積み込まれる貨物の量には関係なく，20又は40フィートコンテナ1個あたりの運賃である。ボックスレートには，商品の種類別に1コンテナいくらと設定される**品目別運賃**（**Commodity Box Rate：CBR**）と，商品の種類に関係なく1コンテナいくらと設定される**品目無差別運賃**（**Freight All Kinds Box Rate：FAK**）がある。

④ 割増運賃

海上運賃は，上述①～③の基本運賃のほかに以下のような**割増運賃**（Surcharge）があり，船会社が為替の変動や燃料費の変動による損失を防ぐため，基本運賃に併せて徴収することが多い。

(a) **通貨変動調整金**（Currency Adjustment Factor：CAF）

船会社が為替変動による差損等をカバーするため，運賃表の運賃料率を基準に調整金として，3カ月ごとに為替レートの実績を基に掛け率あるいは金額を提示している。アジアでは急激な円高に対応するための**円高損失補てん金**（Yen Appreciation Surcharge：YAS）もある。

(b) **燃料割増調整金**（Bunker Adjustment Factor：BAF）

船会社が燃料となる石油相場の変動による損失をカバーするため，トンあるいはコンテナ当たりの調整金を課している。Bunker Charge（BC）あるいはFuel Adjustment Factor（FAF）と呼ぶ場合もある。

(c) **その他の割増運賃**

貨物輸送の混雑する時期に徴収されるピークシーズン割増料金（Peak Season Surcharge：PSS），船舶による港の混雑により徴収される船混み割増料金（Congestion Surcharge），一定の重量を超える貨物に対する重量割増料金（Heavy Lift Charge），一定の容積を超える貨物に対するかさ高品割増料金（Bulky Cargo Charge），一定の長さを超える貨物に対する長尺貨物割増料金（Long Length Charge）等がある。

⑤ **コンテナ輸送に関わる諸費用**

以下については，割増運賃ではなく，コンテナ輸送においてそれぞれの港湾施設にて発生する費用である。これらは海上運賃に含めるべきと議論されているものもある。

(a) **ターミナル・ハンドリング・チャージ**（Terminal Handling Charge：THC）

コンテナ・ターミナル内で発生するコンテナ取扱いのための費用。具体的には，ガントリクレーンを使用してコンテナを本船に積み又はコンテナ・ヤードに降ろす作業やコンテナ・ヤードに降ろしてからコンテナ・ヤード内の所定の場所に移動する作業，またコンテナの維持・管理作業等を含む。

コンテナ輸送による運賃は，本来，荷送人がコンテナを運送人に引き渡してから，荷受人がコンテナを返却するまでの運賃とコンテナ使用料等を含んでいるため，THCは本来海上運賃に含めるべきと国際的に議論となっている。しかし，船会社は運賃競争の中で運賃の値上げが容易ではないと，THCを別料金として荷主に請求するケースが多く見られる。

(b) **コンテナ・フレートステーション・チャージ**（Container Freight Station Charge：CFS Charge）

コンテナ・フレートステーションにて発生する費用で，混載貨物の取扱費用を指す。LCL（Less than Container Load）サービスチャージ，CFSレシービング・チャージともいう。混載貨物の場合は，一つのコンテナの中に複数の荷主の貨物が積載されており，税関への輸入申告に際してコンテナからすべての貨物を取り出して仕分けを行わなければならない。このため，それらの作業のための費用を総称していう。

(c) **空コンテナ取扱い料金**（Empty Container Handling Charge：ECHC）

空コンテナの取り扱いにかかる諸費用の一部補填という性格の料金。

(d) **荷渡指図書発行手数料**（Delivery Order Fee）**又は書類発行手数料**（Documentation Fee）

荷渡指図書（Delivery Order：D/O）や貨物到着通知書（Arrival Notice）等の書類を発行するための手数料。

⑷ 船積み依頼

輸出者が海貨業者に船積みを依頼する場合は，**船積依頼書**（Shipping Instructions：S/I）に船積に必要な関係書類を添えて依頼する。船積みする船舶の貨物スペースの予約である船腹予約（Space Booking）は，輸出者が行う場合と，海貨業者に依頼する場合がある。この船積依頼書により，海貨業者は，船積みに必要な書類を作成する。在来船の場合は，**船積申込書**（Shipping Application：S/A）を作成し，**船積指図書**（Shipping Order：S/O）で船長宛てに船積みを指図し，**本船受取書**（Mate's Receipt：M/R）を船積みの際受け取る。コンテナ船では，手続きが簡素化され，B/L作成指示書（B/L Instructions）を提出するだけでよいとする船会社が主流となっている。この

〈図表9-2〉 在来船／コンテナ船別　船積み依頼から船積み手続きの流れ

	荷主 →海貨業者	海貨業者 →船会社	船会社 →船長	船会社→海貨業者	海貨業者→荷主
在来船	船積依頼書 （S/I）	船積申込書 （S/A）	船積指図書 （S/O）	本船受取書（M/R）， 船荷証券（B/L）	本船受取書（M/R）， 船荷証券（B/L）
コンテナ船	船積依頼書 （S/I）	ドックレシート（D/R） 又はB/L Instructions	―	ドックレシート （D/R）又は B/L Instructions, 船荷証券（B/L）	ドックレシート （D/R）又は B/L Instructions, 船荷証券（B/L）

B/L Instructions も，貨物・コンテナ情報が完全電子化されるまでの経過措置としており，近年中の完全電子化（NACCS化）を目指している。これらの書類は船積み完了後，**船荷証券（Bill of Lading：B/L）**（6.参照）やその他の運送状（6.(4)参照）を作成する基礎となるため，船積依頼書の記入に誤りがあると，船荷証券にそのまま誤記されてしまう。このため，十分注意して作成する必要がある。特に，信用状取引の場合は，船積みに関する信用状条件や記載文言が完全に一致するよう，それらを忠実にこの書類に記載しておく必要がある。

(5)　船積み手続き

①　在来船の船積み手続き

　在来船の場合は，海貨業者は船積依頼書等に基づいて，船積申込書（S/A）を作成し船会社に提出する。船会社はこれに基づき船積指図書（S/O）を船長宛てに発行する。船会社はまた，本船受取書（M/R），船会社控（Office Copy），B/L MASTER 7〜8枚セットを作成する。

　在来船の船積みは，税関に輸出申告をし，税関の輸出許可を得た後，船積みのために貨物を保税地域から本船舷側に，陸路又は海路で運送する。

　個品貨物の在来船への船積みは，船会社専属の**船積代理店（Shipping Agent）**が一括して船腹予約している貨物を本船に積み込む。これを**総積み**という。これに対し，輸出貨物が多量の個品や大型機械，鉄鋼製品等重量物・容積の大きい貨物，さらにはバラ荷貨物（Bulk Cargo）等混載不適な貨物の場合は，輸出者が自己の責任において直接貨物を本船に積み込む形態をとる。これを**自家積み**という。自家積みは，実際には，荷主である輸出者の海貨業者が代

行して船積みを行う。

　総積みの場合，船積代理店が指定荷受場所として手配した本船繋留岸壁の直背後の指定保税地域あるいは**エプロン**（埠頭で貨物を積み降ろしする上屋の前の広場）上まで船積貨物を運搬し，**輸出許可書**（Export Permit：E/P），船積指図書とともに本船側へ引き渡す。貨物の積込みは**船内荷役業者（ステベ，Stevedore）**によって行われる。

　輸出貨物は，本船への積込み前や積込み中に異常が発見されたり，事故が発生したときは，事故責任を明確にするため本船受取書（M/R）の摘要（Remarks）欄にその旨記入する。この本船積込みの確認は，荷主側で手配した**検数人**（Tallyman）と本船側で手配した検数人との間で行われる。両検数人の立ち会いによって，貨物の個数，荷造状態，損傷の有無等をチェックし，**検数票**（Tally Sheet）を作成する。本船への積込みが完了すると，検数人の報告をもとに**一等航海士**（Chief Mate）は貨物の数量等を確認し，本船受取書に署名して荷主側の検数人に手渡す。この本船受取書は船会社に提出され，船会社は運賃の支払いと引き換えに船荷証券（B/L）やその他の運送状を発行する。

②　コンテナ船の船積み手続き

　コンテナ貨物の場合は，海上輸送と陸上輸送の接点の港頭地区にある**コンテナ・ターミナル**で**ターミナル・オペレーター**が貨物の受渡しを行う。ターミナル・オペレーターはコンテナ・ターミナルを運営・統括している港湾運送事業法上の免許取得業者である。その際，従来は複数枚綴りの**ドックレシート**（Dock Receipt：D/R）を発行していたが，最近では，海上貨物通関情報処理システム（Sea-NACCS）の普及により，貨物情報，コンテナ情報の電子化が進み，船会社が，電子情報に基づいて自社システムに運送書類の情報を入力する方法が主流となっている。このため，ドックレシートをコンテナ搬入の受取りとして発行するケースは実際には少なくなり，ドックレシートの機能は失われてきている。旧来型の複数枚綴りのドックレシートを使っている船社も一部あるが，大手のコンテナ船社のほとんどが，B/Lやその他の運送書類を作成するための指示書という意味で，ドックレシートを**B/L作成指示書**（B/L Instructions）と名称を変え使用している。B/L Instructionsは，ドックレシート同様，日本船主協会の統一フォームを使用するが，数枚綴りでなく1枚のみである。

コンテナ貨物では，保税地域から本船舷側までの保税運送（第13章参照）手続きを輸出申告する際に輸出入・港湾関連情報処理システム（NACCS）で併せて申告し，税関の運送承認と輸出許可を同時に受ける。

③　コンテナ貨物の引渡し

(a)　FCL貨物の場合（CYでの引渡し）

工場でコンテナ詰め（Vanning）をするコンテナ単位の（Full Container Load：FCL）貨物の場合は，工場からコンテナ・ヤード（Container Yard：CY）に搬入する。荷主は最寄りのCY又はコンテナ基地（Container Depot）で船会社から空コンテナを受け取り，自社工場等の貨物あるところまで回送する。自社工場等でコンテナに貨物を詰め，最寄りのCYに実入りのコンテナを運んで引き渡す。このとき，空コンテナの受取りから実入りコンテナの引渡しまでの間に発生する運送料・コンテナ詰め料等の諸費用及びこれらの手配は荷主の負担となる。しかし，コンテナ貨物のコンテナ船への積込みは船会社が行い，積込み料は通常，コンテナ運賃に含まれるべきとされる。

(b)　LCL貨物の場合（CFSでの引渡し）

コンテナ1本に満たない小口（Less than Container Load：LCL）貨物は，コンテナ・フレートステーション（Container Freight Station：CFS）に搬入され，ここで他の荷主の貨物とともにコンテナ詰めされる。このとき徴収されるCFSチャージは荷主負担となるが，コンテナ貨物のコンテナ船への積込み料は，(a)同様通常，船会社が負担しコンテナ運賃に含まれるべきとの意見もある。

④　コンテナの種類

(a)　ドライコンテナ

冷蔵・冷凍設備等のない一般貨物用の通常のコンテナで，各種コンテナの中で最も多く使われる。ドライコンテナには長さが20フィートのものとその倍の40フィートのものがある。これに加え，2005年のISO総会で45フィートコンテナが新たに規格化された。

日本国内でのコンテナ輸送の重量制限については，ドライコンテナの最大総重量は，自重（コンテナ自体の重さ）＋最大積荷重量で求められ，20フィートコンテナで，24,000kg（3軸シャーシ）又は20,320kg（2軸シャー

シ），40フィートコンテナでは30,480 kg（3軸シャーシ）又は24,000 kg（2軸シャーシ）となっている。コンテナにより自重が異なるため，貨物の最大積載重量も変わる。重量的に最大積載をしたい場合は，3軸シャーシで輸送し，自重の軽いコンテナの使用を考慮する。コンテナのトラック輸送においては，上記に述べた国内規制の他，外国の内陸輸送規則にも注意が必要である。

(b) 特殊コンテナ

船会社は，様々な種類の異なる貨物を引き受けるため，通常のドライコンテナの他，Open Top Container（上部の開いたコンテナ），Bulk Container（バラ積み用コンテナ），Flat Rack Container（外枠のないフラットなコンテナ），Reefer Container（リーファーコンテナ，冷凍コンテナ），Side Open Container（側面のないコンテナ），Tank Container（液体用コンテナ）等の特殊なコンテナを取りそろえている。

(6) 運送契約と運送人の責任区間

海上輸送では，船荷証券（6.参照）の表面や裏面に書かれた約款を元に荷主と**運送人**の間で締結された**運送契約**に基づいて運送される。契約形態は上述の通り，定期船では**個品運送契約**，不定期船では**傭船契約**である。

運送契約に基づく運送人の責任区間について，1924年の**ヘーグ・ルール**（(9)①参照）では，積込みから荷揚げまで（from the loading to the discharge）としているが，ヘーグ・ルールの我が国の国内法である**国際海上物品運送法**では，受取りから引渡しまで（from the receipt to the delivery）と範囲を広げている。

実際には，船荷証券の裏面約款で，在来船とコンテナ船に分け，次のように規定している。

① 在来船の場合

在来船の場合は，原則的には，積込みの**本船索具（テークル：Tackle）**にかかったときに始まり，荷揚港での索具を離れるとき，運送は完了し，契約が終了する（**From Tackle to Tackle**）。終了時点については，**自家取り**と**総揚げ**（(7)①(a)，(b)参照），それぞれの方式により異なる。自家取りの場合は，荷受人が艀（はしけ）により本船から直接貨物を引き取った時点で貨物の引渡しは終

了する。総揚げの場合は，船荷証券約款上は本船のテークルから貨物が離れたとき引渡しが完了する。ただし現実の総揚げによる引渡しは，①貨物が岸壁に降ろされ，②船会社の指定した港運（倉庫）業者によって埠頭倉庫に搬入され，③そこで荷口ごとに仕分けされ，④荷受人に引き渡されたとき，完了する。

　② 　コンテナ船の場合

コンテナ船の場合は，貨物をCY又はCFSで受け取った時に始まり，仕向け地で，運送書類で指定された荷受場所（例えば，仕向け地のターミナルや荷受主の戸口）で貨物を引き渡したときに終了する（from the receipt to the delivery）。

(7) 貨物の引取り

① 在来船貨物の引取り

在来船貨物の荷受けには自家取りと総揚げの2通りの方法があり，共にB/Lやその他の運送書類と引替えに**貨物引渡指図書**（Delivery Order：D/O）が発行されるが，その発行先が両者で異なる。

(a) 自家取り（Shipside Delivery）

重量貨物や長大貨物等の場合に船長宛てにD/Oを発行する。次に，輸入者側と船会社側双方の検数人が立ち会い，検数票を作成し，**貨物受渡書**（Cargo Boat Note）を作成し，本船に提出して貨物を自己の責任で引き取る。最後に，保税地域に搬入して通関を行う。

(b) 総揚げ（Shed Delivery）

船会社がD/Oをランデングエージェント（Landing Agent）宛てに発行し，エージェントが**船内荷役業者**（Stevedore）によって一括して陸揚げをし保税地域に搬入する。貨物の引取りはランデングエージェントにD/Oを提示し，エージェント側の検数人立ち会いで検数が行われて検数票が作成される。その後，本船側と荷受人側の確認の署名がされた貨物受渡書が作成され，貨物が引き渡される。

② コンテナ貨物の引取り

(a) FCL貨物の場合（CYでの引取り）

FCL貨物の場合は，コンテナ単位で輸出者が**コンテナ内積付表**（Container Load Plan：CLP）を作成する。海上輸送後，貨物はCYにて，

コンテナに詰められたままの状態で荷受人に引き渡される。このとき，荷受人の代理人であるトラック運転手とCYオペレーターとの間で**機器受渡証**（Equipment Interchange Receipt（out））に双方署名して交換する。引渡しの場合（(5)③(a)参照）と同様，実入りコンテナの受取りから空きコンテナの返却までの間に発生する運送料，コンテナ出し料等の諸費用と，その手配は荷主の負担となる。

(b) **LCL貨物の場合（CFSでの引取り）**

LCL貨物の場合はCFSで，貨物の引取りの際，貨物の状態を点検して記録した**デバンニング・レポート**（Devanning Report）に船会社又は混載業者と荷受人が署名し，事故がなければ貨物の引取りを行う。貨物はCFSにて，船会社又は混載業者の責任においてコンテナ出しされ，バラ荷の形で荷受人に引き渡される。

③ **バイヤーズコンソリデーション**

バイヤーズコンソリデーション（Buyers Consolidation）とは，買手（バイヤー）が，多数の海外納品業者（サプライヤー）から調達する多品種・少ロットの商品を，買手の依頼を受けたフレイトフォワーダーが，集荷地や船積地にある指定の倉庫に集めてコンテナ単位で，買手の指定する仕向国の特定場所に輸送するサービスである。各サプライヤーが従来バラバラに出荷していた商品を，混載しコンテナ単位で輸送することで，海外調達の合理化と大幅なコスト削減を実現する効果がある。

(8) **B/L到着前の貨物の引取り**

海上貨物は，有価証券であるB/Lと引換えに貨物を引き渡すことになっている。B/Lが提示されなければ，船会社は原則貨物を荷主（輸入者）に引き渡すことはしない。しかし近年，船舶の高速化等により船が荷揚港に到着してもB/Lが未着であるという事態が発生するようになった（**船荷証券の危機**，B/L Crisis）。このような場合は，**保証状**（Letter of Guarantee：L/G）を船会社に差し入れることで貨物を引き取るという方法がある。保証状には，2種類ある。一つは，荷主自身が保証するもの（Single L/G又は**補償状**，Letter of Indemnity：L/I），もう一つは，荷主とその取引銀行が連帯して保証するもの

（Bank L/G）である。どちらの保証書を提示するかは，荷主と船会社との折衝で決まるが，船会社が認めればSingle L/Gを，そうでなければ銀行保証のBank L/Gが必要となる。後者の場合，Bank L/G発行に際し，荷主は銀行に「輸入担保荷物引取保証に対する差入書」と約束手形を差し入れてL/Gの発行を依頼する。荷主は，B/Lが到着すると船会社に対し，そのB/Lの提出と引き換えにL/Gの返却を受け，銀行に保証期間の保証料を支払って，担保を解除する。

L/Gの発行には，手間やコストがかかるため，特に近隣国との取引等の場合には，サレンダードB/L（6.(3)参照）や海上運送状（Sea Waybill）（6.(4)①参照）を利用するケースが増えている。しかし，これらは有価証券でない等，B/Lとは書類の性格が異なるため注意を要する。

特にサレンダードB/Lは，国際海上輸送に関する条約や国内法で一切規定されていない，あくまで便宜的な方法であり，避けるべきであるといわれている。

(9)　海上輸送に関わる国際ルール

海上輸送は，(6)の通り，荷主と運送人の間で締結された運送契約に基づいて運送されるが，従来，荷主と運送人との間では，双方の免責等をめぐってしばしば紛争が起きていた。そこで，次第に国際的な法的規制の整備の必要性が高まった。

①　船荷証券統一条約（ヘーグ・ルール：Hague Rules）

1921年，オランダのヘーグにおいて，船荷証券に関する国際法会議が開かれ，この結果，1924年，運送人の最低限の義務及び権利，免責を規定した海上輸送最初の国際条約，船荷証券統一条約（ヘーグ・ルール）が採択され，1931年に発効した。このとき同ルールが定めた運送人の損害賠償責任額は1梱包当たり100スターリング・ポンドと最小のものだった。

我が国は1957年に同条約を批准し，翌年，この条約を取り入れた国内法，国際海上物品運送法が制定された。

②　ヘーグ・ヴィスビー・ルール（Hague Visby Rules）

1960年代に入り，コンテナ船の出現により海上輸送は大きな変革を遂げると，徐々にヘーグ・ルールの内容が実情に合わなくなってきた。また，インフ

レ等による貨幣価値の変動で，運送人の責任限度を変更する必要も生じ，1968年**万国海法会**（Comité Maritime Internationale：CMI）により，条約改定のための議定書が提出され，1977年，ヘーグ・ルールを部分的に加除修正した**ヘーグ・ヴィスビー・ルール**が発効した。同ルールでは，運送人の損害賠償責任額が引き上げられ，1梱包もしくは1単位につき，666.67SDR[1]又は総重量（Gross Weight）1kgにつき2SDRのいずれか高い方となった。

　我が国は1992年に同ルールを批准し，翌年，改正国際海上物品運送法を施行している。

　③　**国際連合海上物品運送条約（ハンブルグ・ルール：Hamburg Rules）**

　ヘーグ・ルールもその改定版であるヘーグ・ヴィスビー・ルールも，先進国を中心に策定が進められたものであった。もともと我が国を含め先進国の多くが，海運を通じて国家を発展させてきたという歴史があった背景から，これらの条約が，荷主より船主（運送人）保護の性格が強いものであった。このことから，開発途上国の反発を招き，国際連合貿易開発会議（UNCTAD）がこれら開発途上国の意見を取り入れ，1978年，**国際連合海上物品運送条約（ハンブルグ・ルール）**を採択，1992年に途上国を中心に20カ国の批准によって発効した。しかし，この条約では，これまで認めてきた運送人の航海過失免責，船舶の取扱上の過失免責や船舶における火災の免責を認めない等運送人に厳しい内容であったため，先進諸国は批准に消極的で，我が国も批准していない。

　④　**ロッテルダム・ルール**

　国際連合国際商取引法委員会（UNCITRAL）が起草した**ロッテルダム・ルール（Rotterdam Rules）**が，2008年の国連総会に上程され，条約として承認され，2009年9月にロッテルダムで署名式が行なわれた。正式名称を「その全部又は一部が海上運送である国際物品運送契約に関する条約（Convention on Contracts for the International Carriage of Goods Wholly or Partly by Sea）」という。条約の発効には，20カ国以上の署名・批准が必要である。2018年11月現在，署名国は，25カ国だが，批准したのはカメルーン，コンゴ，スペイン，トーゴの4カ国のみである。我が国は，まだ署名していない。

1　Special Drawing Rightsの略で，国際通貨基金（IMF）の特別引出権のこと。

3. 航空輸送

(1) 航空貨物の積込み手続き

航空貨物の場合，貨物そのものを運送するのは，航空会社であるが，荷主とのやり取り，貨物の集荷，通関，航空機への積込み等では，**IATA航空貨物代理店と利用航空運送事業者**が大きな役割を果たしている。また，運送書類は，航空輸送では，**航空運送状（Air Waybill）**（6.(4)②参照）が使われる。

(2) IATA航空貨物代理店

国際航空運送協会（International Air Transport Association：IATA）は，国際民間航空機関（ICAO）加盟国の航空会社が1945年に設立し，安全航行の確保，運送規則等，民間航空会社の協力機関として活動している。国際線を運航している世界の主要航空会社は，ほとんど全てIATAに加盟している。

IATA航空貨物代理店は，このIATAが承認する航空貨物代理店として，航空会社に代わって，荷主と運送契約を締結し，航空会社の航空運送状を発行する。航空貨物代理店は，荷主から荷物を受け取ると，仕向け地等を記載したラベルを貼り，そのまますぐに航空機に乗せられる状態（Ready for Carriage）にして航空会社に引き渡す。

航空機で運送する貨物が，比較的大口の場合，危険品又は緊急を要する場合は，この航空貨物代理店を通じて航空会社に直接運送（混載しないとの意味）を依頼する。航空貨物代理店は，航空会社の代理店としての業務の他，航空貨物の集配，梱包，保管，通関手続き等の業務を兼業しているのが一般的である。

航空貨物代理店は，IATA加盟のいずれの航空会社とも同じ条件で代理店業務を行わなければならない。(3)の利用航空運送事業者も，この航空貨物代理店の資格も併せ持っているのが一般的である。

(3) 利用航空運送事業者

利用航空運送事業者（エアフレイトフォワーダー：Air Freight Forwarder）は，自らは航空機を所有・運航せず，航空会社の貨物スペースを利用して貨物

を運送する。我が国の法律では，**貨物利用運送事業法**に規定されている。利用航空運送事業者はまた，複数の荷主の貨物をまとめて航空会社に運送を委託するので，**混載業者（Consolidator）**とも呼ばれている。利用航空運送事業者は，複数の荷主から貨物を集め一つの貨物とし，自らが荷送人となって，航空会社と運送契約を締結する。航空運賃は，一口の貨物の重量が大きくなればなるほど，1キログラムあたりの運賃が安くなるという，重量逓減制を採用しているため，これが利用航空運送事業者の利益の源となっている。

利用航空運送事業者が貨物の運送を引き受けると，航空会社は混載業者に対して**マスター・エア・ウェイビル（Master Air Waybill：MAWB）**を，混載業者は荷主に対し，**ハウス・エア・ウェイビル（House Air Waybill：HAWB）**を発行する（6.(4)②参照）。

(4) 航空運賃

航空運賃は**発地国主義**で決められ，日本発の場合は航空運賃は円建て，米国発の場合はドル建てとなる。

航空運賃は，容積6,000cm³を1kgとして換算（ただし，一部の国では7,000cm³を1kgとして換算）し，重量と容積のいずれか大きい方の運賃で算定される。またインボイス価格が1kg当たりUS$20を超える場合は，超える額の0.75％が従価料金として運賃に加算される。

航路によって，特別運賃が定められている場合は，その料率による。新聞，雑誌，定期刊行物，書籍，カタログ，点字本及びその用具は，5kg以上45kg未満の場合，区間により割引率は異なるものの，通常50％割引運賃が適用されている。

航空運賃は，IATAの協定により料率が定められているが，その料率を基準にして各混載業者（Forwarders, Consolidators）が独自の料率を設定している。

(5) 航空貨物の引取り

航空貨物が到着すると，航空会社から**貨物到着通知書（Arrival Notice）**に**航空運送状（Air Waybill：AWB）**，商業送り状，包装明細書等の書類を添付し，荷受人に送付されてくる。

① 運賃決済が前払いの場合は，荷受人は指定通関業者に「輸入貨物通関業務に関する委任状」を渡し，貨物の通関を依頼します。通関業者は上記の書類で手続きを行い，貨物を通関し，荷受人に引渡す。

② 荷送人が航空会社や混載業者にCOD（Cash on Delivery）条件で商品代金等の回収を依頼しているときは，代金支払いと引換えに貨物を引き渡す。

③ 信用状取引の場合はAWBの宛先が銀行になっており，航空会社から銀行宛に，貨物到着通知書（Arrival Notice）に**航空貨物引渡指図書（リリースオーダー：Release Order）**フォームとAWB，商業送り状，包装明細書を添えて通知される。AWBは有価証券ではないため，銀行が船積書類として担保するために荷受人を銀行宛てとして貨物が送付される。このため，その貨物を輸入者が銀行から借り受けるためには，**輸入担保荷物保管証：航空貨物用（Air Trust Receipt：Air T/R）**と担保としての**約束手形**を提出し，航空貨物を輸入者に引き渡すよう指示するRelease Orderを銀行から受け取る。これを通関業者に渡して航空会社又は混載業者に提出し（運賃着払いの時はそれを支払います），これと引換えに**荷渡指図書（Delivery Order：D/O）**の発行を受ける。このD/Oを輸入許可書とともに貨物保管現場事務所に提出して貨物を引き取る。

(6) 航空輸送に関わる国際ルール

① ワルソー条約（Warsaw Convention）

1925年，第1回国際航空私法会議において航空輸送の運送人の責任等について議論された。この議論はその後国際航空法専門家委員会に託され，1929年，ポーランドのワルソー（ワルシャワ）において，運送証券及び航空会社の責任を統一的に規制することを目的とした条約が締結された。これを，**ワルソー条約**という。この条約では，運送証券の記載事項，航空会社の責任範囲，権利・義務について定めており，航空運送諸規則のもととなっている。我が国は本条約を1953年に批准した。

② ヘーグ議定書（Hague Protocol，改正ワルソー条約）

ワルソー条約締結以後，国際航空運送が飛躍的に発達し，同条約が実情にそぐわなくなった。このため，1955年，運送人の責任限度の引き上げ等の改正を

行って,「ワルソー条約を改正するための議定書」が採択され,1963年に発効した。オランダのヘーグで開催されたICAO航空法会議において採択されたことから,これを**ヘーグ議定書**と呼ぶ。我が国はこれに1967年に批准した。

③ **モントリオール第四議定書,モントリオール条約 (Montreal Convention)**

ヘーグ議定書を改正し,1975年に採択され,1998年,**モントリオール第四議定書**が発効した。我が国は,2000年に批准した。この改正では,運送人の責任,損害賠償の範囲等が明確化され,航空運送状の紙媒体以外の手段(電子化等)も認められるようになった。運送人の賠償責任額は,従来の1kg当たり250金フラン(20USドル)から17SDRとなった。1999年にそれは**モントリオール条約**として採択され,日本,米国等が批准し2003年発効した。その後欧州各国や中国等が批准し,2018年11月末現在,加盟国は135カ国・地域となり,モントリオール条約が,貨物,旅客ともに現在の航空運送関係を規律する条約となっている。なおモントリオール条約で運送人の賠償責任額は,現在では1kgあたり19SDRとなっている。

4. 国際複合輸送

(1) 国際複合輸送

1960代後半に出現したコンテナ輸送は,港に到着後さらにコンテナから荷物を取り出すことなく陸上輸送に繋げることで,"Door to Door"の**国際複合輸送**を実現させた。

国際複合輸送とは,1つの複合運送契約に基づき,複合運送人によって引き取られた1つの国のある場所から,引渡しのために指定された他の国のある場所まで,船舶,航空機,鉄道等少なくとも2つの異なる輸送方法によって物品を輸送することをいう。このとき,使われる運送書類としては,複合運送船荷証券(6.(2)⑥参照)があるが,海上運送状(Sea Waybill)についても,現在,一般社団法人国際フレイトフォワーダーズ協会(JIFFA)作成の運送状を始め,多くの海上運送状は,国際複合輸送に対応している。

国際複合輸送では次のような業態がある。

① 国際複合輸送一貫業者

国際複合輸送が活発化するにつれ，**国際複合輸送一貫業者（International Multimodal Transport Operator）** の活躍が顕著となっている。国際複合輸送一貫業者は，船会社の提供する海上輸送サービスを軸に，複数の輸送モードを組み合わせて自ら運送人となって運送責任を負い，国際的規模の一貫輸送サービスを展開している。

② フレイトフォワーダー

コンテナ船の登場でDoor to Doorの国際複合輸送が実現すると，従来の船舶運航業者，鉄道運送業者，貨物自動車運送業者等の**実運送人（Actual Carrier）** に加え，これら実運送人が提供する運送サービスを利用し自己の運送責任の下荷主と運送契約を締結して運送する，**契約運送人（Contacting Carrier）** という概念が生まれた。この契約運送人として活躍しているのが**フレイトフォワーダー（Freight Forwarder）** だ。このフレイトフォワーダーという用語が法制上初めて登場したのは，1942年5月16日改正米国州運送法（Interstate Commerce Act：IC Act）だが，フレイトフォワーダーの歴史は，③のNVOCCよりはるかに古く，13世紀初頭に既に欧州で活躍していたという記録がある。このフレイトフォワーダーは，我が国の法では，商法第559条の運送取扱人に当たり，1981年には，日本インターナショナルフレイトフォワーダーズ協会（現在の**一般社団法人国際フレイトフォワーダーズ協会，JIFFA**）が設立された。

③ NVOCC

自らは船舶を所有・運航していないが，船会社等の海上運送業者（Ocean Common Carrier：OCC）のサービスを利用して貨物を輸送する業態を米国では，**NVOCC（Non-Vessel Operating Common Carrier）** といい，我が国では，貨物利用運送事業法の外航海運利用運送業者がこれに当たる。船舶を所有しないという意味で，**非船舶運航業者**ともいう。NVOCCは，荷主に対しては，契約運送人として運送を引き受け，B/L等の運送書類を発行する。一方船舶を所有・運航する実運送人に対しては，荷主として運送契約を締結する。NVOCCはしばしば，Door to Doorサービスの国際輸送一貫業者と混同されるが，本来はこのようにPort to Portの利用運送サービスを指す。しかし，今や世界的にこのNVOCCという用語が広い意味で使われており，②のフレイトフォワー

ダーも，便宜NVOCCという名称を使用しながら，船舶，航空機，鉄道，トラック等異なった輸送手段を組み合わせ，Door to Doorの国際的規模の一貫輸送サービスを展開している。

④　インテグレーター

1970年代後半は，米国で開始された規制緩和（Deregulation）政策は，貨物専用航空機を持つ航空会社と陸上での集配送を行うフォワーダーの機能を併せ持つ**インテグレーター（Integrator）**を誕生させた。UPS，FedEx，DHL，TNT等が有名である。これらのインテグレーターが今，国際物流において大きな役割を担おうとしている。

これらのインテグレーターは，集荷から配達まで一貫して作業を自社で行う国際宅配便業者である[2]。見本品，設計図等の書類，雑誌・書籍やカタログ等の小型貨物を対象としており，全世界に72時間以内で配達することをセールスポイントとしている。

⑤　**国際郵便**

普段よく利用する国際郵便（EMS等）も，船舶，飛行機，鉄道，トラック，あらゆる輸送モードを使ってDoor to Doorで運ぶ貨物を運ぶ国際複合輸送の一つといえる。最も気軽に使える輸送方法であるほか，少額の郵便（20万円以下）については輸出入申告が不要となる等，簡易な通関が認められている（第13章参照）。

(2)　**コンテナ輸送による国際複合輸送サービス**

コンテナ輸送による国際複合輸送サービスとして代表的なものとして以下のものがある。これらのサービスは，シベリアやアメリカ大陸等を「橋」（Bridge）に例え，海上輸送と陸上輸送を組み合わせ，米国，欧州，中近東へ結合する複合輸送サービスである。

これらの複合輸送サービスを利用することで，従来の海上輸送に比べ，輸送

2　「宅配便」のことを「宅急便」ということがあるが，「宅急便」はヤマト運輸㈱の登録商標であるため一般名称としては使えない。映画「魔女の宅急便」は，同社が筆頭スポンサーとなったことで，当該登録商標の使用が許されている。

日数の短縮や輸送コストの節約を図ることができる。

① シベリア・ランド・ブリッジ（Siberian Land Bridge：SLB）

我が国から中国やボストチヌイ，ナホトカ等のロシア極東の国際港へ輸送し，そこからシベリア鉄道を利用して欧州や中東地域への運送に結合する。このサービスは，NVOCC主体で行われる。

② チャイナ・ランドブリッジ（China Land Bridge：CLB）

中国・天津港や大連港から，満州里（マンチュリ）または二連浩特（エレンホト）を通過し，シベリア鉄道を経由して欧州に至る北回りルートと中国・連雲港から内陸部の阿拉山口（アラシャンコウ）や霍爾果斯（ホルゴス）よりカザフスタンを通過，シベリア鉄道を経て欧州に至る南回りルートがある。中国政府の「一帯一路」構想の下急速に発展している。①のシベリア・ランド・ブリッジと合わせ「ユーラシア・ランドブリッジ」と総称される。

③ アメリカ・ランド・ブリッジ（American Land Bridge：ALB）

極東や我が国から米国西岸まで海上輸送し，そこからアメリカ大陸横断鉄道で米国東海岸やガルヴェストン，ニューオリンズ等のガルフ諸港に陸上輸送し，さらに海上輸送で最終的に欧州の内陸地点まで一貫輸送します。このサービスは，船会社主体で行われる。

④ ミニ・ランド・ブリッジ（Mini Land Bridge：MLB）

我が国から北米西海岸までは海上輸送し，その後鉄道に積替え，カナダ東部，米国東海岸，ガルフ諸港に輸送します。このサービスは，船会社主体で行われる。

東岸諸港についてはパナマ経由のAll Water Serviceがあり，所要日数は，途中の寄港地の多少により異なりますが，一般的にはMLBサービスに比べ多くかかる。

⑤ インテリア・ポイント・インターモーダル（Interior Point Intermodal：IPI）

米国内陸の主要都市までの輸送を，船会社による複合運送船荷証券（Combined Transport B/L，Multimodal Transport B/L）で行うもので，船会社が保税運送許可，鉄道への接続等の諸手配を行う。MLBのサービスが北米西岸港経由大西洋岸及びガルフ諸港までのいわゆる直航船の代替輸送ルートに限定されているのに対し，このIPIは全米を網羅する鉄道，トラックを利用し，

シカゴやダラス等の内陸都市（Interior Point）までの運送を可能にしている。

(3)　国際複合輸送に関わる国際ルール

①　国連国際物品複合運送条約（未発効）／複合運送証券に関する規則

　これまでの運送条約が，海上運送又は航空輸送のみを規定したものであったため，複合輸送における，国際複合運送人の義務，権利，免責について規定する国際ルールが必要となった。こうして1980年，**国連国際物品複合運送条約**が成立するが，発効については，先進国と開発途上国との対立があり，20年以上たった今となっても実現に至っていない。そこで，この代わりとなるものとして，国際商業会議所（ICC）及び国連貿易開発会議（UNCTAD）による**複合運送書類に関する規則**がある。この規則は，運送人と荷主があらかじめこの規則に則ることを合意する必要のある任意規則ではあるが，多くのNVOCCの運送約款は本規則を取り込み，確実に適用されるようにしている。

　ところで，国連国際物品複合運送条約では，複合運送における運送人が，貨物の全運送区間にわたって一定の責任限度を負うという**ユニフォーム・ライアビリティー・システム（Uniform Liability System）**が適用されることになっている。しかし，同条約が発効に至っていない現状下においては，運送人の責任が主として貨物の損害の発生した運送区間ごとに適用される法体系に基づく，いわゆる**ネットワーク・ライアビリティー・システム（Network Liability System）**が採用されている。

②　その他の輸送方法に関わる国際条約

　陸上輸送にかかる国際条約として，道路輸送に関する**国際道路物品運送条約（CMR）**や，鉄道輸送に関する**国際鉄道物品運送条約（COTIF/CIM）**があり，国際貿易の輸送手段として陸上輸送が盛んに行われている欧州諸国等多くの国々が加盟している。我が国は島国であるため，これら陸上輸送にかかる国際条約には加盟していない。これらの場合，運送書類としては，道路輸送では，Road Waybillが，鉄道輸送ではRail Waybillが使われることが多い（6.(4)①参照）。

5. 船積書類

　船積みが完了し，運賃前払条件の場合は運賃を支払うと，船会社は船荷証券（B/L）を発行する。輸出者は船積みが完了すると，船積書類をそろえて，輸出地の銀行で輸出決済手続きに入る。

　船積書類には以下〈図表9-3〉のものがある。

〈図表9-3〉船積書類一覧

(1) 船積書類として通常必要となるもの

名　称	英　文
①船荷証券	Bill of Lading：B/L
②海上保険証券	Marine Insurance Policy
③商業送り状	Commercial Invoice
④包装明細書	Packing List：P/L

(2) 輸入者の求め等場合によって必要となるもの

⑤領事送り状	Consular Invoice
⑥税関送り状	Customs Invoice
⑦容積重量証明（明細）書	Certificate and List of Measurement and/or Weight
⑧検査証明書	Inspection Certificate
⑨衛生証明書	Health Certificate
⑩検疫証明書	Sanitary Certificate
⑪自由販売証明書	Free Sales Certificate
⑫原産地証明書	Certificate of Origin
⑬その他要求される書類	－

6. 船荷証券

(1) 船荷証券の性質

　船荷証券（Bill of Lading：B/L）は，売買契約によって取引される貨物の権利が具現化され，**荷為替手形**の担保となる権利証券であり，貨物の処分権を表象する有価証券である。また，船荷証券は，時間的・空間的障害を克服して，流通機能をもたせるために物権を証券化した**流通証券**でもある。船荷証券の移転は，貨物を支配する権利の移転と同等の効果を生じ，船荷証券の荷受人

（Consignee）欄を**指図人（To Order）**とし，**裏書き（Endorsement）**すること
によって流通性が生まれる。

　船荷証券は証券と貨物を支配する権利が結合しているので，絶対に紛失しな
いよう，管理や注意が必要である。

　万が一紛失してしまった場合は，証券を無効にして，正当な権利を有する者
が証券なしで貨物を引き取れるよう，簡易裁判所にて**除権決定（Decision of
Exclusion）**を行う必要がある（非訟事件手続法第141条〜160条）。除権決定に
は公示その他の準備手続きが必要で，数カ月程度の日数を要する。

(2)　船荷証券の種類

　船荷証券の種類としては次のようなものがある。

　①　**流通可能船荷証券（Negotiable B/L）と流通不可能船荷証券（Non**
　　　Negotiable B/L）

通常の船荷証券は**流通可能船荷証券**だが，これに対し，受取船荷証券に船会
社の責任者の署名がない船荷証券，譲渡の禁止文言のある船荷証券，米国にお
ける記名式船荷証券等は譲渡ができず，これらの船荷証券を**流通不可能船荷証
券**という。

　②　**船積船荷証券（Shipped B/L）と受取船荷証券（Received B/L）**

　コンテナ船への船積みでは，輸出貨物をコンテナ・ヤード（CY）又はコンテ
ナ・フレート・ステーション（CFS）に搬入すると，**受取船荷証券**が発行され
る。信用状取引のほとんどの場合で**船積船荷証券**が要求されるが，この時点で
は貨物がまだ本船に船積みされていないため，銀行はこの受取船荷証券の買取
りには応じない。受取船荷証券が船積船荷証券になるためには，受取船荷証券
に船名の記述及び船積日の記載と責任者の署名が必要となる。この積込み済み
の付記を**船積み証明（On Board Notation）**という。受取船荷証券に，この船
積み証明があれば，船積船荷証券になり，銀行は買取りに応じる。

　在来船の場合は，通常，受取船荷証券は発行されず（要求があれば発行），輸
出貨物の船積後に船積船荷証券が発行される。

　③　**指図式船荷証券（Order B/L）と記名式船荷証券（Straight B/L）**

　指図式船荷証券は，船荷証券の荷受人欄に，"To Order" や "To Order of

Shipper"（指図人あるいは荷送人の指図）のように記入されている船荷証券である。指図式船荷証券は，裏書きにより船荷証券に記載されている貨物を支配する権利が裏書人に移転するので流通性に富んでいる。また，指図式船荷証券は，貨物の担保権を設定することができる。

記名式船荷証券は荷受人の欄に輸入者の名称や銀行名等が記入されている船荷証券である。記名式船荷証券は，船荷証券の荷受人（Consignee）の欄に記入された者に直接（Straight）引き渡すことになるため，流通性に乏しい船荷証券である。通常，記名式船荷証券は，無為替輸出や代金前受輸出，本支店間取引等に使用されている。また国によっては，法令で船荷証券の譲渡が禁じられている場合があるため，この場合には記名式船荷証券の発行を要求してくることがある。

④　**無故障船荷証券（Clean B/L）と故障付船荷証券（Foul B/L）**

通常，本船積込みに際して，貨物の外観上に故障や数量の過不足がなかった場合に発行される船荷証券を**無故障船荷証券**という。しかし，貨物の梱包や数量に異常等が認められた場合には，船会社はその状態を船荷証券の余白に**摘要（Remarks）**又は**付記（Notation）**として記入する。これらの船荷証券を**故障付船荷証券**という。船積時点で貨物の異常に気づかず，輸入地での陸揚時点で貨物の不足や損傷が判明した場合は船会社の責任となる可能性もあるため，Remarksがある場合は自衛上故障付船荷証券を発行することになる。なお，故障付船荷証券は銀行が買取りを拒絶するため（信用状統一規則第27条），この場合輸出者は船会社に，**補償状（Letter of Indemnity：L/I）**を差し入れて，無故障船荷証券を発行するよう依頼する。

⑤　**略式船荷証券（Short Form B/L）とロングフォーム船荷証券（Regular B/L又はLong Form B/L）**

従来からの船荷証券は，裏面に運送約款の全文が記載されているので，この船荷証券を**ロングフォーム船荷証券**と呼ぶ。これに対し，船会社の事務手続き簡素化のため運送約款の一部を省略し，最低必要事項のみを記載した船荷証券が発行されるようになり，これを**略式船荷証券**と呼ぶ。この略式船荷証券は，信用状統一規則第20条a.v.により，受理されることになっている。略式船荷証券を採用すると，ロングフォーム船荷証券の約款を参照できな荷主，特に荷受

人に対して，船会社が約款上の免責や責任制限を主張しても認められない可能性があるとの問題が指摘されるようになり，略式船荷証券は廃止されつつある。

⑥　**複合運送船荷証券**（Multimodal Transport B/L）

国際複合輸送一貫業者等が海・陸・空と異なった複数の運送手段を併用して二国間の貨物運送を行うもので，この場合複合運送船荷証券が発行される（第13章4.参照）。

⑦　**通し船荷証券**（Through B/L）

通し船荷証券は第1運送人NVOCCが各運送区間の運送人と運送契約をしている場合に発行されるB/Lであり，最初の運送人が全運送期間について直接の運送責任をもって発行する船荷証券。単一運送期間ごとに船荷証券が発行され責任の所在を明確していた時代もあったが，コンテナ輸送の発達に伴って，貨物に対するクレームが少なくなり，次第にこの通し船荷証券を使用することが多くなってきている。

⑧　**傭船契約船荷証券**（Charter Party B/L）

運送契約のうち，傭船契約に基づいて発行される船荷証券は傭船契約船荷証券といわれ，一般的にプラント設備類，鉱物資源，穀物，木材，石油等一船に大量に船積みし，仕向港で一括荷卸しする場合にこの船荷証券が用いられる。この船荷証券は，信用状統一規則第22条に受理する運送書類の一つとしてその条件等の記載がある。

(3)　**船荷証券の元地回収**（サレンダードB/L）

通常の船荷証券を使用するが，船舶の輸入地への到着が早く，船荷証券の到着が間に合わない場合等に利用される方法。船積み後，船積地の船会社は輸出者が白地裏書きをしたB/L原本全通を回収する。船会社は，回収した船荷証券の第一原本の表面に "Surrendered"，"Accomplished" または，"Telex Release" とスタンプを押した上で，そのコピーを輸出者に返却する。これを**船荷証券の元地回収**（Surrendered B/L）という。船会社は，船荷証券原本の全通を回収した旨と輸入者へ貨物の引渡しを指示する旨を輸入地の支店又は代理店に連絡する。一方，輸出者は，元地回収済である旨を示す船荷証券のコピーを輸入者にFAXや電子メールに添付のPDFコピー等で送信する。これらの連絡を受け，

輸入者は手元に船荷証券のオリジナルがなくても貨物を引き取ることができる。元地回収できる船荷証券は，通常記名式で作成され，荷為替手形の取組みに使用することはできない。また，この方法はB/Lの名が付いていながら本来のB/Lの機能を失わせるやり方であり，トラブルも散見されている。このためこの方法は，避けるべきといわれている。

⑷ 船荷証券に代わる運送書類

近年，コンテナ船の登場による船舶輸送の高速化，また航空輸送や複合輸送に見られる輸送形態の多様化に伴い，船荷証券に代えてさまざまな運送書類が使われるようになっている。ただし，これらはすべて，運送契約の証拠や貨物受領書としての性格を有するもので，有価証券である船荷証券とは書類の性質が異なる点に注意が必要である。それらを以下に紹介する。

① 貨物運送状（Waybill）

貨物運送状（Waybill）には，**海上運送状（Sea Waybill），国際道路物品運送条約によるRoad Waybill，国際鉄道物品運送条約によるRail Waybill**等がある。これらの貨物運送状はいずれも有価証券ではない。これらは，いずれもNon Negotiable（流通不可能）と明記されている。

貨物運送状は，有価証券である船荷証券と比較して，原本（Original）がなくても貨物の引取りができ，運送途上でWaybill（Sea Waybill）を紛失しても，流通可能船荷証券のようなリスクや除権決定等の手間がない。反面，有価証券ではないので輸出者は債権確保ができない。また，権利証券ではないので与信上のリスクから輸出地の銀行側が買取りを行わず，取立扱いとなることがある。

経済のグローバル化による本支店間取引や長期契約での継続的な輸出入が増えており，これに伴い貨物運送状の使用が近年急増している。2018年5月18日，商法及び国際海上物品運送法の一部を改正する法律案が国会で可決された。これにより海上運送状に関する規定が新設され（商法第770条），2019年中に施行される予定である。

② 航空運送状（Air Waybill：AWB）

航空運送状（AWB）は，航空会社又は混載業者より貨物の受取証として発行される。航空運送状は有価証券ではない。信用状取引で航空運送状を使用す

る場合，通常，貨物の受取人を輸入者の信用状開設銀行宛てにし貨物を担保する。輸入者と関係のない銀行宛ての航空運送状を発行する場合には，事前に取引銀行の同意を必要とする。

輸出手形保険を付保するD/P（支払渡し），D/A（引受渡し）決済の場合は，航空運送状の荷受人欄に銀行名が記入されていること，第一荷受人が銀行であることが絶対条件となっているので，注意する必要がある。

航空貨物運送では，混載業者による輸送が主体となっており，一つの航空混載輸送関連で，2種類の航空運送状が発行される。航空会社が混載業者に対し発行する航空運送状は**Master Air Waybill**，混載業者が荷送人に対し発行する航空運送状は**House Air Waybill**といい，区別されている。Master AWBには航空運送状の番号は一つだが，House AWBには，Master AWB番号とHouse AWB番号の2つの番号が記入されている。また，House AWBの初めの3つの番号はローマ字で始まっていて，混載業者名の登録記号となっている。Master AWBの初めの3つの番号は，航空会社名コードとして登録されている。

航空運送状の書式は世界共通の構成として国際航空運送協会（IATA）の規定がある。

③　フレイトフォワーダー発行の貨物受領書（Forwarder's Cargo Receipt）

フレイトフォワーダーが，顧客との事前の取決めに基づいて，その顧客の指示により，フォワーデイング業務のために，貨物を受け取ったことを証明する貨物の受領書。運送書類でなく，流通性を持たず，貨物の引換証ではないという3つの性格・機能を持つ。

④　クーリエ業者・小包郵便物の受領書（Courier and Parcel Receipt）

クーリエ業者・小包郵便物受領書は有価証券ではないため，これを船荷証券のように貿易取引上の決済に利用する場合には次のようにする。

信用状取引の場合は，信用状の特記欄（Special Instructions）には，"Receipt for air（sea）parcels received consigned to（L/C開設銀行）instead of AWB（B/L）is acceptable"（航空運送状の代わりに信用状開設銀行に託送された「小包航空（船便）郵便物受領書」は受け入れられる）等と記入されている。そして，輸出者は小包の宛て先を信用状開設銀行にし，信用状開設依頼者名及び信用状ナンバー等を記入しておき，クーリエ業者・小包郵便物受領書

を荷為替手形決済に用いる。

　通常，クーリエ業者の国際宅配便や，郵便小包で輸出するのは，貨物の容積や重量が少ない場合，あるいは急を要する場合に利用されている。また，郵便による輸出は，商品の価格が20万円以下は，手続きが簡素化されているので，通関業者に通関を委託する必要がない。価格が20万円を超える場合は，他の輸送モードと同じように税関への輸出申告が必要となる（第17章8.(1),(2)参照）。

　輸出貨物を船積みすると，輸出量が少ないときはミニマムチャージ（Minimum Charge：最低料金）としての運賃及び手数料がかかるため，数量の少ない場合は国際宅配便や郵便小包（Air Parcel or Sea Parcel）を利用したほうが割安となることが多い。

8. その他の船積書類の概要

① 商業送り状（Commercial Invoice）

　通常の貿易取引で使用される送り状。「インボイス」という。輸出者が輸入者に宛てて作成する輸出貨物の明細書であると同時に，請求書，納品書の機能も併せ持つ。商業送り状のうち，取引の前に見積り等で使用される送り状を**仮送り状（Proforma Invoice）**という。送り状は，我が国の関税法では，**仕入書（しいれしょ）**と呼んでいる。

② 包装明細書（Packing List）

　包装明細書は包装ごとの荷印，内容明細，正味重量，総重量，容積等を記載したもの。容積重量証明書（Certificate and List of Measurement and／or Weight）と食い違いが生じた場合，包装明細書は容積重量証明書に統一して作成する。

③ 領事送り状（Consular Invoice）

　国によっては，関税賦課，ダンピング及び脱税の防止，統計資料作成等の徹底かつ適正な遂行のため，船積書類の一つとして領事送り状を要求している。領事送り状は，輸出者が輸出商品の記載事項について真実かつ正確である旨を宣誓し，それを輸出地駐在の輸入国領事が査証するものである。この時発生する領事査証料（Consular fee）は，原則，輸入者が負担するとされている。

④ **税関送り状（Customs Invoice）**

税関送り状も，(3)の領事送り状と同じような目的で使用されるが，領事査証を必要としない点で，領事送り状と異なる。税関送り状は，輸出者が輸入国の所定のフォームで輸入地の税関宛てに宣誓し提出するもので，フォームは国によって異なる。例えばカナダでは，特定の［CANADA CUSTOMS INVOICE］を輸入貨物の通関用書類として制定している。

⑤ **容積重量証明（明細）書（Certificate and List of Measurement and/or Weight）**

貨物の各包装ごとの容積，重量，個数について公式に証明した書類。送り状に記載された全総重量（Total Gross Weight）及び総容積（Total Measurement）を補足記載したもので，海上運賃や船積み費用の計算の基礎となるもの。この証明書は，日本海事検定協会や新日本検定協会等の検査機関によって作成・発行される。

⑥ **検査証明書（Inspection Certificate）**

輸出貨物の船積み時における品質が良好であるか，また輸入国の基準に合致しているか等を証明するために，輸入者の要請に基づき，輸出者が指定検査機関に発行を依頼するもの。

⑦ **衛生証明書（Health Certificate）**

食料品，薬品，化粧品，肉類，動植物等につき，それらが生産，製造，出荷のとき，輸入国の基準に合致していることを証明した書類。

⑧ **検疫証明書（Sanitary Certificate）**

動植物の検疫証明書で，植物については，Phytosanitary Certificate という。多くの国では，保健衛生上，防疫上の立場，また国際協定に則って，動植物の輸入通関の際，自国の検疫検査に加え，輸出国政府機関等が発行した検疫証明書の提出を要求している。

⑨ **自由販売証明書（Free Sales Certificate）**

輸出される商品が，輸出国の市場で既に自由に販売できるということを証明した書類。東南アジアを中心に食品や化粧品等の輸入の際の必要書類として求められることがある。現在我が国では，食品については厚生労働省（各地の地方厚生局）が，化粧品については日本化粧品工業連合会が発給している。それ

以外の品目については，自社証明を行った上で，⑩の商工会議所のサイン証明を受けることで対応するとよい。

⑩ **原産地証明書，サイン証明**

(a) **輸出に関する原産地証明書**

原産地証明書（Certificate of Origin）は，輸出貨物が輸出国で生産されたことを証明した文書である。輸入国によっては，原産地証明書を，輸入国でのダンピング防止や輸入制限等のため，船積書類の一つとして要求する場合がある。

原産地証明書は，1923年11月3日にジュネーブで署名された**税関手続の簡易化に関する国際条約**により，我が国では商工会議所法第9条第6号において，商工会議所が発行することになっている。国によっては領事送り状又は税関送り状に原産地等を記入するようになっていて原産地証明書を兼ねているもの，あるいは特定の原産地証明書のフォームを定めている場合があるが，特定のフォームを指示していない場合は，商工会議所又は類似団体が発行するものを用いる。

(b) **サイン登録とサイン証明**

貿易等国際的な取り決めを行う契約書やインボイス等には，我が国の印鑑を捺印する代わりに署名（サイン）をする。これらのサインについて相手方が公的機関のサイン証明を要求する場合がある。

我が国では商工会議所法第9条第5号により，商工会議所がサインの登録と証明の事務を行っている。サイン登録は2年ごとに登録を更新する必要がある。サイン登録は日本の印鑑登録に該当し，サイン証明書は印鑑証明書と同じく公的な証明機能をもっている。

第10章　貿易に関わる保険

1．貨物海上保険

(1)　貨物海上保険の歴史と保険証券約款の形成

　現在，生命保険，火災保険，地震保険等，さまざまな保険商品があるが，その中で最も歴史が古いのは海上保険である。14世紀にイタリアで初めて海上保険の引受けが行われてから，1666年のロンドン大火を契機として火災保険が英国で誕生するまで約300年もの間，保険（Insurance）と言えば，そのまま海上保険のことを指していた。海上保険が，世の中の「保険」という概念を形作ったということがいえよう。

　貨物海上保険の始まりには諸説があるが，紀元前，フェニキア人やロード人たちが行っていた**冒険貸借（Bottomry）**[1]を起源とする説が有力である。「海上保険」という形ではっきりと記録が残っているものとしては，14世紀のイタリアの商業都市で，デル・ベーネ（Francesco del Bene）やダティーニ（Francesco di Marco Datini）等の商人が保険者となって海上危険を引き受けたのが最初とされる。現存する世界最古の海上保険証券は1379年にピサで契約されたものである。

　これを保険証券約款として明文化し完成させたのは，17世紀頃から海運が隆盛し大貿易国となった英国である。1688年**エドワード・ロイド（Edward Llyod，1648～1713）**が始めたコーヒー店（Lloyd's Coffee House）はテムズ河畔の船着場に近いタワー街にあったため，船主，船長，貿易商，海外保険者等

　1　金銭の消費貸借の一種で融資と危険負担の二つの機能を持つ。借主である船主は，航海が無事に遂行されたときは借金を多額の利子（1航海につき22〜33.33％と高率だったといわれる）とともに返済しなければならないが，船舶が途中，海難，海賊等海上事故に遭って全損となったときは，返済を要しないとするもの（木村栄一1991『海上保険』千倉書房，p.1）。

海事関係者が多く集まり，海上保険の契約や船舶・貨物の売買が盛んに行われた。ロイド自身は最後までコーヒー店の店主であり続けたが，彼の死後もコーヒー店は残り，海上保険の取引が続けられた。ここを本拠地とする**個人保険業者（Underwriter）**は"Underwriters of Lloyd's Coffee House"と呼ばれるようになった。1871年にはロイズ法（Lloyd's Act）が制定され，ロイズ保険組合（Corporation of Lloyd's）という法人格を持つ組織となった。さかのぼること1779年，**ロイズ会員総会**にて採択された**ロイズSG海上保険証券（Lloyd's S.G. Policy）**の様式は，ほぼそのまま1906年英国海上保険法（Marine Insurance Act：MIA）の付則に標準様式として取り入れられ，現在の保険証券の基礎となっている。これを**ロンドン保険業者協会（Institute of London Underwriters）**が修正し**協会貨物約款（Institute Cargo Clauses：ICC）**となり，さらに何回かの改訂を経て，1963年版ICCとなった。

　その後，1979年，国際連合貿易開発会議（UNCTAD）の国際海運立法作業部会で，開発途上諸国より，1963年ICCの証券フォームや約款の構成・文言が複雑・難解であるとして，改定の要請がなされた。この要請を受け，ロンドン海外保険市場は，1982年1月1日，**新協会貨物約款（New Institute Cargo Clauses：新ICC (A), (B), (C) 1982）**及び新フォームを発表し，切替えを行った。しかし我が国ではその後もしばらくの間1963年版の旧ICCが使われ続けた。2009年1月1日，英国保険市場が1982年協会約款を改訂した**2009年協会貨物約款**を導入すると，急速にこれが浸透した。現在我が国の各保険会社は「外航海上貨物保険」と称してこの約款で保険の引受けを行っている。

(2)　貨物海上保険で使われる用語

　保険を理解するためには，以下のような保険用語について理解する必要がある。

①　保険者（Insurer, Assurer）

　保険契約を引き受け，損害のてん補（⑥）を約束する契約当事者。通常，保険会社である。我が国では，保険者は法人に限定されているが，英米では，個人でもなることができる。

② 保険契約者

保険者と保険契約を締結し，保険料を支払う義務がある者。我が国では，保険契約者は，被保険者（③）の代理人と考えられているが，英国法では，保険契約者という概念はない。そこで，保険契約者が被保険者の委任なしに保険契約をした場合，後日被保険者が追認すれば，事前に委任したものとみなされる追認規定がある。

③ 被保険者（Assured）

保険の受益者で，損害のてん補を受けられる者をいう。また，被保険利益（⑤）を有する者。被保険者は貨物等が海上危険により損傷を受け経済的な損失を被ったとき，保険金支払いを請求権（求償権）を持つ。

④ 保険の目的（Subject Matter of Insurance），被保険貨物（Goods Insured）

保険の目的（Subject Matter of Insurance）は，Subject Matter Insuredともいい，保険の対象のこと。貨物のほか，輸入者が，貨物の取得により得られるべき利益も保険の目的となる。被保険貨物（Goods Insured）は，保険の目的となる貨物のこと。

⑤ 被保険利益（Insurable Interest）

被保険者が保険の目的に対して正当にもっている利益のこと。保険契約に基づいててん補を受ける者は，この被保険利益を有する者である必要がある。

⑥ 付保，担保（Cover），てん補

「付保」とは，保険契約者が保険者に対し，一定の条件の保険を掛けること。保険契約者は，保険者に対し条件に応じた保険料を支払う。「担保」とは，保険者が保険を引き受けること，又は危険を負担すること。「てん補」とは，貨物の滅失，損傷が発生した時，保険者が契約に則り保険金を支払うこと。

(3) 海上損害

海上損害とは，海上保険がてん補する損害の種類のことをいう。

〈図表10-1〉の通り，海上損害は，保険の目的である船舶や被保険貨物自体の損害である**物的損害**と，被保険利益の滅失損傷による財産上の不利益や経済上の負担である**費用損害**に大別される。

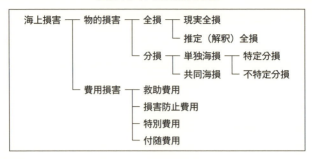

〈図表10-1〉海上損害の種類

① 物的損害

(a) 全損 (Total Loss)

全損とは，保険の目的である被保険貨物や被保険利益の全部の消滅をいう。全損はまた，被保険貨物が現実に全損した場合や，貨物の損傷により本来の用途で使えなくなった状態である**現実全損**（Actual Total Loss）と，被保険貨物の現実全損が確実視されるが証明できないときや，貨物の回収や修理が可能であっても費用がかかり採算に合わない場合の**推定（解釈）全損**（Constructive Total Loss）がある。

推定全損の場合は，**委付**（Abandonment）という手続きにより全損として保険金を請求する。

全損のみを担保する保険条件として，**全損のみ担保**（Total Loss Only：TLO）条件があるが，この条件はごく特殊な場合のみにしか用いられない。

(b) 分損 (Partial Loss)

被保険貨物の一部が滅失又は毀損した場合で，分損には，次の二つがある。

(ア) **単独海損**（Particular Average）

海上輸送に付随して，個々の貨物に発生する単独の損害のことです。この場合，受けた損害は，損害を受けた者が単独で負担する。単独海損は，さらに特定分損と不特定分損に分けることができる。

(イ) **共同海損**（General Average）

本船が暴風雨等により座礁，沈没，大火災等大事故につながる恐れのあるとき，船長の権限で損害を最小限に食い止めるために，一部の貨物を海中に投棄（**投荷：jettison**）することがある。共同海損は，このような措置

で生じる貨物の損害を，全荷主が共同で負担するものである。暴風等を避け避難した場合の，避難港における貨物の一時陸揚げ費用等も共同海損費用となる。

座礁（Stranding），沈没（Sinking），大火災（Burning），この3つを**海難三大事故**という。またこれらに衝突（Collision）を加え，**S.S.B.C.**ということがある。

② **費用損害**

(a) **救助料（Salvage Charge）**

船舶が海難に遭遇した場合の，救助に要する費用及び報酬をいう。契約上の義務による救助費用ではなく，自発的に貨物を救助した者に支払われる費用・報酬をいう（任意救助料）。契約による救助費用は，共同海損費用又は損害防止費用として扱われる。

(b) **損害防止費用（Sue and Labour Charge）**

被保険貨物に損害が発生したとき，又は，損害発生の恐れがあるとき，その損害を軽減したり防止したりするために取る措置にかかる費用。

(c) **特別費用（Particular Charge）**

被保険貨物の安全又は保全のために，被保険者によって又は被保険者のために支出された費用で，共同海損費用及び救助費用以外のものをいう。また，保険事故が発生した場合に，事故の事後処置（損害貨物の避難港での陸揚げ，倉入れ，転送等）として支払われる費用である。

(d) **付随費用（Extra Charge）**

被保険貨物の損害の有無や程度を確かめるための立会い費用，鑑定料，証明料等検査機関や鑑定人（サーベイヤー：Surveyor）等に支払われる調査費用。

(4) **2009年協会貨物約款の保険条件（てん補範囲）**

① **基本条件**

我が国の主要な保険会社を始め現在多くの保険会社では，(1)で述べた2009年協会貨物約款のICC(A)，ICC(B)，ICC(C)の3つの条件を基本とし，それぞれ〈図表10-2〉に掲げる通り，それぞれの海上損害をてん補する。

〈図表10-2〉基本保険条件（てん補範囲）

損害の種類		保険条件		
		ICC(A)	ICC(B)	ICC(C)
火災・爆発		○	○	○
船舶又は艀の沈没・座礁		○	○	○
陸上輸送用具の転覆・脱線		○	○	○
輸送用具の衝突		○	○	○
積込み・荷おろしの際の水没又は落下による梱包1個毎の全損		○	○	×※
海・湖・河川の水の輸送用具・保管場所等への侵入		○	○	×※
地震・噴火・雷		○	○	×※
共同海損，救助料，損害防止費用		○	○	○
投荷		○	○	○
波ざらい		○	○	×※
その他の損害	雨・雪等による濡れ	○	×※	×※
	破損・曲がり・へこみ	○	×※	×※
	擦損，かぎ損	○	×※	×※
	盗難・抜荷・不着	○	×※	×※
	虫食い・ねずみ食い	○	×※	×※
	濡出・不足	○	×※	×※
	汚染・混合	○	×※	×※

※特約を付すことによりてん補の対象とすることができる。
出所：東京海上日動火災保険，三井住友海上，損保ジャパン日本興亜3社のウェブサイトより
筆者作成

② 戦争危険・ストライキ危険

　戦争及びストライキに係る危険は，発生すれば被害が甚大なものになることが多いため①の基本保険条件では免責とし，それぞれ**協会戦争約款**（Institute War Clause）及び**協会ストライキ約款**（Institute Strike Clause）という特約を別途付保することによりてん補する。戦争危険とは，戦争，内乱，革命，謀反，反乱，国内闘争，敵対的行為，これらの危険から生じる捕獲，拿捕，拘束，抑止又は抑留，遺棄された機雷，魚雷，爆弾等によって生じる被保険貨物の滅失又は損傷をいう（2009年協会戦争約款第1条）。ストライキ危険とは，ストライキ参加者，職場閉鎖を受けた労働者，労働争議，騒じょう，暴動の参加者，テ

ロ行為，政治的，思想的，宗教活動者によって生じる被保険貨物の滅失又は損傷をいう（2009年協会ストライキ約款第1条）。

③ **保険の対象とならないもの**

次のような場合は保険の対象とはならず，保険金は支払われない。

(a) 被保険者の故意・違法行為による損害

(b) 自然の消耗，通常の減少，発汗，蒸れ，腐敗，変質，錆等貨物固有の瑕疵又は性質による損害

(c) 荷造り・梱包の不完全，コンテナ内積付け不良による損害

(d) 航海，運送の遅延による損害

(e) 間接費用（慰謝料，違約金，廃棄費用等）

(f) 貨物が陸上にある間の戦争危険による損害

(g) 原子力・放射能汚染による損害

(h) 化学・生物・生物化学・電磁気兵器による損害

(i) 通常の輸送過程にあたらない保管期間中のテロによる損害

(j) 船舶の所有者，管理者，用船者又は運航者の支払い不能又は金銭債務不履行による滅失，損傷又は費用で，被保険者がそのような支払い不能や金銭債務不履行が航海の通常の遂行の妨げになる得ることを知っていたか通常の業務上知るべきであった場合

(5) 保険価額，保険金額，保険料率・保険料

① 保険価額

保険価額（Insured Value） とは，保険事故の発生により予想される損害の額で，被保険利益を金銭に見積もった金額をいう。保険事故の発生によって被保険者が被るかもしれない損害の最高限度額であり，付保することができる保険金額の限度を示すものである。法律によって定められている海上保険の「法定保険価額」は，「保険価額は，保険の目的物の原価に船積みならびに保険に関する費用を加算した額」となっており，実質CIF価格を意味する。

しかし実際には，保険者と被保険者との間で協定される **協定保険価額（Agreed Insured Value）** が用いられ，CIF価格を基準とし，輸入者の期待利益（expected profit）10％を加えた金額とするのが普通である。つまり，②の保険

金額の額と同額になる。保険事故が発生した場合，保険金の計算はこの協定保険価額を基準にして行われる。

② 保険金額

保険金額（Insured Amount）とは，保険会社が1回の事故について支払う保険金の最高限度額をいう。通常，輸入者の期待利益の10%を加えた，CIF価格の110%の金額が保険金額となる。つまり，通常，①の保険価額と同額となる。保険金額は，保険価額と同額かそれ以下でなくてはならない。保険金額と保険価額が同額である場合を**全部保険（Full Insurance）**といい，保険金額が保険価額を下回る場合を**一部保険（Under Insurance）**という。保険金額が保険価額を上回る場合を**超過保険（Over Insurance）**というが，この超過分は無効となる。

〈図表10-3〉 保険価額

```
保険価額＝保険金額………全部保険（Full Insurance）
保険価額＞保険金額………一部保険（Under Insurance）
保険価額＜保険金額………超過保険（Over Insurance）
```

③ 保険料率・保険料

保険料率（Rate of Premium）とは，保険金額に掛け合わせ保険料を算出するための掛け率のことをいい，輸送用具，輸送区間・輸送時期，貨物の種類・性質・状態，荷姿，過去の保険成績，てん補の範囲，保険価額等を総合的に勘案して算出される。自由料率となっており，保険会社によっても異なる。**保険料（Premium）**は，保険契約者が保険者に危険負担に対する報酬として支払う金額をさす。保険金額に保険料率を掛けて算出する。

(6) 保険期間

① 基本条件における保険期間

保険期間（Duration of Risk, Period Insured）とは，保険者の危険負担責任の存続期間のことをいう。かつて，貨物海上保険の保険期間は，「海上運送区間」とされていたが，1963年ICC第1条において，**倉庫間条項（Warehouse to Warehouse Clause）**が規定された。これを2009年協会貨物約款ではより具体

的に規定し，保険期間の始期については「保険契約で指定された地の倉庫又は保管場所において，輸送の開始のために輸送車両又はその他の輸送用具に被保険貨物を直ちに積込む目的で被保険貨物が最初に動かされた時」とした（2009年協会貨物約款第8条）。一方保険期間の終期については以下のうち，いずれか最初に起きた時に終了するとした。

(a) 保険契約で指定された仕向地の最終の倉庫又は保管場所において，輸送車両又はその他の輸送用具からの荷卸しが完了した時

(b) 保険契約で指定された仕向地到着前にあるか仕向地にあるかを問わず，被保険者又はその使用人が，通常の輸送過程以外の保管のため，又は仕分けもしくは分配のためのいずれかに使用することを選ぶその他の倉庫もしくは保管場所において，輸送車両又はその他の輸送用具からの荷卸しが完了した時

(c) 被保険者又はその使用人が，通常の輸送過程以外の保管のため，輸送車両もしくはその他の輸送用具又はコンテナを使用することを選んだ時

(d) 最終荷卸港における被保険貨物の航洋船舶からの荷卸完了後60日を経過した時（ただし，航空貨物の場合は航空機から荷卸し後30日）

② 戦争危険・ストライキ危険における保険期間

戦争危険における保険期間は，被保険貨物が船舶に積込まれた時にのみ開始し，最終荷卸し港又は荷卸し地において航洋船舶から荷卸しされる時，又は最終荷卸し港又は荷卸し地に船舶が到着した日の午後12時から起算して15日を経過する時のうちいずれか先に生じた時に終了する（2009年協会戦争約款第5条）。ストライキ危険については，①の基本条件における保険期間と同じである。

(7) 保険の申込み

① 保険の申込み

保険契約者（輸出者又は輸入者）は，保険申込書（Insurance Application）に必要事項を記入し，保険者に提出する。申込みは口頭でも行うことができるが，起こり得る紛争に備え，文書で申込みの証拠を残しておくことが大切である。海上保険は，契約締結地主義となっており，保険契約が東京でなされれば

我が国の，ニューヨークでなされれば米国の法律及び慣習に従って，保険の申込みや保険料の支払い等が行われる。ただしクレームについては，日本，米国をはじめ多くの国では，歴史的に法律慣習の確立している英国の海上保険法及び判例に準拠する旨保険証券の本文約款で規定している。

② 予定保険と確定保険

保険を契約する段階になっても，貨物の数量，保険金額，積載船名等が不明である場合がある。例えば，インコタームズでFOBやCFR条件の場合，保険を付保する輸入者は，船積みがなされた後も**船積み通知（Shipping Advice）**が到着するまで，船積みの詳細を知ることができない。この間の無保険状態を避けるため，数量，金額については概算，船名も未詳のまま保険を契約することができる。これを**予定保険（Provisional Insurance）**という。

保険契約者は，予定保険契約を行った後，貨物や積載船舶の内容が確定したら，貨物保険申込書により保険会社に確定通知をし，確定保険に切り替える。保険会社は，確定通知に対し，**（確定）保険証券（Insurance Policy）**又は**保険証明書（Certificate of Insurance）**を発行する。

③ 個別予定保険と包括予定保険

個別予定保険（Provisional Policy）は，個々の船積み又は個々の輸送の都度予定保険を契約する方式である。これに対し，**包括予定保険（Open Policy）**は，長期に渡って継続的に船積みが行われる場合，その都度予定保険を契約する手間を省くため，まとめて予定保険を契約する方式である。

⑻ 保険金の請求（求償）と保険金の支払い

① 事故発生時

貨物の損傷等の事故が発生したら，被保険者は，保険会社や運送人に報告・通知するため，被害を被った貨物や貨物を輸送したコンテナの写真を撮影する。貨物や梱包はできる限りそのままの状態で保管する。

② 船会社及び運送人への報告・通知

次に各保険会社の様式の「事故報告書」等により保険を付保した保険会社に連絡を行う。これと同時に，倉庫業者やフォワーダー等を通じ，船会社等の運送人に対しても事故通知を行う。当該損傷等が運送人の責任である可能性もあ

り，事故があった直後ではそれが保険で担保できるものか運送人に対して賠償
を請求するものなのかがわからないため，これらの連絡や通知を同時に行って
おく。ただし運送人はほとんどの場合，不可抗力だとして免責を主張するか賠
償金が支払われたとしても運送関連条約に基づいたごく少額の賠償額となるこ
とが多い。そこで，この運送人の事故通知の写しを保険会社にも送る。

③ 第三者検査機関による検査

事故の報告を受けた保険会社は，損害の状況によって，第三者の検査機関や
鑑定人（サーベイヤー：Surveyor）による損害貨物の検査（サーベイ：
Survey）を実施する。これは損害貨物が保険金支払いの対象となるかを公正な
立場で検討するためである。

④ 保険金の支払いと保険会社の運送人等への代位請求

その後被保険者，保険会社，第三者検査機関との間で保険金額について打ち
合わせを行い，保険金の支払いが決まると被保険者は，保険金受領のための必
要書類を一式保険会社に提出する。保険会社は必要書類をすべて受領後，被保
険者の指定口座に保険金の支払いを行い，との通知を被保険者に対し行う。こ
のとき保険会社は，被保険者に権利移転証（Subrogation Receipt）への署名を
求め，被保険者への支払い後，被保険者に代わって運送人等に対し損害賠償請
求（代位請求）を行うことがある。この代位請求は，運送人等に過失があった
場合には，その注意喚起や今後の貨物の取扱いの改善に貢献し，損害賠償請求
金を回収できた場合には，その回収分につき被保険者の保険成績の向上につな
がる。

(9) 船会社の経営破たんによる保険の適用

2016年8月31日，韓国・ソウルを本拠とする世界有数の船会社，韓進海運が
法定管理（我が国の会社更生法に相当）を裁判所に申請して破綻した。そのと
き世界各地を運航していた複数の韓進海運船舶が債権者による差し押さえ，港
へたの入港拒否，荷役作業の拒否等により，洋上で立往生した。こうしたケー
スでの貨物海上保険の適用ついて考える。

このケースの場合，外航貨物海上保険において現在主流となっている2009年
改定協会約款のICC(A)を付保していた場合には，船会社の倒産により保険証券

記載の仕向地以外の場所で運送契約が打ち切られ，その結果として本来の仕向地までの継続費用が発生した場合には保険金の支払いの対象となる（ICC(A)第12条）。ただし，当該倒産情報を被保険者が知っていたか，又は通常業務において知っているべきであった場合は対象外となる（同第4条第6項）。輸送の遅延については保険の免責事項となっているため，船会社の倒産で輸送の遅延が生じ，当該遅延によって貨物に損害があったとしても保険金の対象とはならない（同第4条第5項）。実際に保険金が支払われるかどうかは保険契約の内容や状況に応じ個別の対応となるため，貨物海上保険を契約している保険会社に問い合わせる必要がある。

2. その他の貨物保険

(1) 航空貨物保険

　航空貨物の法的根拠は「1929年国際航空運送条約」（ワルソー条約），「1955年ヘーグ議定書」にあり，国際航空運送協会（IATA）統一約款の裏面約款の第2条にはワルソー条約において確立された責任法則に従うことが明記されている。1945年，世界の航空会社のうち57社が参加してIATA統一約款はIATAメンバーのAir Waybill（AWB）の裏面約款となっている。

　航空貨物保険は，英文貨物海上保険証券を準用している。また，適用約款としては，通常ICC（A）条件の協会約款を適用している（特にFPA，WAとして引き受ける場合は，便宜上，船舶の沈没，座礁を航空機の墜落，不時着を読み替えて引き受ける）。

　担保期間は，航空機から荷卸後30日が限度となっている。戦争危険については，航空貨物専用の協会約款により，**飛行中のみ（Airborne only）**の担保を原則とし，保険者の責任は，貨物が運送開始のため航空機に積み込まれたときから始まり，最終荷卸地で航空機から荷卸しされたとき，又は同地に航空機が到着してから15日経過したときのいずれか早いときに終了することになっている。

(2) 複合運送の場合の保険

　国連貿易開発会議（UNCTAD）と国際商業会議所（ICC）は，1991年6月

「UNCTAD/ICC 複合運送書類に関する規則」（UNCTAD/ICC Rules for Multimodal Transport Documents）を採択し，国際複合運送のルールを取り決めた。

複合運送証券（Combined Transport Documents）を発行する運送業者は，運送を正しく履行する義務と，全運送中のいかなるところで生じた滅失又は損傷に対しても責任を負うことになっている。

複合運送は2つ以上の運送手段を用いるが，貨物海上保険は，貨物が船舶に積み込まれたときから始まり，最終荷卸地で船舶から荷卸しされたときまでを原則としている。例えば，工場から倉庫まで，倉庫から船積みまで，及び最終港で荷卸後から倉庫まで，倉庫から輸入業者の指定地点までは海上輸送とは異なる運送手段であるので，海上保険証券に特別約款である倉庫間担保約款及び運送約款を追加担保して複合運送保険を完成させる。この場合の陸上部分の貨物保険は，貨物海上保険の三大事故（沈没，座礁，大火災）の船舶を陸上輸送用具の転覆，脱線，火災等に読みかえて準用している。

また，航空部分の貨物についても貨物海上保険証券を準用している。

3. 貿易保険

(1) 貿易保険の意義

貿易保険は，輸出入，海外投資その他の対外取引において，〈図表10-4〉の通り，①輸出者や輸入者等当事者の責めに帰しえない不可抗力的な事由（**非常危険，Political Risk又はCountry Risk**）と，②外国貿易その他対外取引の契約

〈図表10-4〉非常保険と信用保険の貿易保険によるてん補範囲

①非常危険	非常危険とは，為替取引の制限や禁止，輸入制限や禁止，戦争・革命等の危険を指す。貿易保険は，これらの事由が起こり，船積不能や貨物代金・貸付金の回収・償還不能に陥ったこと，又は海外投資の場合に，投資先国政府の権利侵害や戦争，自然災害等不可抗力的な事由から受けた損害等により，事業の3カ月以上の停止や事業継続不能に陥ったことによる損失をてん補する。
②信用危険	信用危険とは，契約の相手方の破産手続開始の決定や資金繰り悪化による債務履行遅滞等の危険を指す。貿易保険は，これら事由により船積不能に陥ったこと（破産手続き開始の決定等），又は貨物代金や貸付金が回収・償還不能に陥ったことにより受ける損失をてん補する。

の相手方の責任により発生する事由（**信用危険，Commercial Risk 又はCredit Risk**）によって生じた損失をてん補する。

貿易保険での保険事故は，戦争や**パリクラブ**によるリスケジュール（債務の繰延べ・債務削減）等，同時発生的であり，巨額の保険金支払を要するため，保険者は無限の担保力を必要とする。また貿易保険は貨物海上保険と異なり，事故発生の確率算定が困難であり，商業ベースに乗りにくい。このため，貿易保険は各国とも政府や政府機関により運営したり，政府の支援や関与の下に民間会社が保険者となって運営している。

我が国における貿易保険業務は，**貿易保険法**のもと，以前は政府（経済産業省）が行っていたが，2001年4月より独立行政法人日本貿易保険（NEXI）が運営することとなった。NEXIは，その後2017年4月に民営化し，**株式会社日本貿易保険**となった。しかし，同社は政府の全額出資となっており，政策手段としての目的を果たすため，また戦争やパリクラブ・リスケジュール等による大型保険事故に備え，保険者の担保力を補完するため，政府が再保険の引受けを行っている。なお，2005年4月からは，民間損害保険会社も一部の貿易保険分野に参入している。

(2) 貿易保険の種類

貿易保険には，次のような種類がある。

① 貿易一般保険（個別）

本保険は輸出契約，仲介貿易契約，役務（技術提供）契約のいずれも対象とし，非常危険又は信用危険の発生により，貨物が船積みできない船積み前のリスク又は船積み後の貨物代金，役務の対価が回収てきないことによる損失をカバーする。個々の案件単位で利用の選択ができるメリットがある。

② 企業総合保険

本保険は，海外の複数取引先（バイヤー）と反復・継続的な取引を行っている企業が非常危険又は信用危険の発生により，貨物が船積みできない船積み前のリスク又は船積み後の貨物代金，役務の対価が回収できないことによる損失をカバーする。①の貿易一般保険同様輸出契約及び仲介貿易契約が対象となる。原則として企業単位での契約が必要になるが，1件あたりの保険料が個別

保険と比べて安くなる。

③ 貿易一般保険（技術提供契約等）

外国法人等に対して行う技術や労務の提供やこれに貨物の売買を含む技術提供契約において提供する技術や労務の対価又は貨物の生産（集荷），船積み，対価の決済に至る一連のプロセスの中で発生する損失をてん補する。ここでいうリスクとは，対価の回収不能や貨物の船積み不能をいい，海上保険でてん補の対象となる物損については対象外である。個別の契約ごとに申し込む個別保険と1年等の一定期間について付保する包括保険がある。

④ 知的財産権等ライセンス保険

本保険は，非常危険や信用危険による知的財産権のライセンス契約に係るロイヤリティー等の損失をてん補する。ここでいう損失とは，例えば，相手国政府の為替制限により我が国へのロイヤリティー送金が停止，特許・ノウハウの提供先企業等の破産でロイヤリティーの支払いが停止，相手方企業のロイヤリティーの支払い遅延等をいう。

⑤ 限度額設定型貿易保険

本保険は，非常危険又は信用危険の発生により，貨物が船積みできない船積み前のリスク又は船積み後の貨物代金が回収できないことによる損失をカバーする。本保険は，バイヤーを自由に選択でき，バイヤー毎に一年間有効な保険金支払限度額を設定することができる。輸出契約ごとの申込みが不要で，特定のバイヤーと定期的かつ継続的な取引に適している。輸出契約及び仲介貿易契約を対象とするが，輸出契約等の締結から決済までの期間が1年以内で，かつ，船積み日から決済日までの期間が6カ月以内の契約に限る。

⑥ 簡易通知型包括保険

本保険は，輸出契約や仲介貿易契約等に係る貨物の生産（集荷），船積み，代金の決済に至るプロセスの中で発生する損失をてん補する包括保険である。輸出契約等1件ごとに保険申込手続きを行う必要はなく，毎月の船積み実績をまとめて通知することにより保険関係が成立する。ただし，バイヤー・仕向国・決済期限等一定の区分に分けて通知する必要がある。1年ごとに条件の見直しや解約をすることができる。

⑦　中小企業・農林水産業輸出代金保険

　本保険は，資本金10億円未満の中堅・中小企業及び農林水産業従事者等を対象とした保険で，非常危険や信用危険の発生により，貨物代金が回収できないことにより被る損失をカバーする。船積み後の代金回収不能リスクのみをカバーする保険で船積み前のリスクはカバーされない。本邦からの輸出貨物で決済ユーザンスが180日以内の輸出契約が対象で，契約金額5千万円以下かつバイヤーの与信枠内であることが必要である。保険金の支払いが迅速で，原則として保険金請求後1カ月以内に支払われる。

⑧　輸出手形保険

　本保険は，荷為替手形の決済に伴う手形買取り後のリスクに対応したものである。銀行が買い取った荷為替手形が，非常危険や信用危険の発生により満期に決済されないことにより銀行が被る損失をカバーする。本邦からの輸出取引で輸出貨物の決済条件がD/P・D/A手形及びL/C付荷為替手形によるものを対象とする。被保険者は手形の買取銀行となる。

⑨　前払輸入保険

　本保険は，貨物代金の一部又は全部を前払いにより支払う輸入契約において，その損失をカバーする。具体的には，前払い金の送金後，何らかの事情で貨物を輸入することができなくなったとき，輸入契約の返還条件に基づいて相手方に前払い金の返還を請求するもその返還を受けられなかった場合にその損失をカバーする。貨物を外国から本邦に輸入する契約で前払い金の額が100万円以上の取引が対象となる。

⑩　貿易代金貸付保険

　本保険は，本邦に所在する銀行等が外国の企業等に輸出貨物の代金等の支払いに充てる資金を貸し付ける貿易代金貸付契約に基づいて資金を貸し付けた場合において，貸付金の回収不能により受ける損失をてん補する。貿易代金貸付契約は，輸出契約，仲介貿易契約，技術提供契約の償還に充てられるものに限られ，償還期間が2年未満の貸付契約と2年以上の貸付契約とでは保険上の扱いが異なる。

⑪　海外投資保険

　本保険は，海外で行った投資について非常危険による損失をカバーする。海

外で行う出資，株式等の購入，不動産等の購入等の投資を対象とし，戦争・テロ・天災等の不可抗力による損失や，外国政府による収用，権利等侵害，外貨送金規制による配当金の送金不能等による損失をてん補する。既に出資，取得している資産についても，この保険を申し込むことができる。

⑫　海外事業資金貸付保険

本保険は，非常危険や信用危険の発生により海外への貸付金等を回収できないことにより被る損失をカバーする。本保険は，融資先国等の引受基準以外に，我が国への裨益が認められる案件が対象となる。例として，鉱物・エネルギー資源の維持・拡大又は供給源多角化に資する案件，電力，道路，上下水道等の一般社会インフラ整備に資する案件，本邦企業の海外事業展開に資する案件等が挙げられる。

(3)　貿易保険の手続き

①　保険申込み前の準備段階

最初に，株式会社日本貿易保険又は同社と提携する損害保険会社や銀行等の窓口で利用の相談を行う。保険利用にあたっては，初回時には保険利用者のユーザー登録をウェブで行う。次に海外の取引先（バイヤー）が未登録の場合は海外商社登録申請を行い（ウェブでの申請可），バイヤーの与信審査を受ける。審査結果によっては保険の引受けができないことがある。

②　保険申込みの段階

保険商品により申込みの手続き期間が異なる。また，中小企業・農林水産業輸出代金保険，貿易一般保険（個別），貿易一般保険（企業総合），簡易通知型包括保険はウェブで手続きを行うことができる（ただし取引の内容によっては，書面での手続きとなることがある）。

(4)　保険金の請求（求償）と保険金の支払い

①　事故発生時

保険事故が発生した場合は，日本貿易保険に対し，所定の期間内に損失等発生通知の手続きを行う。通知手続きを行わないと，保険金を請求することができない。中小企業・農林水産業輸出代金保険，貿易一般保険（個別），貿易一般

保険（企業総合）の船積み後事故（代金回収不能事故）に対する損失等発生通知はウェブで手続きを行うことができる。

② 保険金の請求と権利行使等の委任

保険金の請求は，定められた請求期間内に行うか請求期間の猶予期間設定を行う。これらのいずれもなされない場合は保険金請求権が失効となる。保険金請求時に輸出契約等に基づく権利一切の行使を日本貿易保険に委任し，その後は原則としてサービサーにより債務者からの回収が試みられる。このため当該権利の委任にあたっては被保険者と日本貿易保険との間で債権の状況と回収に対する意向・意見について打ち合わせる。

③ 保険金の支払いと回収金の納付

保険金請求以降に回収がなされた場合には，1カ月以内に回収金通知書により報告の上，回収金を納付する。このとき通知及び納付が遅れると，違約金が発生する場合がある。

4. 製造物賠償責任保険（PL保険）

(1) 製造物責任とは

製造物責任（Products Liability：PL）とは，一般に製品の欠陥が原因で製造業者，輸入者又は販売業者がその製品の使用や消費によって生ずる生命，身体の被害あるいは財産上の損害について負担する賠償責任のことである。この製造物責任の対象となる生産物は，一般に自動車等の工業製品だけでなく，医薬品等の化学品や加工食品等も含まれるが，国によって農産物，水産物の自然産物等も含まれる。

(2) 我が国の製造物責任法

欧米では既にあった**製造物責任法**が，1995年7月，我が国でも施行された。

輸入品は我が国のPL法が適用されるため，輸入関係企業に対しても「製造物の欠陥により，他人の生命，身体又は財産を侵害したときは，これによって生じた損害を賠償する責任を負う」（3条）と**無過失責任**を定めている。しかし，米国のような懲罰的損害賠償請求権は認めていないと解釈されている。ま

た，米国の事実推定則については我が国のPL法には規定がなく，さらに過失責任主義の法的解釈は原告側に証明責任が課されていると判断される。

製造業者は，「製造物引渡し時における科学又は技術に関する知見によって，欠陥があることを認識することができなかったこと，また，部品又は原材料の使用が設計に関する指示に従ったことにより生じ，かつ，その欠陥が生じたことにつき過失がないこと」を証明した場合は賠償責任がないと開発抗弁の免責等を定めている（4条）。損害賠償請求の時効は3年，製造物責任の時効は引渡し後10年と定めている。

これからの輸入品については，このPL法の適用ができるように輸入取引契約書の取引条件にPL条項を加えておく必要がある。

また，我が国のPL法対策として，PL保険をはじめ，被害者の相談や調整にあたる行政上あるいは業種別の紛争処理機関が設立され，問題点を補う対策が講じられている。

我が国のPL法は，全6条の大変短い法律で，1995年施行以来ほとんど改正もされていない。

(3) 輸出製品に対する製造物賠償責任保険

輸出品は輸出先の国のPL法の適用を受けるため，それに対応するために，必要に応じて輸入国のPL法に準拠して**製造物賠償責任保険（PL保険）**を掛けて輸出する。

輸出製品に対する製造物賠償責任保険は米国の保険会社が一般的に採用し，世界各国に通用している英文賠償保険約款を我が国の各保険会社も採用している。

① 担保内容
(a) 被保険者の負担する損害賠償金を保険者が負担。

(b) 本保険の対象となる損害を根拠に，損害賠償金を目的として提訴された被保険者を防御する。ただし保険金額の範囲内での防御。

② 保険対象費用
(a) 損害賠償金

(b) クレーム費用，訴訟費用，弁護士報酬費用等

(c) 上訴ボンド，差し押さえボンド（ボンドとは担保金，保証金）

(d) 事故による応急手当費用

(e) クレーム訴訟の調査等の費用

③ **被保険者の範囲**

(a) 保険証券に記名された被保険者

(b) 追加被保険者として現地法人，輸出業者，部品及び原材料メーカー

(c) 追加被保険者の追加特約条項で，現地のディーラー，ディストリビューター，小売店等を追加できる。

④ **保険金額**

身体障害，物的損害事故，各々について「1事故当たり」及び「保険期間中の限度」を設定する方法と，身体障害，物的損害事故について「共通限度額」を設定する方法がある。

⑤ **免責金額**

保険金額の設定方法に合わせて，各々1事故について自己負担額を設定し，それを超えた金額を付保することができる。

⑥ **保険期間**

保険期間は1年単位で，その期間中に損害賠償請求を受けたものを対象として引き受けられている。

(4) 国内PL保険

製造物責任（PL）に対する保険は，我が国では1950年代に「一般賠償責任保険」の一種として，従来からあった「賠償責任保険普通保険約款」に「生産物特別約款」と「生産物特別約款追加特約条項」とが特約として付加され，**生産物賠償責任保険**として付保可能となった。この生産物賠償責任保険，通称**国内PL保険**は，輸入品にも国内品にも適用することができる。この国内PL保険は，保険者のてん補責任が**事故発生ベース**である。

当該保険が，(1)のPL法の1995年施行のかなり前から存在していたのは，それまでは民法第709条（不法行為による損害賠償）の考え方で解釈してきたからである。

従って，当然新しくできたPL法とこの国内PL保険とでは適用範囲が異なる

部分がある。

　例えば，我が国のPL法が対象とする製造物の範囲は，製造・加工された動産に限定される（第2条）が，国内PL保険は，民法上の有体物である工業製品，農産物等のすべてが対象となる。また国内PL保険では，訴訟費用についても，保険会社の同意を得た訴訟費用及び弁護士費用であれば，勝訴，敗訴に関わらず保険の対象とする。

第11章 貿易管理制度

1. 貿易管理制度の意義

　貿易はいつでも自由に行うことができるというのが理想的であるが，国際社会の安全や秩序の維持，適正な対外取引，健全な経済発展のために，必要最小限の規制が必要となる。この輸出入取引を規制する**貿易管理制度**をみる。輸出の場合を輸出貿易管理制度，輸入の場合を輸入貿易管理制度という。

2. 輸出貿易管理制度

(1) 我が国の輸出貿易管理制度の体系

　我が国の輸出貿易管理制度体系は〈図表11-1〉の通りである。
　ここでいう「**許可**」は，本来禁止であるものを特別の条件下において当該禁止を解除するという法的意味があり，「**承認**」は，管理当局の同意を得るとい

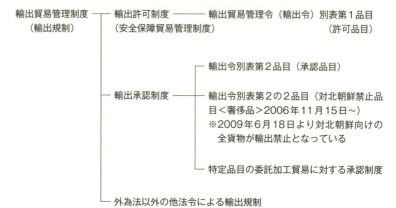

〈図表11-1〉我が国の輸出貿易管理制度の体系

う法的な意味がある。しかしどちらも申請者からの申請に対し管轄当局が許認可を出すという手順に変わりはない。

(2) 輸出許可（安全保障貿易管理）制度

① 安全保障貿易管理とは

(1)の輸出貿易管理制度のうち，輸出の許可に関わるもの，法令では**輸出貿易管理令（輸出令）別表第1対象品目**を，**輸出許可制度**又は**安全保障貿易管理制度**という。

安全保障貿易管理とは，国際条約や国際的な合意に基づき，国際的な平和及び安全の維持を妨げる恐れのある輸出貨物に対し，輸出管理当局が**許可**（Export License）を要求することをいう。我が国では，外国為替及び外国貿易法（外為法）第48条第1項（技術取引，仲介貿易の場合は第25条）を根拠法とし，対象となる輸出貨物や役務・技術取引は経済産業大臣の許可を要する。

戦後長らく我が国を含む西側諸国の脅威は東側の共産圏国家であったため，当時の西側諸国の安全保障貿易管理は，対共産圏を規制対象とした**ココム規制（対共産圏輸出統制委員会，Coordinating Committee for Export Control：COCOM）**であった。しかし1991年のソ連の崩壊により冷戦は終結し，ココム規制も必要がなくなった。一方でこの頃，地球上のさまざまな地域において民族間の紛争やテロ行為といった新たな懸念が発生した。これらを防止するためには，大量破壊兵器のみならず，通常兵器及び関連汎用品をも含む新たな輸出管理体制の整備が課題となった。こうしてココムの1994年3月の廃止に伴い，これに続く新たな国際輸出管理体制として，**ワッセナーアレンジメント（Wassenaar Arrangement：WA）**が1996年7月誕生した。我が国では1996年9月より，通常兵器についてWAに基づく輸出規制を開始し，輸出令別表第1の5〜15項及び外国為替令別表の5〜15項にその規制品目を掲載している。

② 輸出許可（安全保障貿易管理）制度の体系

安全保障貿易管理は，〈図表11-2〉の通り，輸出令別表第1にその体系をみることができる。1の項〜15の項までいずれも対象地域は全地域である。

〈図表11-2〉輸出令別表第1の概要

	項番	大品目	小品目	貨物	根拠となる条約，国際レジーム等
リスト規制品目	1	武器	通常兵器大量破壊兵器	銃砲，銃砲弾，爆発物，火薬類，軍用車両，軍用船舶，軍用航空機等や軍用の細菌製剤，化学製剤，放射性製剤等	武器輸出三原則等
	2	大量破壊兵器関連品目	核兵器	核原料物質（ウラン，トリウム等），原子炉，重水素，再処理プラント，重水生産プラント，関連機材（工作機械）等	原子力供給グループ（NSG）
	3		化学兵器	原料物質（亜燐酸ジエチル，シアン化ナトリウム等），製造設備（反応器，貯蔵容器，熱交換器等），毒ガス検知装置等	オーストラリアグループ（AG），化学兵器禁止条約（CWC）
	3の2		生物兵器	生物剤（日本脳炎ウィルス，チフス菌，コレラ菌，赤痢菌等），製造設備（物理的封込用装置，連続式遠心分離器等）等	オーストラリアグループ（AG），生物兵器禁止条約（BWC）
	4		ミサイル	ロケット，無人航空機，関連機材（航法装置，推進装置，試験装置）等	ミサイル関連資材・技術輸出規制（MTCR）
	5	通常兵器関連品目	先端材料	ニッケル合金，チタン合金，金属性磁性材料，超電導材料，セラミック複合材料，炭素繊維等	ワッセナーアレンジメント（WA）
	6		工作機械	軸受，数値制御工作機械，防爆構造等を有するロボット，歯車製造用工作機械等	
	7		エレクトロニクス	集積回路，半導体素子，半導体基盤，レジスト，超電導電磁石，周波数分析器等	
	8		コンピューター	電子計算機（高温，低音で使用できるもの，放射線防止機能を有するもの，デジタル電算機で加重最高性能が0.75実効テ演算超のもの等）	
	9		通信機器	伝送通信装置，電子式交換装置，光ファイバー通信ケーブル，暗号装置等	
	10		センサー	音波水中探知装置，光検出器，高速度カメラ，反射鏡，レーダー等	
	11		航法装置	加速度計，ジャイロスコープ，慣性航法装置等	
	12		海洋関連機器	潜水艇，水中翼船，水中用ロボット，水中ロボット，水中用カメラ，浮力用等	
	13		推進装置	人工衛星，ガスタービンエンジン，ロケット推進装置等	
	14		その他の汎用品	火薬，爆薬の主成分，ロボット，電気制動シャッター，爆発物の自動探知装置等	
	15		特に機微な品目	音波水中探知装置，電波吸収材，宇宙用光検出器，単独で航行できる潜水艇，ラムジェットエンジン等	
キャッチオール規制品目	16	補完的な輸出規制品目		関税定率法別表第25類〜40類，第54類〜59類，第63類，第68類〜93類又は第95類に該当する貨物（1〜15の項に掲げるものを除く。）（食料品，木材等を除く全ての貨物）	

出所：『通関士試験の指針平成30年度版』日本関税協会，p.604，『実践貿易実務第12版』ジェトロ，p.324などから筆者作成

③ リスト規制とキャッチオール規制（別表第1品目，輸出許可品目）

安全保障貿易管理の輸出許可制度は，**リスト規制**と，**キャッチオール規制**の二つに大別することができる。2008年11月からは新たなキャッチオール制度として，通常兵器に対する補完的輸出規制が導入された。

(a) リスト規制

リスト規制は，国際輸出管理体制で各国が合意した品目リストに従って，大量破壊兵器の拡散防止や通常兵器の過度な蓄積等を防止する観点から，国際的に協調して行われるものである。我が国では，輸出令別表第1に掲げる15項番の貨物の輸出について，経済産業大臣の許可が必要である。

別表第1の1の項では，**武器輸出三原則**[1]等に基づく武器の規制品目が掲げられている。2の項では，大量破壊兵器関連について，**原子力供給国グループ**（Nuclear Suppliers Group：NSG）に基づく核兵器関連品目，3の項では**オーストラリアグループ**（Australia Group：AG）**及び化学兵器禁止条約**（Chemical Weapons Convention：CWC）に基づく化学兵器関連品目，3の2の項ではオーストラリアグループ及び**生物兵器禁止条約**（Biological Weapons Convention：BWC）に基づく生物兵器関連品目，4の項では**ミサイル関連資機材・技術輸出規制**（Missile Technology Control Regime：MTCR）に基づくミサイル関連品目，をそれぞれリスト規制品目として掲げている。

リスト規制では，品目や仕様（スペック）を「輸出令別表第1及び外国為替令別表に基づき貨物又は技術を定める省令」（**貨物等省令**）にリスト化し，その仕様に該当するものは，必ず輸出等の許可が必要となる。また用途や需要者（ユーザー）にかかわらず，たとえ海外の自社工場や日系企業への輸出であっても許可が必要となる。対象地域は，全地域である。

(b) キャッチオール規制（大量破壊兵器等に係る補完的輸出規制）

2001年9月11日の米国同時多発テロを踏まえ，既に欧米では施行されてい

---

1 1967年4月21日当時の佐藤内閣総理大臣が衆議院決算委員会で，「1. 共産圏諸国，2. 国連決議により武器輸出が禁止されている国，3. 国際紛争当事国又はそのおそれのある国に向けた武器輸出を認めない方針」と表明したもの。

たキャッチオール規制が，2002年4月より我が国でも導入された（輸出令別表第1の16の項）。

キャッチオール規制とは，(a)のリスト規制品目以外の汎用品目で，大量破壊兵器等に使用されるおそれのある食糧・木材等を除くほぼ全品目について，以下の2つの要件のいずれかに該当する場合は，経済産業大臣の輸出許可を必要とするものである。対象地域は，輸出令別表第3に掲げる**輸出管理徹底国（ホワイト国）**向け以外の国，地域である。ホワイト国とは，ワッセナーアレンジメント等の輸出管理体制参加国のうち，日本同様の輸出管理が厳格に実施されているとして定められた国で，2018年8月現在，アルゼンチン，オーストラリア，オーストリア，ベルギー，ブルガリア，カナダ，チェコ，デンマーク，フィンランド，フランス，ドイツ，ギリシャ，ハンガリー，アイルランド，イタリア，大韓民国，ルクセンブルク，オランダ，ニュージーランド，ノルウェー，ポーランド，ポルトガル，スペイン，スウェーデン，スイス，英国，米国の27カ国である。

㋐ **客観要件**

客観要件は，さらに以下の二つから構成される。

(i) **用途要件**　輸出者が，輸出契約書，入手した文書，図画等から輸出貨物が核兵器，軍用の化学製剤，細菌製剤等の開発，製造，使用等に用いることを知ったとき，またその旨輸入者等から連絡を受けたとき。

(ii) **需要者要件**　輸出貨物の需要者が，輸出者が入手したパンフレット，カタログ等の文書から，輸出貨物が核兵器等の開発等のために用いられるおそれがあると知ったとき，また，核兵器等の開発等を行う懸念がある需要者又は技術の利用者として，経済産業省が作成した**「外国ユーザーリスト」**に掲載のある需要者等向けのものであるとき。

㋑ **インフォーム要件**

輸出貨物が，核兵器等の開発等のために用いられるおそれがあるものとして経済産業大臣から許可の申請をすべき旨の通知を受けたとき。

(c) **通常兵器のキャッチオール規制（通常兵器に係る補完的輸出規制）**

2008年11月1日より，通常兵器についても補完的輸出規制が導入された。当該規制導入にあたって，輸出令別表第1の16の項に関税定率法別表第25類

～40類，第54類～59類，第63類，第68類～93類及び第95類に該当する品目を規定した。仕向地が**国連武器禁輸国・地域**かその他のホワイト国でない国・地域かによって，経済産業大臣の輸出許可が必要となる場合が異なる。国連武器禁輸国・地域は，2018年8月現在，アフガニスタン，中央アフリカ，コンゴ民主共和国，エリトリア，イラク，レバノン，リビア，北朝鮮，ソマリア，スーダンの10カ国である（輸出令別表第3の2）。

④ **輸出許可（安全保障貿易管理）制度における輸出手続き**

輸出許可品目に該当する恐れのあるもの，又は該当しないことを証明するために所定の**パラメータシート**によって，その**該非判定**を行う。その結果，輸出許可品目に該当する場合は許可申請を，該当しない場合は，**非該当証明書**を作成し脱関に提出する。

(3) **輸出承認制度**

外為法第48条第3項では，経済産業大臣が特定の貨物を輸出しようとする者に対し，国際収支の均衡の維持，外国貿易及び国民経済の健全な発展，我が国が締結した条約等の誠実な履行又は国際平和のための国際的な努力に我が国として寄与するため，**承認**を受ける義務を課すことができると規定している。これを輸出承認制度という。

① **別表第2品目（輸出承認品目）**

経済産業大臣による輸出の承認が必要なものとして，輸出令別表第2品目に掲げる貨物は，〈図表11-3〉の通りである。これらの貨物を別表第2の右欄の地域へ輸出する場合は，輸出承認申請書を経済産業大臣に提出し，承認を受ける必要がある。

② **別表第2の2品目（対北朝鮮輸出禁止品目―北朝鮮を仕向地とするすべての貨物）**

2006年10月9日に北朝鮮が核実験を行ったことに伴う経済制裁として，輸出令別表第2の2品目に掲げる奢侈品の北朝鮮向けの輸出が2006年11月15日より禁止されていた。しかし，2009年5月25日，同国が再度核実験を行ったことから，同年6月18日以降は，同国へのすべての貨物の輸出が禁止された。これは，規定上は要承認としながら，申請があっても，承認しないことによる事実上の

〈図表11-3〉輸出承認品目（輸出貿易管理令別表第2）

項番	貨　　物	地域
1	ダイヤモンド（選別しているもの，加工していないもの及び単にひき，クリーブ又はブリーチしたもの）	全地域
2～18	削除	―
19	血液製剤	全地域
20	核原料物質及び核燃料物質（使用済燃料を含む）	全地域
21	核原料物質又は核燃料物質によつて汚染された物等で経済産業大臣が告示で定めるもの	全地域
21の2	放射性同位元素で，経済産業大臣が告示で定めるもの	全地域
21の3	麻薬向精神薬原料その他それらの原材料となる化学物質として経済産業省令で定めるもの	全地域
22～24	削除	―
25	漁ろう設備・製造設備・保蔵設備を有する船舶	全地域
26～29	削除	―
30	しいたけ種菌	全地域
31, 32	削除	―
33	うなぎの稚魚	全地域
34	冷凍のあさり，はまぐり及びいがい	米国
35	オゾン層破壊物質でモントリオール議定書附属書A，B，C及びEに掲げる物質	全地域
35の2	特定有害廃棄物等	全地域＊
35の3	特定有害化学物質，駆除剤，農薬，特定毒物，殺虫剤等	全地域
35の4	水銀，特定水銀使用製品及びこれを部品として使用する製品	全地域
36	ワシントン条約附属書Ⅰ又はⅡに掲げるもの	全地域
37	絶滅のおそれのある野生動植物の種の保存に関する法律に規定する希少野生動植物種	全地域
38	かすみ網	全地域
39	偽造，変造又は模造の通貨，郵便切手及び収入印紙	全地域
40	反乱を主張し，又はせん動する内容を有する書籍，図画その他の貨物	全地域
41	風俗を害するおそれがある書籍，図画，彫刻物その他の貨物	全地域
42	削除	―
43	国宝，重要文化財，重要有形民俗文化財，特別天然記念物，天然記念物及び重要美術品	全地域
44	仕向国における特許権，実用新案権，意匠権，商標権若しくは著作権を侵害すべき貨物又は原産地を誤認させるべき貨物であつて，経済産業大臣が指定するもの	全地域
45	関税法第69条の12第1項に規定する認定手続が執られた貨物（積戻しを命じられたもの，権利侵害貨物に該当しないと認定されたもの及び認定手続が取りやめられたものを除く）	全地域

＊南緯60度の線以北の公海を除く

禁止措置である（輸出令第2条第1項第1の2号）。

③ 特定品目の委託加工貿易に対する承認制度

外国にいる者への委託加工貿易契約で，次の〈図表11-4〉に掲げる指定加工のために，指定加工原材料を輸出する場合，その輸出の総価額が100万円を超えるときは，輸出承認の手続きが必要となる（輸出令第2条第1項第2号，輸出規則第3条，輸出令第4条第4項）。

〈図表11-4〉委託加工承認が必要となる指定加工及び指定加工原材料

指定加工	指定加工原材料
革，毛皮，皮革製品（毛皮製品を含む）及びこれらの半製品の製造	皮革（原毛皮及び毛皮を含む）及び皮革製品（毛皮製品を含む）の半製品

(4) 輸出許可・承認制度の特例措置

① 輸出許可の特例措置

以下のものについては，経済産業大臣の輸出の許可を要しない（ただし，輸出令別表第1の1項に掲げる貨物（武器）を除く）。

(a) 仮陸揚貨物（輸出令第4条第1項第1号）

本邦以外の地域を仕向地とする船荷証券（Air Waybill等船荷証券に準ずるものを含む）により運送された仮陸揚貨物。ただし，輸出管理徹底国以外の地域を仕向地とするもので大量破壊兵器等に係る補完的輸出規制（(2)③(b)参照）のいずれかの要件に該当する場合を除く。

(b) 輸出令第4条第1項第2号に掲げる貨物

無償で輸出すべきものとして無償で輸入した貨物のうち博覧会等で外国から出品された貨物であって，博覧会等終了後，返送されるものやATAカルネにより輸入された貨物等，無償で輸入すべきものとして無償で輸出する貨物のうち国際緊急援助隊が国際緊急援助活動に使用するために輸出する貨物等。

(c) 大量破壊兵器等に係る補完的輸出規制の対象貨物

輸出令別表第1の16の項に掲げる貨物で外国向け仮陸揚げ貨物以外のもので，輸出管理徹底国以外の地域を仕向け地として輸出しようとする場合で，客観要件，インフォーム要件のいずれにも該当しないとき。

⒟ 通常兵器に係る補完的輸出規制の対象貨物

輸出令別表第1の16の項に掲げる貨物で外国向け仮陸揚げ貨物以外のもの
で，輸出管理徹底国を仕向け地として輸出しようとする場合で，客観要件，
インフォーム要件のいずれにも該当しないとき。また輸出管理徹底国以外の
地域を仕向け地として輸出しようとする場合で，インフォーム要件に該当し
ないとき。

⒠ 少額貨物

輸出令別表第1の5〜13までの項又は15の項に掲げる貨物で総価額が100万
円以下のもの及び別表第3の3に掲げる機微な品目で5万円以下のもの。ただ
し，**紛争懸念国**（イラン，イラク，北朝鮮）についてはこの少額貨物の特例
はない。またこの少額貨物特例措置は，輸出管理徹底国以外の地域を仕向地
とする場合には，上記⒞の大量破壊兵器等に係る補完的輸出規制の発動要
件のいずれにも該当しない場合及び⒟の通常兵器に係る補完的輸出規制の
いずれにも該当しない場合に限る。

② 輸出承認の特例措置

以下のものについては，経済産業大臣の輸出の承認を要しない。ただし，輸
出令別表第2の37〜41及び43〜45項に掲げる貨物（輸出禁制品）を除く。

⒜ 仮陸揚貨物

ただし，輸出令別表第2の1（ダイヤモンド原石），35（オゾン層破壊物質）
及び35の2（特定有害廃棄物等）に掲げる貨物を除く。

⒝ 輸出令別表第5に掲げる貨物

無償の救じゅつ品，総価額200万円（血液製剤及び漁船は25万円）以下の
無償の商品見本又は宣伝用物品（オゾン層破壊物質，特定有害廃棄物等及び
北朝鮮を仕向け地とする貨物を除く），国際郵便で送付される受取人の個人
的使用に供される身回品，家庭用品，職業用具又は商業用具の小型包装物，
郵便小包等，本邦に輸入された後，無償で輸出される貨物であって，その輸
入の際の性質及び形状が変わっていないもの，本邦に入国した巡回興業者が
輸入した興業用具，無償で輸出すべきものとして無償で輸入した貨物であっ
て，博覧会等で外国から出品された貨物等，無償で輸入すべきものとして無
償で輸出する貨物であってオリンピック大会等の運動競技大会で使用する貨

物等。ただし，いずれの場合も輸出令別表第2の1（ダイヤモンド原石），35の3⑴及び⑹で経済産業大臣が告示で定めるもの（ロッテルダム条約附属書Ⅲ上欄に掲げる化学物質，第一種特定化学物質），35の4（水銀，特定水銀使用製品等）及び36（ワシントン条約該当貨物）を除く。

⒞ **輸出令別表第2の35の2項⑵に掲げる貨物**

廃棄物の処理及び清掃に関する法律第10条第2項に規定する本邦から出国する者が自らの日常生活に伴って生じたごみその他の一般廃棄物を携帯して輸出する場合。ただし輸出令別表第2の35の3⑴及び⑹で経済産業大臣が告示で定めるもの（ロッテルダム条約附属書Ⅲ上欄に掲げる化学物質，第一種特定化学物質）を輸出する場合を除く。

⒟ **輸出令別表第6に掲げる貨物**

〈図表11-5〉の左欄に掲げる者が本邦から出国する際，右欄に掲げる貨物を携帯又は別送する場合。ただし，輸出令別表第2の1項に掲げる貨物（ダイヤモンド原石），35の3⑴及び⑹で経済産業大臣が告示で定めるもの（ロッテルダム条約附属書Ⅲ上欄に掲げる化学物質，第一種特定化学物質），35の4（水銀，特定水銀使用製品等）一時的に入国して出国する者が同表の36項に掲げる貨物（ワシントン条約該当貨物）を輸出する場合及び北朝鮮を仕向地とする貨物を除く。

〈図表11-5〉輸出令別表第6に掲げる貨物

該 当 す る 者	貨 物
一時的に出国する者及び一時的に入国して出国する場合	一　携帯品 二　職業用具
永住の目的をもって出国する者（一時的に入国して出国する者を除く）	一　携帯品 二　職業用具 三　引越荷物
船舶又は航空機の乗組員	本人の私用に供すると認められる貨物

⒠ **輸出令別表第7に掲げる貨物（少額貨物）**

〈図表11-6〉の中欄に掲げる貨物の区分に応じ，右欄に掲げる金額以下の貨物を輸出しようとする場合。ただし北朝鮮を仕向地として輸出する貨物を除く。

〈図表11-6〉輸出令別表第7に掲げる貨物

	貨物の区分	金額
一	麻薬又は向精神薬の原材料となる化学物質（アセトン，エチルエーテルその他の経済産業省令で定めるもの）	30万円
二	血液製剤，うなぎの稚魚	5万円
三	しいたけ種菌，冷凍のあさり，はまぐり及びいがい	3万円

(f) **委託加工貿易契約による指定加工原材料**

輸出令第2条第1項第2号の規定する委託加工貿易契約による指定加工原材料で総価額が100円以下の貨物を輸出しようとする場合。

3. 輸入貿易管理制度

(1) **輸入貿易管理制度の体系**

我が国の輸入貿易管理制度体系は〈図表11-7〉の通りである。

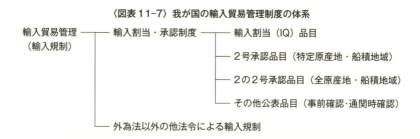

〈図表11-7〉我が国の輸入貿易管理制度の体系

輸入令による輸入規制品目には，輸入割当を受けるべき品目（**IQ品目**），輸入公表により貨物の原産地又は船積地域が公表されている特定の貨物（**2号承認品目**），全地域を原産地又は船積地域を対象として承認を要する貨物（**2の2号承認品目**），貨物の輸入についての必要な事項（**事前確認，通関時確認**）が公表されている貨物（**その他公表品目**）がある（外為法第52条）。

このほか，他法令（4.参照）による規制があり，それぞれの法律に従って主務大臣の許認可，承認，届け出等が必要となる。

(2) **輸入割当品目**

輸入割当（Import Quota：IQ）とは，天然資源や国内産業の保護を目的とし

〈図表11-8〉 輸入割当（IQ）品目

第1　自由化されていない品目（非自由化品目）

関税率表の番号	品　　目
0301.99-2	生きているにしん，たら，ぶり，さば，いわし，あじ，さんま
3.02	生鮮の又は冷蔵したにしん，たら，ぶり，さば，いわし，あじ，さんま
3.03	冷凍したにしん，たら及びその卵，ぶり，さば，いわし，あじ，さんま
3.04	にしん，たら，ぶり，さば，いわし，あじ，さんまのフィレその他の魚肉
3.05	乾燥し，塩蔵し又は塩水漬けにしたにしん，たら，ぶり，さば，いわし，あじ，さんま並びにそれらの魚種のフィッシュミール，たらの卵並びに煮干し
3.07	帆立貝，貝柱及びいか（もんごういかを除く）（生きているもの，生鮮のもの及び冷蔵し，冷凍し，乾燥し，塩蔵し又は塩水漬けしたものに限る）
1212.21-1	正方形又は長方形の紙状に沙製した食用の海草で，一枚の面積が430平方センチメートル以下のもの
1212.21-2	まくれあまのり属，あかねぐものり属，ポルフィラ属，あまのり属又はべにたさ属の食用の海草及びこれを交えた食用の海草
1212.21-3	その他の食用の海草（ひとえぐさ属，あおさ属，ごへいこんぶ属又はこんぶ属のものに限る）
2106.90-2-(2)-E	海草の調製食料品（ひとえぐさ属，あおさ属，ごへいこんぶ属，こんぶ属，まくれあまのり属，あかねぐものり属，ポルフィラ属，あまのり属又はべにたさ属のものに限る）

第2　モントリオール議定書附属書に定める規制物質

附属書Aのグループ I に属する物質	ただし，輸入公表二の表の第2に基づき輸入の承認を受けた者が輸入するもの，当該物質以外の物質の製造工程において原料として使用されるもの，試験研究・分析に用いられるものを除く。
附属書Aのグループ II に属する物質	
附属書Bに掲げる物質	
附属書Cに掲げる物質	
附属書Eに掲げる物質	

た輸入制限措置である（輸入令第4条第1項第1号）。輸入割当品目は，経済産業大臣が発表する輸入公表[2]に従って申請し，輸入割当を受けなければ輸入することができない。我が国における輸入割当品目は，〈図表11-8〉の通り，現在，非自由化品目（水産物）と国際条約（モントリオール議定書）の2種類のみとなっている。日本政府は，これらの輸入割当の理由として，水産物につい

2　輸入割当てを受けるべき貨物の品目，輸入の承認を受けるべき貨物の原産地又は船積地域その他貨物の輸入について必要な事項の公表（昭和41年4月30日通商産業省告示第170号）

〈図表11-9〉2号承認品目

第1

原産地又は船積地域	貨　　物
国際捕鯨取締条約非加盟国を原産地又は船積み地域とする	鯨及びその調製品
国際条約に基づく畜養事業を行っていない国又は地域を原産地とする	大西洋又は地中海において畜養された生鮮又は冷蔵のくろまぐろ（トゥヌス・ティヌス）
オーストラリア，ベルギー，ドイツ，インドネシア，ニュージーランド，韓国，南アフリカ，台湾，英国等2号承認を要しない国又は地域以外の国又は地域を原産地とする	生鮮又は冷蔵のみなみまぐろ
中国，北朝鮮及び台湾を原産地又は船積み地域とする	さけ及びます並びにこれらの調製品
本邦の区域に属さない海面を船積み地域とする	海棲哺乳動物，魚，甲殻類，海草等の水産物
イラクを原産地又は船積み地域とする	平成2年（1990年）8月6日以降不法に取得された文化財（指定された特定外国文化財を除く）
北朝鮮を原産地又は船積み地域とする	全貨物（2006年10月14日～）
エリトリア及びリビアを原産地又は船積み地域とする	輸出貿易管理令別表第1の1の項に掲げる兵器等
ソマリアを原産地又は船積み地域とする	木炭
シリアを原産地又は船積み地域とする	軍用の化学製剤，その原料となる物質等
ウクライナ（クリミア自治共和国又はセヴァストーポリ特別市）を原産地とする	全貨物（2014年8月5日～）

第2

原産地又は船積地域	貨　　物
ワシントン条約の加盟国及び準管理当局を有する非加盟国を除く国又は地域を原産地又は船積み地域とする	附属書Ⅱ及びⅢに掲げる動植物及びその派生物
モントリオール議定書の加盟国等を除く国又は地域を船積み地域とする	附属書A～Eに掲げる物質
化学兵器禁止条約の加盟国以外の国又は地域を船積み地域とする	化学兵器禁止法で規定する第一種指定物質及びその物質を含有するもの（毒性物質の含有量が全重量の1％以下のもの，原料物質の含有量が全重量の10％以下のもの及び個人的使用に供される小売用の包装にしたものを除く）
水銀に関する水俣条約の加盟国以外の国又は地域を船積み地域とする	水銀に関する水俣条約第3条1(a)に規定する水銀

ては限られた天然資源の保護，モントリオール議定書関連物質については国際協調であると，WTOや国際社会に説明している。

(3) 2号承認品目

〈図表11-9〉の通り，輸入公表において2号承認品目（輸入公表二）に掲げる貨物を輸入しようとする場合は，経済産業大臣の輸入承認が必要となる。

(4) 2の2号承認品目

〈図表11-10〉の通りである。ここで掲げられている品目は，(3)の2号承認品目が**特定の原産地又は船積み地域を対象**としているのに対し，**全原産地・船積み地域を対象**としている。

(5) その他公表品目

輸入公表三で掲げるその他公表品目として，①事前に経済産業大臣等の確認が必要なもの（**事前確認**）と②通関時に一定の書類を税関に提出するもの（**通関時確認**）がある。

① 事前確認品目

事前確認品目の輸入については，輸入注意事項により品目別に定められた様式による確認申請書に契約書等に類する書類を添付して，事前に表内に掲げる関係大臣に確認申請をする。対象品目は，〈図表11-11〉の通りである。

② 通関時確認品目

図表11-12の通関時確認品目の輸入については，輸入申告に際し，必要書類を輸入申告書に添付し，税関に提出する。

(6) 輸入承認の特例措置

通常，輸入割当や承認を必要とするとされている貨物であっても，以下に掲げるものについては，その特殊性から，経済産業大臣の輸入割当及び承認を要しないとされている。ただし，③の仮陸揚げ貨物を除き，モントリオール議定書に定める規制物質，イラクにおいて不法に取得された文化財，シリアにおいて不法に取得された文化財等，ワシントン条約該当貨物，化学兵器禁止条約に

182　第11章　貿易管理制度

〈図表11-10〉2の2号承認品目

第1

関税率表 の番号	品　　目
26·12	ウラン鉱及びトリウム鉱（精鉱を含む）
2844·10 2844·20 2844·30	天然ウラン及びその化合物並びに天然ウラン又はその化合物を含有する合金（フェロウランを除く，以下合金に ついて同じ），ウラン235を濃縮したウラン及びプルトニウム並びにこれらの化合物並びにウラン235を濃縮した ウラン，プルトニウム又はこれらの化合物を含有する合金，ウラン235を減少させたウラン及びトリウム並びに これらの化合物並びにウラン235を減少させたウラン，トリウム又はこれらの化合物を含有する合金，ディス パーション（サーメットを含む），陶磁製品及び混合物
2844·40	核分裂性同位元素の化合物並びにこれを含有する合金，ディスパーション（サーメットを含む），陶磁製品及び 混合物
2844·50	使用済みの原子炉用核燃料要素（カートリッジ）
3002·30	口蹄疫ワクチン（治験用のものを除く）
36·01	火薬
36·02	爆薬
36·03	導火線，導爆線，火管，イグナイターで特定のもの及び雷管
7102·10 7102·21 7102·31	ダイヤモンド（船積地域に係る国又は地域において発行されたキンバリー・プロセス証明書によって輸入される ものを除く）
8109·90	ジルコニウムの管（原子炉本体を構成するために設計又は製造されたものであって，ハフニウムの重量がジルコ ニウムの重量の500分の1未満のものに限る）
8401·10	原子炉
8401·30	核燃料要素（カートリッジ式で未使用のものに限る）
8401·40	原子炉の部分品
84·11	軍用航空機用原動機（部分品を除く）
8412·10 8412·39 8412·80	軍用航空機用原動機
87·10	戦車その他の装甲車両（自走式のものに限るものとし，武器を装備しているかいないかを問わない）及びその部 分品
88·02	軍用航空機（関税率表第8802·60号に掲げるものを除く）
89·06	軍艦
9030·10 9030·90	電離放射線の測定用又は検出用の機器（核燃料物質を含むものに限る。）の部分品及び附属品（核燃料物質を含 むものに限る。）
93·01	軍用の武器
93·02	けん銃
93·03	その他の火器及びこれに類する器具で発射火薬により作動するもの
93·04	その他の武器
93·05	関税率表第93·01項から第93·04項までの物品の部分品及び附属品で，関税率表第9305·99号のプラスチック製， ゴム製，革製，コンポジションレザー製又は紡織用繊維製のもの，三脚その他の特殊な支持具，銃用のつり帯及 びバンド並びに銃身又は銃床の環，銃の反動吸収器で取外しができるもの，撃針を保護するための空撃ちケース 以外のもの
93·06	爆弾，手りゅう弾，魚雷，機雷，ミサイルその他これらに類する物品及びこれらの部分品並びに弾薬筒その他の 銃砲弾及び発射体並びにこれらの部分品（散弾を含み，カートリッジワッドを除く）
93·07	刀，剣，やりその他これらに類する武器並びにこれらの部分品（刀身に限る）

第2

	貨　　物
1	ワシントン条約附属書Ⅰに掲げる種に属する動物（まっこう鯨，つち鯨，みんく鯨，いわし鯨，にたり鯨，ながす鯨及 びカワゴンドウを除く）又は植物並びにこれらの個体の一部及び派生物
2	特定有害廃棄物等の輸出入等の規制に関する法律に規定する廃棄物
3	化学兵器禁止法第2条第3項に規定する特定物質
4	残留性有機汚染物質に関するストックホルム条約附属書A又は附属書Bに掲げる化学物質が使用されているもの
5	水銀による環境の汚染の防止に関する法律第2条第1項に規定する特定水銀使用製品及びこれを部品として使用する製品

〈図表11-11〉 事前確認品目

	貨　　物	事前確認を受ける所轄大臣
1	治療用の微生物性口蹄疫ワクチン	農林水産大臣
2	文化財の不法な輸入入等の規制等に関する法律第3条第2項の規定に基づき指定された特定外国文化財	文部科学大臣
3	武力紛争の際の文化財の保護に関する法律第2条第4号に規定する被占領地域流出文化財	
4	船舶により輸入するまぐろ（びん長まぐろ，くろまぐろ，みなみまぐろ及びめばちまぐろを除くものとし，生鮮，冷蔵又は冷凍のものに限る）又はかじき（めかじきを除くものとし，生鮮，冷蔵又は冷凍のものに限る）	農林水産大臣
5	冷凍のくろまぐろ，みなみまぐろ，めばちまぐろ又はめかじき（2号承認品目を除く）	
6	化合物半導体の製造用で圧電フィルタ又は無線機器が3メガヘルツ以上の周波数の電波を送受信することを可能とするPFOS又はその塩が使用されているエッチング剤，半導体用のレジスト又は業務用写真フィルム	経済産業大臣
7	めろ（2号承認品目を除く）	
8	鯨及びその調製品（2号承認品目を除く）	
9	アルゼンチン，ボツワナ，エジプト，インド，イスラエル，ヨルダン，ナミビア，パプアニューギニア，フィリピン，南アフリカ共和国，タンザニア，ジンバブエを原産地とするワシントン条約附属書Ⅱ又はⅢに掲げる種のもののうち特定のもの	
10	ワシントン条約附属書Ⅱ（鯨及びその調製品，クロトガリザメ，ヨゴレ，アカシュモクザメ，ヒラシュモクザメ，シロシュモクザメ，オナガザメ属全種，ウバザメ，ホホジロザメ，ニシネズミザメ，ジンベイザメ及びタツノオトシゴ属全種を除く）及びⅢに掲げる生きている動物（2号承認品目及び他の項目で事前確認を受けるものを除く）	
11	絶滅のおそれのある野生動植物の種の保存に関する法律施行令別表第1の表2に掲げる国内希少野生動植物種の個体等（2号承認品目及び他の項目に掲げるものを除く）	
12	モントリオール議定書附属書A，B，C及びEに掲げる物質（2号承認品目を除く）	
13	ロシアを船積み地域とする冷凍したかに及びかに調製品（気密容器入りのもの又は米を含むものを除く）	

〈図表11-12〉通関時確認品目

	貨 物	必要書類
1	けしの実及び大麻の実	当該陸揚げ港を管轄する地方厚生局麻薬取締部等が発行した熱処理等によって発芽不能の処理を施したものであることを証する書類
2	ワシントン条約加盟国又は同条約の非加盟国で準管理当局がある国を船積み地域とするワシントン条約附属書Ⅱに掲げる種に属する動植物，これらの個体の一部及び派生物（2号承認品目又は経済産業大臣の確認を受けるものを除く）	当該船積み地域に係る国・地域の管理当局等が同条約に基づき発給する当該貨物に係る輸出許可書又は再輸出証明書の原本
3	ワシントン条約附属書Ⅲに掲げる種に属する動植物並びに附属書Ⅲにより特定されるこれらの個体の一部及び派生物（2号承認品目又は経済産業大臣の確認を受けるものを除く）	ワシントン条約に基づき管理当局等が発給した輸出許可書，原産地証明書等の原本
4	種の保存法第4条第2項に規定する希少野生動植物種の個体等（2号承認品目又は経済産業大臣の確認を受けるものを除く）	当該個体等の輸出を許可した旨の輸出国の政府機関の発行する証明書
5	放射性同位元素等による放射線障害の防止に関する法律第2条第2項に定める放射性同位元素	使用許可を受けた者は許可証の写し，使用の届出又は販売若しくは賃貸の業の届出を行った者は，届出を行ったことを示す証明書
6	生鮮若しくは冷蔵のくろまぐろ，みなみまぐろ又はめかじき（2号承認品目を除く）	くろまぐろ漁獲証明書若しくはくろまぐろ再輸出証明書，みなみまぐろ漁獲証明書若しくはみなみまぐろ再輸出証明書又はめかじき統計証明書若しくはめかじき再輸出証明書
7	ダイヤモンド原石で容器又は包装が開いていないもの（中央アフリカを原産地又は船積み地域とするものを除く）	国際証明制度に基づき船積み地域において発行されたキンバリー・プロセス証明書
8	農薬取締法第1条の2第1項に規定する農薬	農薬取締法第2条第1項に規定する登録を受けたことを証する書類
9	ロシアを船積み地域とする生きている生鮮の及び冷蔵したかに及びその他のかに（冷凍してないものに限る）	ロシア政府が発給した証明書の原本
10	ロシアを除く国又は地域を船積み地域とする生きている，生鮮の及び冷蔵したかに（たらばがに，ずわいがに又はけがにに限る）	原産地を証明する書類等

定める毒性化学物質，水銀，核物質，対人地雷，ダイヤモンド，廃棄物，残留性有機汚染物質はこの特例から除外されている。

① 輸入令別表第1に掲げる貨物

18万円以下の無償の貨物，無償の救じゅつ品，個人的使用に供せられ，か

つ，売買の対象にならない程度の量のもの，無償で送られる記録文書その他の書類，本邦から輸出された後無償で輸入される貨物で，その輸出の際の性質及び形状が変わっていないもの，本邦に入国する巡回興業者が輸入する興業用具，国際運動競技会に参加するための運動競技会用貨物，ATAカルネを使用するもの等。

② **以下の者が入国の際携帯し又は別送して輸入する貨物（輸入令別表第2）**

〈図表11-13〉通関時確認品目

一時的に入国する者及び一時的に出国する者	一　携帯品 二　職業用具
永住の目的をもって入国する者（一時的に出国して入国する者を除く。）	一　携帯品 二　職業用具 三　引越荷物
船舶又は航空機の乗組員	本人の私用に供すると認められる貨物

③ **仮陸揚貨物**

貨物を仮に陸揚げしようとするときは経済産業大臣の輸入割当及び承認を要しない。ここでいう仮陸揚げ貨物とは関税法第21条及び第30条に定めるもののほか外国から本邦に到着した貨物で保税地域に搬入されたもので，蔵入れ，移入れ又は総保入れの承認を受けていないものをさす。

4．外為法以外の他法令による規制

他法令とは，**関税関係法令**（関税法，関税定率法，関税暫定措置法のいわゆる**関税三法**その他の関税関係法令）以外の法令をいい，その代表となるものは，2.，3.で述べた外国為替及び外国貿易法（外為法）で，そのほかには〈図表11-14〉のような法令がある。

図表を見ても分かるように，一般にどの国でも，輸出に比べ，輸入の場合に規制がより強化される傾向にある。これは，自国の産業保護に加え，外国からの輸入によって自国国民の安全や健康が害されることないように守ることが国家の義務となっているからである。

〈図表11-14〉他法令一覧

法　令　名	品　　目	管轄省庁	出…輸出通関時　入…輸入通関時
輸出入取引法	特定輸出取引における価格，品質，意匠等の経済産業大臣の承認	経済産業省	出
文化財保護法	重要文化財又は重要美術品，天然記念物等	文化庁	出
林業種苗法	すぎ，ひのき，あかまつ，くろまつ等	農林水産省	出
鳥獣の保護及び狩猟の適正化に関する法律	鳥及び加工品，獣及びその加工品，鳥類の卵等	環境省	出・入
鉄砲刀剣類所持等取締法	けん銃類，刀渡り15cm以上の刀，剣，ナイフ等	警察庁	入
印紙等模造取締法	印紙に紛らわしい外観を有するもの	財務省	入
大麻取締法	大麻草，大麻草製品	厚生労働省	出・入
毒物及び劇物取締法	毒物，劇物	〃	入
覚せい剤取締法	覚せい剤，覚せい剤原料	〃	出・入
麻薬及び向精神薬取締法	麻薬，向精神薬，麻薬等原料	〃	出・入
あへん法	あへん，けしがら	〃	出・入
医薬品医療機器等法	医薬品，医薬部外品，化粧品，医療用具，動物用医薬品，同医薬部外品，同医療用具	〃	入
肥料取締法	肥料	農林水産省	入
水産資源保護法	こいの稚魚，さけ科の発眼卵及び稚魚，くるまえび属の稚えび等	〃	入
砂糖及びでん粉の価格調整に関する法律	砂糖	〃	入
畜産経営の安定に関する法律	指定乳製品等	〃	入
主要食糧の受給及び価格の安定に関する法律	米穀等（米，米粉，もち，米飯等）麦等（大麦，小麦，メリスン，又はライ麦を加工，調整したもの）	〃	入
火薬類取締法	火薬，爆薬，火工品（導火線等）	経済産業省	入
化学物質の審査及び製造等の規制に関する法律	化学物質	〃	入
郵便切手類模造等取締法	模造郵便切手	総務省	入
アルコール事業法	アルコール分90度以上のアルコール	経済産業省	入
石油の備蓄の確保等に関する法律	石油，揮発油，灯油及び軽油	資源エネルギー庁	入
農薬取締法	農薬	農林水産省	入
特定外来生物による生態系に係る被害の防止に関する法律	ブラックバス，カミツキガメ等	環境省	入
感染症の予防及び感染症の患者に対する医療に関する法律	サル，プレーリードッグ等	厚生労働省農林水産省	入
労働安全衛生法	有害物等	厚生労働省	入
食品衛生法	すべての飲食物，添加物，食器，容器包装，おもちゃ等	〃	入
植物防疫法	顕花植物，しだ類又はせんたい類に属する植物，有害物質（細菌，寄生植物等），有害動物（昆虫，ダニ類）	農林水産省	出・入
狂犬病予防法	犬，猫，あらいぐま，きつね，スカンク	〃	出・入
家畜伝染病予防法	偶蹄類の動物，馬，鶏，あひる，うずら，がちょう，蜂蜜，ソーセージ，ハム，ベーコン等	〃	出・入
高圧ガス保安法	高圧ガス	経済産業省	入
道路運送車両法	中古自動車	国土交通省	出

出所：平成30年7月1日現在『関税法基本通達』(http://www.geocities.jp/customsprofesser/1972-100.pdf) より筆者作成

第12章 品目分類とHSコード

1. 世界共通の品目分類への取り組み

　世界には約400万種類の商材があると言われる。これらの品目を世界共通の品目コードで分類し輸出入通関を行うことが，世界の貿易の自由化・円滑化の流れの中で以前から試みられていた。関税率表を刊行し，貿易の自由化に寄与することを目的として1890年7月5日，ブラッセルで署名された「関税表刊行のための国際連合の設立に関する条約」は，これはこの種の条約で多数間で結ばれたものとしては最も古い条約である。我が国は1891（明治24）年2月2日に加入通告を行い同年4月1日実施したがこれは我が国が完全に関税自主権の回復を果たす1911（明治44）年の日米通商航海条約改正の20年前のことであった[1]。1923年11月3日，国際連盟常任理事国の英国，フランス，イタリア，日本及び敗戦国のドイツ，オーストリアを含む33カ国がジュネーブにおいて**税関手続の簡易化に関する国際条約**に署名し翌年11月27日に発効した[2]。この条約は貿易自由化のために包括的かつ具体的に合意された多数国間の条約としては歴史上初めてのものとなった。

　1927年5月国際連盟総会が開く初めての「国際経済会議」がジュネーブで開催され，「関税率表の簡素化」や「関税率表の統一」について議論が行われた。こうして1931年「ジュネーブ関税率表」が作成され，1937年にこれが改訂され

1　本条約は1890年の署名後，127年経った現在も有効であるが，近年これを廃棄する国・地域が相次いでいる。我が国は，2010年5月11日に外務省告示第245号「関税表刊行のための国際連合の設立に関する条約等の日本国による廃棄に関する件」を出し，2017年4月1日にその効力が発せられ，廃棄に至った。

2　我が国は1923年11月3日の署名に加わったものの批准自体は第二次世界大戦後のサンフランシスコ条約発効直後の1952年7月9日である。なお，現在日本国内の商工会議所が原産地証明書を発行しているが，これはこの条約による。

た。

1947年9月12日，第二次世界大戦後のマーシャル・プランに基づき組織された欧州経済協力委員会（Committee for European Economic Cooperation）において，欧州関税同盟研究団（European Customs Union Study Group）が設立された[3]。同研究団は，「関税率表における物品の分類のための品目表に関する条約」及び「税関における物品の評価に関する条約」（物品評価条約）を作成し，1950年12月15日，これら2つの条約とともに**関税協力理事会（Customs Cooperation Council：CCC）を設立する条約（CCC設立条約）**がブラッセルにおいて署名された。**関税協会理事会（CCC）**はその後，1994年6月の総会で，関税協力理事会（CCC）に代えて**世界税関機構（World Customs Organization：WCO）**の名称を使用することを決定した[4]。

欧州関税同盟研究団が「関税率表における物品の分類のための品目表に関する条約」に基づき作成した**ブラッセル関税率表（Brussels Tariff Nomenclature：BTN）**は1976年1月1日，関税協力理事会（CCC）／世界税関機構（WCO）に受け継がれ，**関税協力理事会品目表（Customs Co-operation Council Nomenclature：CCCN）**と改称された。

CCCNは4桁1,011品目で様々な品目を分類するには限界があり，また，米国，カナダといった主要国が不参加であったことから，世界共通のより品目分類が求められていた。WCOは1973年の京都総会で**商品の名称及び分類についての統一システム（Harmonized Commodity Description and Coding System：HS）**開発を決定しWCOにHS委員会設置した。HSの開発には，米国及びカナダも参加し，CCCNを基礎としつつつつも，世界の様々な品目分類をも参考にした。それは例えば，国連標準国際貿易分類（SITC），日本関税率表，米国関税率表（TSUSA），米国輸出統計表（SCHEDULE-B），カナダ関税

3　同研究団は1948年に経済委員会（Economic Committee）と関税委員会（Customs　Committee）の2つの委員会を設置したが，前者は後に経済協力開発機構（OECD）に，後者は後に関税協力理事会（CCC）すなわち世界税関機構（WCO）となった。

4　2009年1月，我が国の御厨邦雄氏がアジア諸国から初めてWCOトップである事務総局長に就任した。その後2013年に再任，2018年6月30日の選挙でも再度選出され，2019年1月〜2023年末まで3期目を務めることが決定した。

率表，カナダ輸入商品分類表，欧州共同貿易統計品目表（NI-MEXE），世界航空貨物分類表（WACCC），標準輸送商品コード等である。こうして，10年の歳月を経て1983年6月，WCO理事会総会において**商品の名称及び分類についての統一システムに関する国際条約**（International Convention on the Harmonized Commodity Description and Coding System：HS条約）が採択され，1988年1月1日に発効した。HS条約には2018年7月31日現在，156カ国及びEUが加盟し，HS条約付属表の品目表である「**HSコード**」は211カ国・地域が使用し，ほぼ世界共通の品目分類コードとなっている。HS条約加盟国は，HSコードを関税率表と貿易統計の両方で採用しなければならないこととなっている。

2. HSコード

(1) HSコードの体系

HSコードは，〈図表12-1〉の通り，6桁の構成となっている。上2桁目までを類（Chapter）といい97類ある。上4桁目までを項（Heading）といい1,222項ある。上6桁目までを号（Sub-Heading）といい5,387号ある。7桁目以降は統計細分となっており，各国独自で決められることとなっている。我が国の場合は7桁目から9桁目を統計細分とし，10桁目はNACCS用に使用している。

〈図表12-1〉HSコードの体系

```
 HSコードの例
 9620.00-000.3    一脚，二脚，三脚その他これらに類する物品

 類（97）       統計細分    NACCS用番号
 項（1,222）
 号（5,387）
```

(2) HSコード全97類

HSコードの全97類は図表12-2の通りである。1類～24類までは農水産品，25類～71類は軽工業品，72類～93類は重工業品，94類～97類は雑品という分

190 第12章 品目分類とHSコード

〈図表12-2〉HSコード全97類

1類	生きている動物	26類	鉱石, スラグ, 灰	51類	羊毛, 獣毛, 馬毛	76類	アルミニウム,その製品
2類	食肉	27類	鉱物性燃料	52類	綿, 綿織物	77類	〈欠番〉
3類	魚介類	28類	無機化学品	53類	その他の紡織用繊維	78類	鉛, その製品
4類	酪農品	29類	有機化学品	54類	人造繊維の長繊維	79類	亜鉛, その製品
5類	動物性生産品	30類	医療用品	55類	人造繊維の短繊維	80類	すず, その製品
6類	樹木, 茎, 根, 花	31類	肥料	56類	ウォッディング,フェルト	81類	その他の卑金属
7類	野菜	32類	染料, 顔料	57類	じゅうたん, 床用敷物	82類	工具, 道具, 刃物
8類	果実, ナット	33類	精油, 化粧品	58類	特殊織物, レース	83類	各種の非金属製品
9類	コーヒー, 茶	34類	せっけん,洗剤,ろうそく	59類	塗布・被覆繊維製品	84類	ボイラー, 機械類
10類	穀物	35類	たんぱく系物質, 酵素	60類	メリヤス・クロセ編物	85類	電気製品, AV機器
11類	穀粉, でん粉	36類	火薬類, マッチ	61類	編物衣類, 付属品	86類	鉄道用車両
12類	採油用の種, 果実	37類	写真・映画用材料	62類	布帛衣類, 付属品	87類	自動車, 二輪車
13類	植物性樹脂, エキス	38類	各種化学工業生産品	63類	その他の衣類,中古衣類	88類	航空機, 宇宙飛行体
14類	植物性組者	39類	プラスチック,その製品	64類	履物, その部分品	89類	船舶, 浮き構造物
15類	動植物性油脂	40類	ゴム, その製品	65類	帽子, その部分品	90類	光学, 測定・医療機器
16類	肉, 魚の調製品	41類	原皮, 革	66類	傘, つえ, ステッキ	91類	時計, その部分品
17類	糖類, 砂糖菓子	42類	革製品, バッグ	67類	羽毛製品, 造花	92類	楽器, その部分品
18類	ココア, その調整品	43類	毛皮, 人造毛皮	68類	石,プラスター,セメント	93類	武器, 鉄砲弾, 部分品
19類	穀物, でん粉調製品	44類	木材, その製品, 木炭	69類	陶磁製品	94類	家具, 寝具, クッション
20類	野菜, 果実の調製品	45類	コルク, その製品	70類	ガラス, その製品	95類	玩具, 遊戯・運動用具
21類	各種の調製品	46類	わら, 組物材料, かご	71類	真珠, 貴石, 貴金属	96類	雑品
22類	飲料, アルコール	47類	木材パルプ, 古紙	72類	鉄鋼	97類	美術·収集品, こっとう
23類	食品残留物, くず	48類	紙, 板紙, 紙製品	73類	鉄鋼製品		
24類	たばこ, たばこ代用品	49類	書籍, 新聞, 絵画	74類	銅, その製品		
25類	塩, 硫黄, 土石類, 石灰	50類	絹, 絹織物	75類	ニッケル, その製品		

類となっている。また1~82類は材質により，83類~97類は機能によって分類されている。77類は将来の発見に備え欠番となっている。

3. HSコードの改訂

(1) HSコードの改訂

　HS条約第7条第1項(a)では，HS委員会は，特に利用者の要請及び技術又は国際貿易の態様の変化を考慮し，望ましいと認めるこの条約の改正を提案することと規定している。実際にHSコードは1988年発効後，1992年，1996年と4年ごとに改訂がなされ，その後は6年後の2002年に改訂がなされ，その後，2007年，2012年，2017年と5年おきに改訂がなされている。

(2) 2012年の改訂

　2012年の改訂では，まず国連食糧農業機関（Food and Agriculture Organization：FAO）の提案を受け，グローバルな食糧安全保障問題に関する

貿易動向の把握のための細分化が行われた。例えば従前その他の野菜（HS＝0709.90）から，アンティチョーク（0709.91），オリーブ（0709.92），かぼちゃ（0709.93）が細分化された。ほかには，その他のオルガノインオルガニック化合物（2931.00）から，テトラメチル鉛及びテトラエチル鉛（2931.10），トリブチルすず化合物（2931.20）とトリブチルすず化合物（2930.20）とに細分化する等ロッテルダム条約に基づく有害化学物質等の貿易動向の把握のための細分化が行われた。このほか貿易額が多くなったことからその他の蓄電池（8507.80）からニッケル・水素蓄電池（8507.50）とリチウム・イオン蓄電池（8507.60）に細分化された。一方で従前安全ピン（7319.20）とその他のピン（7319.30）とに分かれていたものが，これらの品目の貿易額が少ないとしてこの改訂で安全ピンその他のピン（7319.40）に統合された。

(3) 2017年の改訂

2017年の改訂では，国連食糧農業機関（FAO）からの提案のものでは，例えば鯉（0301.93）の範囲が拡大された。また噴霧器（8424.81）について可搬式のもの，トラクターやトレーラーに装備するもの，自走式のものとを区別した（8424.41，8424.49，8424.82）。国際竹籐ネットワーク（the International Network for Bamboo and Rattan：INBAR）からの提案のものでは，まな板や箸等について従前，竹製のものと木材等それ以外の素材のもの区別がなかったが（4419.00），竹製かそれ以外かを区別することとなった（4419.11，4419.12，4419.19，4419.90）。竹製又は籐製の腰掛け（9401.51）についても竹製（9401.52）か籐製（9401.53）かに区別されるようになった。化学兵器禁止条約（Chemical Weapons Convention：CWC）の実施機関である化学兵器禁止機関（Organization for the Prohibition of Chemical Weapons：OPCW）からの提案のものでは，従前塩化物及び塩化酸化物（2812.10）の1つの品目が，塩化カルボニル（ホスゲン），オキシ塩化りん（2812,12），三塩化りん（2812.13），五塩化りん（2812.14），塩化硫黄（2812.15），二塩化硫黄（2812.16），塩化チオニル（2812.17），その他の塩化物及び塩化酸化物（2812.19）と8種類のもの品目に細分化された。環境中での残留性，生物蓄積性，人や生物への毒性が高く，長距離移動性が懸念されるポリ塩化ビフェニル等の残留性有機汚染物質の製造及び

使用の制限等を規定したストックホルム条約（POPs）関連では，マイレックス（2903.83），ペンタクロロベンゼン（2903.93），ヘキサブロモビフェニル（2903.94）等が新設された。国際麻薬統制委員会（the International Narcotics Control Board）からの要請では同委員会により取引が監視，規制される不正薬物の前駆物質であるアルファーフェニルアセトアセトニトリル（2926.40）が新設された。各国からの提案ものでは，まず米国からのものとして，世界人口の半数近くがマラリアのリスクの中で生活しており，抗マラリア関連品目について詳細な情報を取得する必要があるとして，関連品目が追加された（3003.60，3004.60，3808.61〜3808.69，6005.30，6304.20）。EUからの提案のものでは，ペットボトルの原料となるポリ（エチレンテレフタレート）を粘土数が1グラムにつき78ミリリットル以上のもの（3907.61）とそれ以外のもの（3907.69）に分離した。我が国からの提案のものでは，ノンアルコール（2202.91），発光ダイオード（LED）ランプ（8539.50），ハイブリッド車（8703.40等）等の品目が新設された。これまで素材ごとに別々の分類がなされていたカメラ用等の一脚，二脚，三脚は一つの品目（9620.00）にまとめられた。ここにいう「一脚」とは，いわゆるスマートフォン等を固定する「自撮り棒」のことである。このようにHSコードは時代の流れとともに定期的に見直しがなされ，新設，廃止，統合等が行われている。

4. 品目分類のルール

HSコードの品目分類は，HS条約の**関税率表の解釈に関する通則**（General Rules for the Interpretation of the Harmonized System）に従って行う。それは以下の通りである。

(1) 品目表の部，類及び節の表題は，単に参照上の便宜のために設けたものである。この表の適用に当たっては，物品の所属は，**項の規定及びこれに関係する部又は類の注の規定に従い**，かつ，これらの項又は注に別段の定めがある場合を除くほか，次の原則に定めるところに従って決定する。

(2) (a)各項に記載するいずれかの物品には，**未完成の物品で，完成した物品としての重要な特性を提示の際に有するものを含むものとし**，また，完成

した物品（この(2)の原則により完成したものとみなす未完成の物品を含む。）で，提示の際に**組み立ててないもの及び分解してあるものを含む。**

(b)各項に記載するいずれかの材料又は物質には，当該材料又は物質に他の材料又は物質を**混合し又は結合した物品を含む**ものとし，また，特定の材料又は物質から成る物品には，一部が当該材料又は物質から成る物品も含む。二以上の材料又は物質から成る物品の所属は，(3)の原則に従って決定する。

(3)　2(b)の規定の適用により又は他の理由により物品が二以上の項に属するとみられる場合には，次に定めるところによりその所属を決定する。

(a)　**最も特殊な限定をして記載している項が，これよりも一般的な記載をしている項に優先する。**ただし，二以上の項のそれぞれが，混合し若しくは結合した物品に含まれる材料若しくは物質の一部のみ又は小売用のセットの構成要素の一部のみについて記載をしている場合には，これらの項のうち一の項が当該物品について一層完全な又は詳細な記載をしているとしても，これらの項は，当該物品について等しく特殊な限定をしているものとみなす。

(b)　混合物，異なる材料から成る物品，異なる構成要素で作られた物品及び小売用のセットにした物品であって，(a)の規定により所属を決定することができないものは，この(b)の規定を適用することができる限り，当該物品に**重要な特性を与えている材料又は構成要素から成るものとしてその所属を決定する。**

(c)　(a)及び(b)の規定により所属を決定することができない物品は，**等しく考慮に値する項のうち数字上の配列において最後となる項に属する。**

(4)　前記の原則によりその所属を決定することができない物品は，当該物品に**最も類似する物品が属する項に属する。**

(5)　前記の原則のほか，次の物品については，次の原則を適用する。

(a)　写真機用ケース，楽器用ケース，銃用ケース，製図機器用ケース，首飾り用ケースその他これらに類する容器で特定の物品又は物品のセットを収納するために特に製作し又は適合させたものであって，長期間の使用に適し，当該容器に収納される物品とともに提示され，かつ，通常当

該物品とともに販売されるものは，**当該物品に含まれる**。ただし，この(a)の原則は，重要な特性を全体に与えている容器については，適用しない。

(b)　(a)の規定に従うことを条件として，物品とともに提示し，かつ，当該物品の包装に通常使用する包装材料及び包装容器は，当該物品に含まれる。ただし，この(b)の規定は，反復使用に適することが明らかな包装材料及び包装容器については，適用しない。

(6)　この表の適用に当たっては，項のうちのいずれの号に物品が属するかは，号の規定及びこれに関係する号の注の規定に従い，かつ，前記の原則を準用して決定するものとし，この場合において，**同一の水準にある号のみを比較する**ことができる。この6の原則の適用上，文脈により別に解釈される場合を除くほか，関係する部又は類の注も適用する。

5. 貿易統計

⑴　外国貿易統計

HS条約の発効及びHSコードの世界への浸透は，輸出入の貿易統計にも大きく貢献した。各国が同じ品目分類番号を使用することで統計の作成が容易になったのみならず，各国の比較が容易になったのである。

貿易統計の作成に際しては，我が国では，外国貿易等に関する統計基本通達において規定されている。同通達では，外国貿易等に関する貿易の目的として「外国貿易等に関する統計は，条約及び関税法第102条（証明書類の交付及び統計の閲覧等）に基づき作成及び公表し，並びに閲覧に供するものであり，貿易の実態を正確に把握し各国の外国貿易との比較を容易にすることにより，国及び公共機関の経済政策並びに私企業の経済活動の資料に資することを目的とする。」としている。

同通達では「普通貿易統計」，「特殊貿易統計」，「船舶・航空機統計」の3種を作成するとしており，ここでは「普通貿易統計」について述べる。「普通貿易統計」とは，積戻しを含む貨物の輸出及び蔵入れ，移入れ，総保入れ及び輸入許可前引取りを含む輸入に関する統計をいう。貨物の品目分類は統計品目表

（6桁のHSコードに3桁の輸出入統計細分を加えたもの）により，貨物の数量は，統計品目表に定める単位により計上する。数量単位が重量である場合は，特段の規定がない限り，純重量により計上する。貨物の価格は原則として，輸出についてはFOB価格，輸入についてはCIF価格とし，1,000円未満の端数は切り捨てる。

(2) 輸出統計

　輸出の貿易相手国は，仕向け国（輸出貨物がその取引において最終的に仕向けられる国）とする。仕向地が未定の場合（揚地選択船荷証券によって委託される貨物又は指図式貨物）は，「指図式」とする。輸出統計では以下の貨物を計上する。
① 輸出される貨物（積戻しされる貨物を除く）
② 積戻しされる蔵入れ承認済の貨物
③ 積戻しされる移入承認済貨物
④ 積戻しされる総保入承認済貨物
⑤ 積戻しされる保税作業により製造された貨物
⑥ 保税工場及び総合保税地域以外の保税地域から外国籍船舶又は航空機の改装又は修繕に使用するため積戻しされる資材等の貨物

　輸出統計に計上する貨物の統計計上時点は，郵便物以外の貨物は，積載船舶又は航空機の出港日，関税法第76条第1項が適用される郵便物は，税関の通関手続を終了した日，関税法第76条第1項が適用されない郵便物及び本邦の船舶が公海並びに本邦の排他的経済水域の海域及び外国の排他的経済水域の海域において採捕した水産物等を洋上輸出（外国にある漁業基地等に一旦陸揚げした後輸出する場合を含む）する場合は，輸出許可の日とする。

(3) 輸入統計

　輸入の貿易相手国は，原産国（関税法施行令第4条の2第4項に規定する原産地となる国をいう）とする。原産地が明らかでない貨物及び再輸出品及び再輸入品に規定する再輸入の貨物については，積出国（貨物を本邦に向けて積み込んだ国）を原産国とみなす。また，本邦の保税工場又は総合保税地域において

加工等された後，移出輸入又は総保出輸入される貨物については，原料課税の適用を受けるもので原料の原産国が特定できる場合を除き，「保税工場・総合保税地域」とする。輸入統計では以下の貨物を計上する。

① 直輸入される貨物

② 輸入の許可前に本邦に引き取られる貨物

③ 外国から本邦に到着し，保税蔵置場に蔵入れされる貨物

④ 外国から本邦に到着し，保税工場に移入れされる貨物

⑤ 外国から本邦に到着し，総合保税地域に総保入れされる貨物

⑥ 保税工場及び総合保税地域以外の保税地域から，外国籍船舶又は航空機の改装又は修繕に使用するため積戻しされる資材等の貨物（当該貨物については，統計上輸入とみなす）

輸入統計に計上する貨物の統計計上時点は，直輸入される貨物及び保税展示場から輸入される貨物は，輸入許可の日，輸入許可前に引き取られる貨物は，輸入許可前引取の承認の日，保税蔵置場，保税工場又は総合保税地域に蔵入れ，移入れ又は総保入れされる貨物は，蔵承認，移入承認又は総保入承認の日とする。決定通知書及び賦課決定通知書により課税される貨物は，当該決定通知書等が発せられた日，関税法第76条第1項が適用される郵便物は，税関の通関手続を終了した日とする。関税法第76条第1項が適用されない郵便物は，上述の直輸入される貨物等の扱いと同様である。

(4) 普通貿易統計計上除外貨物

次に掲げる貨物は，普通貿易統計に計上しない。

① 輸出申告書及び輸入申告書等における統計品目表の細分番号に対応する1品目の価格が20万円以下の貨物

② 旅具通関扱いをする貨物及び携帯品又は別送品として輸出入される自動車

③ 無償の救じゅつ品及び寄贈品

④ 記録文書その他の書類で無償のもの

⑤ 国際連合教育科学文化機関が発行するユネスコクーポンとの引換え貨物

⑥ 無償の商品見本及び無償の宣伝用物品で，使用後積み戻されることが明

らかな輸入貨物及び積戻し又は輸出される当該貨物並びに使用後再輸入されることが明らかな輸出貨物及び輸入される当該貨物

⑦　一時的に輸出又は輸入する無償の貨物のうち特定のもの

⑧　天皇及び内廷にある皇族の用に供される貨物

⑨　本邦に来遊した外国の元首若しくはその家族又はその随行員に属する貨物

⑩　外交官用貨物

⑪　軍関係貨物

⑫　流通している貨幣，紙幣，銀行券及び有価証券

⑬　本邦から出漁した本邦の船舶によつて外国で採捕された水産物及び本邦から出漁した本邦の船舶内において当該水産物に加工し，又はこれを原料として製造した貨物

⑭　金貨及び貨幣用金

⑮　関税法第74条の規定によるみなし輸入貨物（ただし，日本郵便株式会社から交付された郵便物を除く）

⑯　遺骨及び遺体

⑰　漂流貨物

⑱　引揚時の所有権及び沈没前の船（機）籍がいずれも本邦である沈船（機）及びその解体材並びにそれに積載されていた内国貨物（原産国不明のものを含む）の海域からの引揚輸入

第13章　通関手続き

1.　通関手続き

　通関手続き（Customs Clearance, Customs formalities）とは，関税法その他関税に関する法令に基づき税関官署に対してする，関税の確定及び納付に関する手続きを含む申告又は承認の申請からそれぞれの許可又は承認を得るまでの手続きをいう。貨物を外国に向けて送り出す時（輸出）や，外国から到着した貨物を本邦に引き取る時（輸入）には，通関手続きが必要となる。

2.　通関業者と通関士

　我が国は戦後しばらくの間は，国家による管理貿易が行われ，関税の課税にはすべての貨物に対して**賦課課税方式**（第14章参照）が適用されていた。その後，我が国の高度経済成長に伴い，取引される輸出入貨物量が急増，管理貿易は限界に達し，通関手続きや関税課税を申告方式に切り替える必要性を生じさせた。こうして1966年に**申告納税方式**（第14章）が導入された。翌年の1967年には，これら通関手続きや関税の申告を適正かつ迅速に行わせるため通関業法が制定され，税関長が許可をして営む**通関業者**や，**通関士**制度が誕生した。

　通関業者の業務は，税関への輸出入申告，関税納付の代行業務等だが，多くは海貨業者の許可を併せ持ち，保税蔵置場での保管，本船舷側までの（はしけの手配を含む）運搬業務や船積み，陸揚げ等も手配する。

　通関士は，税関官署に提出される通関書類について内容審査，記名押印をする資格が与えられている。通関士となるためにはまず，年1回行われる国家試験（**通関士試験**）に合格する必要がある。その上で通関業者に従業し，通関業者が通関士として通関業務に従事させる旨を税関に届け出て，確認を受けるこ

とで通関士となることができる。通関士試験の受験者数は，例年7，8千人前後，合格率は年によっても異なるが，2014年から2018年の5年間の平均では13.8％となっている。また，2018年4月1日現在で，8,107名の通関士が，全国各地で活躍している。

3. 輸出通関

⑴ 輸出申告の時期

① 保税地域等への搬入前の輸出申告

貨物を輸出しようとする者は，輸出貨物への検査，包装，荷印の刷り込みを終えると，税関に対し輸出申告を行う。輸出申告は，従前，その申告に係る貨物を保税地域に搬入した後に行うことになっていたが，2011年10月1日の関税法改正により，全ての輸出貨物について，保税地域に搬入する前に輸出申告ができるようになった。この場合，貨物を輸出しようとする者は，輸出の許可を受けるため当該貨物を搬入する保税地域等を所轄する税関長に対して輸出申告をしなければならない。

② 保税地域等への搬入後の輸出申告

貨物を輸出しようとする者は，輸出の許可を受けるために当該貨物を保税地域等に搬入した後に，当該貨物を搬入した保税地域等の所在を所轄する税関長に対して，輸出申告をすることができる。

③ 輸出申告の時期の例外

次のような場合には，税関長の承認を受けることで，保税地域等に搬入せずに輸出申告を行い，審査や検査を経て輸出の許可までを受けることができる。

⒜ 本船扱い

貨物の性質，形状及び積付けの状況が検査を行うのに支障がなく保税地域等に搬入することが不適当と認められる場合に限り，輸出申告に係る貨物を他の貨物と混載することなく外国貨物船に積み込んだ状態で検査を受け，輸出の許可を受けることができる。

⒝ 艀中（ふちゅう）扱い

貨物の性質，形状及び積付けの状況が検査を行うのに支障がなく保税地域

等に搬入することが不適当と認められる場合に限り、輸出申告に係る貨物を他の貨物と混載することなくはしけ等に積み込んだ状態で検査を受け、輸出の許可を受けることができる。

④ 輸出申告の特例

特定輸出者、特定委託輸出者及び特定製造貨物輸出者は、保税地域に搬入することなく、輸出申告、検査を経て輸出許可を受けることができる。

(2) 輸出申告

① 輸出申告をすべき者（「輸出者」とは誰か）

関税法第67条では、貨物を輸出しようとする者は、当該貨物の品名並びに数量及び価格その他必要な事項を税関に申告し、貨物につき必要な検査を受け、その許可を受けなければならないとしている。輸出申告をすべき者は、貨物の輸出者だが、ここで貨物の輸出者は、貨物の輸出という行為をしようとする者であれば足り、当該貨物の所有者であるかないかを問わない。通常は、当該貨物に係る仕入書に記載されている仕出人（荷送人）である。

② 輸出申告書の提出

輸出者は、輸出の許可を受けるために当該輸出しようとする貨物を搬入する保税地域等の所在地を所轄する税関長に輸出申告書を提出する。(1)③の外国貿易船等に積み込んだ状態で行う場合は当該外国貨物船の係留場所を所轄する税関長に輸出申告書を提出する。旅客又は乗組員の携帯品を輸出する場合、輸出入・港湾関連情報処理システム（NACCS）を使用して輸出申告する場合、コンテナー通関条約の適用を受けてコンテナーを輸出する場合及びATAカルネ（通関手帳）により輸出する場合には、輸出申告書を提出する必要がない。

③ 輸出申告書に記載すべき事項

輸出者は、次の事項を輸出申告書に記載する。

(a) 保税地域等への「搬入前申告」か「搬入後申告」かの別

(b) 貨物の記号、番号、品名、数量及び価格（FOB価格）

(c) 統計品目番号（6桁のHSコード及び3桁の統計細分）

(d) 貨物の仕向け地並びに仕向人の住所又は居所及び氏名又は名称

(e) 貨物を積み込もうとする船舶及び航空機の名称又は登録番号

3. 輸出通関   201

〈図表13-1〉輸出申告書（NACCS用）

別紙様式M-400号

〈SFA/EXP〉　　　　　　　　輸出申告控（大額）　　　　　　　　　1 / 2

代表統番　申告種別　区分　あて先税関　提出先　申告年月日　申告番号

申告条件[　　]　　　　　申告予定年月日　　　　本申告[　　]

輸出者
　住所

　電話
　仕向人
　住所

国コード
代理人　　　　　　　　　　　　　　　　　　　　　　　通関士コード

輸出管理番号　　　　　　　　　　貨物個数
AWB番号　　　　　　　　　　　貨物重量
　　　　　　　　　　　　　　　　保税地域
最終仕向地　　　　　　　　　　　事前検査済貨物等識別[　　]
積込港　　　　　　　　　　　　　貿易形態別符号　　　　　調査用符号
積載予定船(機)名
出港予定年月日　　　　　　　　　船積(搭載)確認　(関税[　] 内国消費税[　] その他[　])
記号番号

輸出承認証等区分　　　　　　│仕入書番号
輸出承認証番号等　(1)　　　│仕入書番号(電子)
　　　　　　　　　(2)　　　│仕入書価格
　　　　　　　　　(3)　　　│FOB価格
　　　　　　　　　(4)　　　│通貨レート
　　　　　　　　　(5)　　　│BPR合計

構成　　枚　　欄

バンニング場所

　　住所

コンテナ適用日　　　　コンテナ本数　　　本
記事（税関）

記事（通関）
記事（荷主）
社内整理番号　　　　　　　　　　利用者整理番号

<　欄>　統合先欄　　　　　　　　　　　　　　　価格再確認[　　]
　　品名　　　　　　　　　　　統計品目番号
　　申告価格（FOB）　　　　　数量(1)
　　　　　　(　　　　　　　)　数量(2)
　　　　　　　　　　　　　　　BPR按分係数
　　　　　　　　　　　　　　　BPR金額
　　関税法70条関係(1)　(2)　(3)　(4)　(5)　　　輸出令別表　　外為法第48条[　　]
　　減免戻税条項符号　　　　　　(法)　　　　　　　(令)
　　内消税免税符号

税関記入欄　　　　　　　　　　　　　審査印　　　　審査印

出所：『関税関係個別通達集平成30年度版』日本関税協会，p.780

（f） 輸出の許可を受けるために貨物を入れる保税地域等の名称及び所在地

（g） その他参考となるべき事項

④ **輸出申告に際しての提出書類**

輸出申告を行った輸出者は，税関から輸出の許可の判断や関税についての条約の特別の規定による便益を適用する場合において必要があるとして求められたときは，契約書，仕入書，包装明細書，価格表，製造者若しくは売渡人の作成した仕出人との間の取引についての書類その他税関長が輸出申告の内容を確認するために必要な書類等を提出しなければならない。2012年6月までは仕入書の提出が必須であったが，同年7月1日からは税関から求めがあったときのみ提出すればよいこととなった。また従前，これらの書類は紙媒体で税関に提出することとされていたが，ペーパレス化を実現することにより貿易関連手続き等の迅速化を図ることを目的として，2013年10月13日からNACCSを使用して電磁的記録等（PDFファイル等）により税関に提出することが可能となった。

（3） **特殊輸出通関**

① **輸出少額貨物の簡易通関扱い**

統計基本通達21-2（普通貿易統計計上除外貨物）に掲げる貨物の一部（無償の救じゅつ品，記録文書，無償の商品見本等）及びその他の貨物で1品目の価格が20万円以下のもの（ただし，輸出貿易管理令による許認可を要するもの及び②の旅具通関扱いとするものを除く）は「輸出申告書」の記載事項のうち輸出統計品目番号（HSコード）の記載を省略することができる。ただし，税関の検査，鑑定等の結果，輸出貿易管理令による許認可を要する等，輸出少額貨物の簡易通関扱いが認められないと判断された場合は，改めて一般の輸出手続きが必要となる。

② **旅具通関扱い**

出国者の**携帯品**又は6カ月以内に後送される貨物（**別送品**）で，原則3個（組）以下又は課税価格が30万円程度以下のものについて（ただし，輸出貿易管理令による許認可を要するものを除く）は，税関に対し，口頭で申告することができる。ただし，保税運送を必要とするものについては，「輸出・輸入託送品（携帯品・別送品）申告書」（C-5340）2通を提出することで申告する。

③ ATAカルネ

商品見本や職業用具，展示用物品等を外国に一時的に持ち込む際に，外国の税関で免税扱いの一時輸入通関ができる**ATAカルネ**がある。ただしこのATAカルネを使用するためには物品を持ち込む相手国側が物品の一時輸入のための通関手帳に関する条約（ATA条約）に加盟していることが条件となる。ATA条約は商品見本，職業用具，博覧会（展示会・見本市）の3つから成り，我が国はこれら3つすべてに加盟している。

ATAカルネは，戦略物資，輸出禁止品目等を除き，有効期間1年以内に持ち帰る場合には，輸出特例として扱われ輸出の許認可も不要である。ATAカルネの有効期間延長は条約により認められていない。有効期間が過ぎると輸出特例とならず，外為法（輸出貿易管理令第4条）違反になる可能性があるので，十分に留意して活用する必要がある。

ATAカルネは外国への輸入税の支払いや保証金の提供が不要となる支払保証書でもあり，我が国では，**一般社団法人日本商事仲裁協会**で発行されている。

ATAカルネ申請手続きでは，以下の書類が必要となる。

・ATAカルネ発給申請書（同協会用紙）
・総合物品表〈申請用〉（同上）
・印鑑証明書
・最新の決算報告書（個人の場合は所得証明書）
・登記簿謄本（個人の場合は戸籍抄本又は住民票）
・記名印鑑届・代理人選任届（個人の場合は，記名印鑑届のみ）

なお，これまでATAカルネを利用して外国に持ち出された商品見本や展示会物品については外国で販売することが一切認められていなかったが，2010年5月より，関税その他の輸入税の支払い等所定の手続きを行うことを条件に認められることが明確化された。

(4) 輸出してはならない貨物

輸出してはならない貨物は以下の通り。

① 麻薬及び向精神薬，大麻，あへん，けしがら，覚せい剤及び覚せい剤原料（ただし，政府が輸出する場合及び他の法令の規定により輸出すること

ができるとされている者が輸出する場合を除く）

② 児童ポルノ（児童買春，児童ポルノに係る行為等の処罰及び児童の保護等に関する法律第2条第3項に規定する児童ポルノ）

③ 特許権，実用新案権，意匠権，商標権，著作権，著作隣接権又は育成者権を侵害する物品

④ 不正競争防止法上の侵害物品（不正競争防止法第2条1項1号～3号に掲げる行為を組成する物品）

　税関は，これらの貨物のうち，②以外のもので輸出されようとする場合には，没収して廃棄できるとしている。②の貨物については，場合によっては，我が国の憲法で保障されている思想，表現の自由という基本的人権の問題にかかわり得るものであることから，没収・廃棄でなく，輸出しようとする者に対して，輸出してはならない旨を通知するという規定となっている（関税法第69条の2第3項）。通知を受けた輸出者がこれに不服がある場合，税関に対し再調査の請求又は財務大臣に対し審査請求を行うことができる（関税法第89条，第91条）。

4. 輸入通関

(1) 輸入申告の時期

① 24時間ルール

　開港に入港しようとする外国貿易船の運航者及び運航者と積み荷の運送契約を締結する利用運送事業者は，入港しようとする開港の所在地を所轄する税関に対し，積み荷の仕出し地，仕向け地，記号，番号等積み荷に関する事項の報告をしなければならない。この報告が，当該積み荷の当該外国貿易船が船積み港を出港する24時間前までにしなくてはならないことから「24時間前ルール」と呼ぶ。2012年4月の関税法改正で当該報告が義務付けられた。

② 輸入申告の時期の原則

　貨物を輸入しようとする者は，当該貨物を保税地域等に搬入した後に当該保税地域等の所在地を所轄する税関長に対して輸入申告をしなければならない。

③ 輸入申告の時期の例外

次のような場合は，保税地域に搬入することなく輸入申告をすることができる。

(a) 本船扱い

貨物の性質，形状及び積付けの状況が検査を行うのに支障がなく保税地域等に搬入することが不適当と認められる場合に限り，輸入申告に係る貨物を他の貨物と混載することなく外国貨物船に積み込んだ状態で検査を受け，輸入の許可を受けることができる。

(b) 艀中（ふちゅう）扱い

貨物の性質，形状及び積付けの状況が検査を行うのに支障がなく保税地域等に搬入することが不適当と認められる場合に限り，輸入申告に係る貨物を他の貨物と混載することなく艀（はしけ）等に積み込んだ状態で検査を受け，輸入許可を受けることができる。

(c) 搬入前申告扱い

輸入される貨物につき，関税関係法令等の改正により納付すべき関税が増額する場合でかつ法令等改正前に貨物が積載された外国貿易船等の入港が確実である場合には，税関長から「搬入前申告扱い」の承認を受けることにより，当該貨物を外国貿易船又は外国貿易機から取卸すことなく輸入申告をすることができる。なお，輸入の許可を受けるためには，最終的に保税地域等の搬入しなければならない。

(d) 到着即時輸入申告扱い

輸入申告をNACCSを使用して行う場合で，その輸入申告に係る輸入貨物が迅速に引き取られる必要があり，かつその輸入貨物の性質その他の事情を勘案して認められる制度。予備輸入申告を行い，検査不要又は書類審査扱いで検査省略となった貨物については，本船等による本船到着が確認されたとき，自動的に正規の輸入申告が行われる。このとき，関税等の納付の必要がないもの又は関税等の納付方式がリアルタイム口座振替方式又は直納方式もしくはマルチペイメントネットワーク（MPN）を利用する場合で納期限延長が適用される場合には，直ちに輸入が許可される。

⑵　輸入（納税）申告

①　輸入（納税）申告をすべき者（「輸入者」とは誰か）

　貨物を輸入する者は，税関に対し，当該貨物の輸入申告を行い，必要な検査を受けてその許可を受けなければならない。貨物を輸入する者はまたこの輸入申告と同時に，関税の納付に係る申告を行い，納付すべき税額がある場合には，関税を納付しなければならない。この輸入申告及び納税申告をすべき者は，当該貨物の輸入者である。ここで輸入者とは，貨物の輸入という行為をしようとする者であれば足り，当該貨物の所有者であるかないかを問わない。通常の輸入取引により輸入される場合は，当該貨物に係る仕入書に記載されている仕向人（荷受人）である。

②　輸入（納税）申告書の提出

　輸入者は，輸入の許可を受けるために当該貨物を搬入する保税地域の所在地を所轄する税関長に対し輸入（納税）申告書を提出しなければならない。輸入する貨物がワシントン条約に該当するものである場合は，財務大臣が指定した税関官署の長に対して輸入（納税）申告書を提出する。旅客又は乗組員の携帯品を輸入する場合，輸出入・港湾関連情報処理システム（NACCS）を使用して輸入申告する場合，コンテナー通関条約の適用を受けてコンテナーを輸入する場合及びATAカルネ（通関手帳）により輸入する場合には，輸入（納税）申告書を提出する必要がない。

③　輸入（納税）申告書に記載すべき事項

　輸入者は，次の事項を輸入（納税）申告書に記載する。

- ⒜　貨物の記号，番号，品名，数量及び価格（CIF価格）
- ⒝　税表番号（6桁のHSコード及び3桁の統計細分）
- ⒞　貨物の原産地及び積出し地並びに仕出人の住所又は居所及び氏名又は名称
- ⒟　税表番号ごとの適用税率及び税額
- ⒠　貨物を積んでいた船舶又は航空機の名称又は登録番号
- ⒡　貨物の蔵置場所
- ⒢　保税作業製品である外国貨物を輸入する場合は，その貨物の製造に使用した外国貨物の品名，課税標準に相当する価格又は数量

(h) 関税の減免税を受ける場合は，法令名，適用条項

(i) 納付すべき税額の合計額

(j) その他参考となるべき事項

〈図表13-2〉 輸入（納税）申告書（NACCS用）

別紙様式M-500号

〈SEA/1MP〉　　　輸入（納税）申告控（内国消費税等課税標準数量等申告控兼用）　　　1／2

代表税番　　申告種別　　区分　　あて先税関　　部門　　申告年月日　　申告番号
　　　　　　　　　[ ]
　　　　　　申告条件 [ ]　　　　　　申告予定年月日　　　　本申告 [ ]

輸　入　者
　　住　所

　　電　話
輸入取引者
仕　出　人
　　住　所

　　　　　　　　　　　　　　輸出の委託者

代　理　人　　　　　　　　　　　　　　　　　　通関士コード

B／L番号(1)　　　　　　貨物個数　　　　　保税地域
　　　　　(2)　　　　　　貨物重量
　　　　　　　　　　　　コンテナ本数　　　本　最初蔵入年月日
船　卸　港　　　　　　　一括申告 [ ]　　　貿易形態別符号
積　出　地　　　　　　　調査用符号
積載船機名　　　　　　　記号番号

入港年月日

貿易管理令 [ ] 輸入承認証 [ ]　仕入書番号
関税法70条関係許可承認　　　　仕入書(電子)
共通管理番号　　　　　　　　　仕入書価格
食品　　　　　　　　　　　　　運賃
植防　　　　　　　　　　　　　保険
動検　　　　　　　　　　　　　通関金額
輸入承認証番号等(1)　　　　　評価
　　　　　　　(2)　　　　　　補正
　　　　　　　(3)
　　　　　　　(4)　　　　　　BPR合計　　　　　　　　　　計算 [ ]
　　　　　　　(5)　　　　　　原産地証明 [ ] 戻税申告 [ ] 内容点検結果 [ ]

税科目　　　　　　税額合計　　欄数　納税額合計　　　　　通貨レート
　　　　　　　　　　　　　　　担保額
　　　　　　　　　　　　　　　口座　　　　[ ] 都道府県
　　　　　　　　　　　　　　　納付方法　　[ ]　　　　　　構成　枚　欄

< 欄 >統合先欄　　　　　　品目番号　　　　　　　　価格再確認 [ ]
品名　　　　　　　　　　　数量（1）
税表番号　　　　　　　　　数量（2）
申告価格（CIF）　　　　課税標準数量

関税率　　　　　　　　　　　　　　　　輸入令別表　　　　特恵 [ ]
関税額　　　　　　　　　　BPR按分係数
減免税額　　　　　　　　　BPR金額
　　　　　　　　　　　　　蔵置種別 [ ] 運賃按分 [ ] 原産地
減免税　　　　　　法
　　　　　　　　　令
　　　　　　　　　別表

─内国消費税等(1)　　　　　　種別
　課税標準額　　　　　　　　　課税標準数量

　税率　　　　　　　　　　　　減免税
　税額　　　　　　　　　　　　条項
　減免税額

─内国消費税等(2)　　　　　　種別
　課税標準額　　　　　　　　　課税標準数量

　税率　　　　　　　　　　　　減免税
　税額　　　　　　　　　　　　条項
　減免税額

記事（税関）

記事（通関）　　　　　　　　　　　　　利用者整理番号
記事（荷主）　　　　　　　　　　　　　社内整理番号

［税関記入欄］　　　　　　　　　審査印　　審査印　　許可・承認年月日

出所：『関税関係個別通達集平成30年度版』日本関税協会，p.841

④ 輸入（納税）申告に際しての提出書類

輸入申告を行った輸入者は，税関から輸入の許可の判断や関税についての条約の特別の規定による便益を適用する場合において必要があるとして求められたときは，契約書，仕入書，運賃明細書，保険料明細書，包装明細書，価格表，製造者若しくは売渡人の作成した仕出人との間の取引についての書類その他税関長が輸入申告の内容を確認するために必要な書類等を提出しなければならない。2012年6月までは仕入書の提出が必須であったが，同年7月1日からは税関から求めがあったときのみ提出すればよいこととなった。また従前，これらの書類は紙媒体で税関に提出することとされていたが，ペーパーレス化を実現することにより貿易関連手続き等の迅速化を図ることを目的として，2013年10月13日からNACCSを使用して電磁的記録等（PDFファイル等）により税関に提出することが可能となった。

(3) 特殊輸入通関

① 輸入少額貨物の簡易通関扱い

課税価格20万円以下のもの（ただし，法令により輸入承認を受けなければならない場合，関税の減免税の適用を受ける場合及び②の旅具通関扱いとする場合を除く）は「輸入（納税）申告書」に「少額貨物簡易通関扱」と表示して申告する。さらに，輸入申告書に記載する申告種別符号，船（取）卸港，積載船（機）名，入港年月日，船荷証券番号，船（機）籍符号，貿易形態符号，原産国（地）符号，輸入者符号，減免税条項適用区分符号の記載（各種の符号は実行関税率表を参照）と「統計細分」欄の記載事項が不要（「X」印を付す）となる。課税価格20万円以下のもののうち，自己使用のために輸入する場合（個人輸入の場合）は，「輸入（納税）申告書（少額個人通関用）」（C-5450）2通を提出することで申告することができる。

② 旅具通関扱い

入国者の**携帯品**[1]，**別送品**[2]で，3個（組）以下又は課税価格が30万円程度以下のものについては，「旅具通関扱い」とし，**携帯品・別送品申告書**（C-5360）〈図表13-3〉に記入し入国の際，税関に提出することで申告することができる。

4. 輸入通関　209

〈図表13-3〉携帯品・別送品申告書

(A面)

日本国税関
税関様式C第5360号

携帯品・別送品申告書

下記及び裏面の事項について記入し、税関職員へ提出してください。
家族が同時に検査を受ける場合は、代表者が1枚提出してください。

搭乗機（船）名		出　発　地	
入　国　日	年	月	日

氏　名	フリガナ

現住所 （日本での 滞在先）	
	電　話　　　（　　　　）

職　業	
生年月日	年　　　　月　　　　日
パスポート番号 旅券番号	
同伴家族	20歳以上　　　名　6歳以上20歳未満　　名　6歳未満　　名

※　以下の質問について、該当する□に"✓"でチェックしてください。

	はい	いいえ
1．下記に掲げるものを持っていますか？		
① 麻薬、銃砲、爆発物等の日本への 　 持込みが禁止又は制限されているもの 　 （B面1．及び2．を参照）	□	□
② 金地金又は金製品	□	□
③ 免税範囲（B面3．を参照）を超える 　 購入品・お土産品・贈答品など	□	□
④ 商業貨物・商品サンプル	□	□
⑤ 他人から預かったもの	□	□

＊上記のいずれかで「はい」を選択した方は、B面に入国時
に携帯して持ち込むものを記入してください。

2．100万円相当額を超える現金、有価証券又 　 は1kgを超える貴金属などを持っていますか？	はい	いいえ
	□	□

＊「はい」を選択した方は、別途「支払手段等の携帯輸出・
輸入申告書」を提出してください。

3．別送品	入国の際に携帯せず、郵送などの方法により別に 送った荷物（引越荷物を含む。）がありますか？
	□ はい　（　　　 個 ）　□ いいえ

＊「はい」を選択した方は、入国時に携帯して持ち込むものをB
面に記入したこの**申告書を2部**、税関に提出して、税関の確認を
受けてください。（入国後6か月以内に輸入するものに限る。）
確認を受けた申告書は、別送品を通関する際に必要となります。

《注意事項》

海外又は日本出国時及び到着時に免税店で購入したもの、預
かってきたものなど日本に持ち込む携帯品・別送品については、
法令に基づき、税関に申告し、必要な検査を受ける必要がありま
す。**申告漏れ、偽りの申告などの不正な行為がある場合は、処
罰されることがあります。**

この申告書に記載したとおりである旨申告します。

署　名

(B面)

※入国時に携帯して持ち込むものについて、下記の
表に記入してください。（A面の1．及び3．で
すべて「いいえ」を選択した方は記入する必要は
ありません。

（注）「その他の品名」欄は、個人的使用に供する購入品
等に限り、1品目毎の海外市価の合計額が1万円以下
のものは記入不要です。また、別送品も記入不要です。

酒	類		本	＊税関記入欄
たばこ	紙　巻		本	
	葉　巻		本	
	その他		グラム	
香　　水			オンス	
その他の品名	数　量	価　格		
＊税関記入欄				
			円	

1．日本への持込みが禁止されている主なもの

① 麻薬、向精神薬、大麻、あへん、覚醒剤、MDMA、指定薬物など
② 拳銃等の銃砲、これらの銃砲弾や拳銃部品
③ 爆発物、火薬類、化学兵器原材料、炭疽菌等の病原体など
④ 貨幣・紙幣・有価証券・クレジットカードなどの偽造品など
⑤ わいせつ雑誌、わいせつDVD、児童ポルノなど
⑥ 偽ブランド品、海賊版などの知的財産侵害物品

2．日本への持込みが制限されている主なもの

① 猟銃、空気銃及び日本刀などの刀剣類
② ワシントン条約により輸入が制限されている動植物及び
　 その製品（ワニ・ヘビ・リクガメ・象牙・じゃ香・サボテンなど）
③ 事前に検疫確認が必要な生きた動植物、肉製品（ソーセージ・
　 ジャーキー類を含む。）、野菜、果物、米など
＊ 事前に動物・植物検疫カウンターでの確認が必要です。

3．免税範囲（一人あたり。乗組員を除く。）

・酒類3本（760mlを1本と換算する。）
・紙巻たばこ、外国製及び日本製各200本
　（非居住者の方の場合は、それぞれ2倍となります。）
＊2018年10月以降、居住者・非居住者ともに400本
　（外国製、日本製の区分なし）になります。
＊ 20歳未満の方は酒類とたばこの免税範囲はありません。
・海外市価の合計額が20万円の範囲に納まる品物
　（入国者の個人的使用に供するものに限る。）
＊ 海外市価とは、外国における通常の小売価格（購入価格）です。
＊ 1個で20万円を超える品物の場合は、その全額に課税されます。
＊ 6歳未満のお子様は、おもちゃなど子供本人が使用するもの以外
　 は免税になりません。

**日本に入国（帰国）されるすべての方は、法令に基づき、この
申告書を税関に提出していただく必要があります。**

出所：税関ホームページ

1　出入国者が渡航に伴って携帯する物品。機内預け荷物と機内持ち込み荷物の両方を指す。身の回
り品，商品見本，職業用具，展示品，商業貨物などがある。この携帯する行為はハンドキャリーとも
呼ばれる。

2　出入国者の渡航に伴うも携帯せずに別に送る物品。関税法上「別送品」扱いとして関税の優遇が
受けられるのは入国者の入国後6カ月以内に輸入されるものに限られる。

③ コンテナー扱い

コンテナ貨物で，税関が通関審査上支障がないと認めたときは，コンテナに貨物を詰めた状態で輸入申告をすることができる。

④ ATAカルネ

商品見本や職業用具，展示用物品等をATAカルネ（5.(3)④参照）を使用して輸入する場合は関税・消費税が免税となる特例が受けられる（再輸出免税（関税定率法第17条第1項第1号及び第4号）に規定される加工，修繕される物品を除く）。

⑷ **輸入してはならない貨物**

輸入してはならない貨物は以下の通り（自国への社会悪物品流入の水際阻止という観点から，どの国も輸出に比べ輸入の場合の方が禁止品目が多くなる傾向にある）。ただし，条約や他の法令等の規定により輸入することができるとされている者が輸入する場合を除く。

① 麻薬及び向精神薬，大麻，あへん，けしがら，覚せい剤及び，覚せい剤原料及びあへん吸煙具

② 指定薬物（医薬品，医療機器等の品質，有効性及び安全性の確保等に関する法律に規定するもの）

③ けん銃，小銃，機関銃及び砲及びこれらの銃砲弾並びにけん銃部品

④ 爆発物（爆発物取締罰則第1条に規定する爆発物）

⑤ 火薬類（火薬類取締法第2条1項に規定する火薬類）

⑥ 化学兵器製造に使用される恐れが高い毒性物質及びその原料物質（化学兵器の禁止及び特定物質の規制等に関する法律第2条3項に規定する特定物質）

⑦ 一種病原体等及び二種病原体等（感染症の予防及び感染症の患者に対する医療に関する法律第6条第20項及び第21項に規定するもの）

⑧ 貨幣，紙幣若しくは銀行券，印紙若しくは郵便切手又は有価証券の偽造品，変造品及び模造品並びに不正に作られた代金若しくは料金の支払用又は預貯金の引出用のカードを構成する電磁的記録をその構成部分とするカード

⑨　公安又は風俗を害すべき書籍，図画，彫刻物等（公安を害する物品とは，破壊活動防止法第4条1項1号二に掲げる文書等に限るとされ，風俗を害する物品とは，わいせつな文書等と解される）

⑩　児童ポルノ（児童買春，児童ポルノに係る行為等の処罰及び児童の保護等に関する法律第2条第3項に規定する児童ポルノ）

⑪　特許権，実用新案権，意匠権，商標権，著作権，著作隣接権，回路配置利用権又は育成者権を侵害する物品

⑫　不正競争防止法上の侵害物品（不正競争防止法第2条1項1号〜3号までに掲げる行為を組成する物品）

税関は，これらの貨物のうち，⑨及び⑩以外の貨物で輸入されようとする場合には，没収して廃棄，又は輸入者に対し，積み戻しを命ずることができる（関税法第69条の11第2項）。⑨及び⑩の貨物については，場合によって，我が国の憲法で保障されている思想，表現の自由という基本的人権の問題にかかわり得るものであることから，没収・廃棄でなく，輸入しようとする者に対して，輸入してはならない旨を通知するという規定となっている（関税法第69条の11第3項）。通知を受けた輸入者がこれに不服がある場合，税関に対し再調査の請求又は財務大臣に対し審査請求をすることができる（関税法第89条，第91条）。

5.　保税地域

⑴　保税地域の意義

外国貨物には①外国から到着した貨物で，未だ輸入の許可や関税の納付がなされていないもの，②外国に送り出そうとする貨物で，輸出の許可がなされ船舶や航空機への積込みを控えているものの2種類ある。内国貨物でない外国貨物は通常，我が国の領土内に置くことはできない。しかし，輸入通関（関税納付）手続きや，船舶・航空機への積込みは即座に行うことができないため，その間外国貨物を置くことのできる場所として**保税地域（Bonded Area）**が設置されている。

保税（Bonded）とは，関税（Customs Duties）の課税が留保されていると

いう意味である。従って，この地域から搬出するときは，関税を支払わなけれ
ばならない。我が国では，関税が課されるのは輸入時のみで，輸出時には課さ
れない。中国やロシア等のように一部の品目（鉱物資源等）に輸出関税を課す
国もある。

　保税地域はまた，輸出入貨物の検査や審査を行うために，税関が許可し，監
視している地域である。保税地域は関税やその他の税金が留保されているに過
ぎず，関税法令を始め，外国為替及び外国貿易法，大麻取締法，銃刀法，刑法
等その国の法令についてはそのまま適用される。

　税関による保税地域の許可にあたっては，当該許可を申請する者の欠格事由
の該非，資力，利用の見込み等が審査される。

(2)　保税地域の種類

　保税地域には，次の5つの種類がある。①の指定保税地域は，輸出入通関の
ために設けられているものであるが，②～⑤は特定の目的のために設けられて
いる保税地域である。これらの地域に輸出入貨物を搬入したときは，主として
保税地域の管理者が搬入台帳に自主記帳するか，又はその保税地域を管理する
税関派出所に搬入届を提出する。

①　指定保税地域（Designated Bonded Area）

　港又は空港にある国，地方公共団体，又はJRが所有し管理する土地，建物を
財務大臣が保税地域として指定した場所。この場所では，外国貨物の積卸し，
一時蔵置，内容点検，改装，仕分け，その他の手入れをすることができる。ま
た，税関長の許可を得た場合，見本の展示，簡単な加工，その他これらに類似
する行為を行うことができる。この地域は公共施設のため，原則1カ月以内の
短期間の蔵置しか認められていない。

②　保税蔵置場（Bonded Warehouse）

　保税蔵置場は，①の指定保税地域と同様の行為ができるものとして税関長が
許可した場所で，外国貨物を保税の状態で原則として3カ月間，税関長の承認
を受けることで2年間まで蔵置できる（蔵入れ承認申請）。承認を受けることで
さらに延長も可能である。保税蔵置場は輸入貨物を関税留保のまま保管し，市
況の好転を待って輸入したり，中継貿易等の場合の輸出や積戻しに利用されて

いる。

③ 保税工場 (Bonded Manufacturing Warehouse)

保税工場は，外国貨物の加工，それを原料とする製造・混合，改装，仕分けその他の手入れをすることのできるものとして税関長が許可した場所である。輸入原材料を関税保留の状態で生産加工できるため，委託加工貿易に利用される。民間の工場も，所轄税関長の許可を得て指定することができる。保税工場で使用する輸入貨物については，保税工場に入れてから3カ月の間は，当該保税工場は保税蔵置場としても使用できる。移入れ承認申請をすることで，貨物を2年間蔵置し，加工等を行うことができる。

④ 保税展示場 (Bonded Displaying Area)

保税展示場は，国際博覧会や見本市等のために，関税や消費税を留保したまま外国貨物の積卸し，運搬，蔵置，内容点検，改装，仕分けその他の手入れ，展示又は使用等ができる場所。ただし，保税展示場においては，販売，消費，実費を超える有償で観覧・使用される貨物については展示や使用はできない。貨物の蔵置期間は税関長が必要と認めた期間。

⑤ 総合保税地域 (Integrated Bonded Area)

総合保税地域は上記②〜④の保税機能の他さまざまな機能を併せ持った保税地域。

総合保税地域は，輸入促進，対日投資の円滑化，地域の活性化等を促進させるため，地方の港湾，空港，**インランドデポ**（内陸部に設けられた保税地域）等を中心とした広域地域を保税地域として，陸，海，空を一体とした流通複合地域の構築を目指している。総保入れ承認申請を行うことにより，2年間蔵置をすることができる。

⑥ 他所蔵置許可場所

輸出貨物の性質や特殊事情（巨大重量貨物・大量貨物，腐敗・変質しやすい貨物，交通が著しく不便である等）により保税地域に搬入することが困難な場合，税関長の許可を受けることにより保税地域以外の場所に貨物を蔵置することができる場所。

(3) 保税運送

① 保税運送とは

保税運送とは，税関の承認を得て，**特定区間**（開港，税関空港，保税地域，税関官署及び他所蔵置許可場所の各相互間）で運送することをいう（関税法63条）。主として保税地域の利用の拡大と外国貨物の流通の円滑化を図ることを目的としている。保税運送を活用することで，輸出入貨物を港頭地区から輸出入者の最寄りの税関まで運送し通関することも可能となる。

② 保税運送手続き

保税運送手続きは「外国貨物運送申告書（目録兼用）」（税関様式C-4000）

〈図表13-4〉保税地域の種類と機能

	保税地域名	根拠法（関税法）	設置形態	蔵置期間	機　　能
①	指定保税地域	37条〜41条の3	財務大臣の指定	1カ月	外国貨物の積み卸し，運搬，一時蔵置，内容点検，改装，仕分け，その他の手入れ 税関長の許可を受けることで，見本の展示，簡単な加工その他これに類する行為
②	保税蔵置場	42条〜55条	税関長の許可	3カ月（承認を得ることで2年間，さらに承認を受けることで延長化）	外国貨物の積み卸し，運搬，一時蔵置，内容点検，改装，仕分け，その他の手入れ 税関長の許可を受けることで，見本の展示，簡単な加工その他これに類する行為
③	保税工場	56条〜62条	税関長の許可	2年間（保税工場に入れてから3ヶ月間は保税蔵置場として使用可）	外国貨物の加工，それを原料とする製造・混合，改装，仕分その他の手入れ
④	保税展示場	62条の2〜62条の7	税関長の許可	税関長が必要と認めた期間	外国貨物の積み卸し，運搬，蔵置，内容点検，改装，仕分けその他の手入れ，展示又は使用
⑤	総合保税地域	62条の8〜62条の15	税関長の許可	2年間	②〜④の保税蔵置機能のほか様々な機能を併せ持った保税地域
⑥	他所蔵置許可場所	30条	税関長の許可	税関長が指定した期間	外国貨物の蔵置

3通を税関に提出し，承認を得る。承認を受けた貨物を運送する際は，運送目録を税関に提示し，その確認を受ける。運送先に到着した時は，その運送目録を到着地の税関に提示し確認を受ける。保税運送の承認を受けた外国貨物（輸出の許可を受けた貨物を除く）が，指定された運送期間内に到着しないときは，税関は運送の承認を受けた者から直ちに関税を徴収することになっている（関税法第65条）。

(4) 保税転売

保税転売とは，保税地域内で貨物の売買が行われることをいう。通常は，外国から到着した外国貨物が，輸入される前に保税地域内で第三者に転売されることを指す。このときの輸入申告価格（課税価格）は「現実に当該貨物が本邦に到着することとなった売買」の価格，つまり，保税地域内における転売前の価格が輸入申告価格となる（関税定率法基本通達4-1(2)ハ）。

6. AEO制度

(1) AEO制度とは

AEO（Authorized Economic Operator：認定事業者）制度とは，民間企業とのパートナーシップの構築により，税関が法令遵守（コンプリンス）の優れた事業者に認定し，通関手続きの簡素化等の便益を与える制度である。

2001年9月11日に発生した米国同時多発テロ事件以降，米国では，貿易貨物の安全確保（セキュリティ）と貿易円滑化を両立させるための取組みとして，輸入貨物に対してC-TPAT（Customs-Trade Partnership Against Terrorism）が導入された。税関の国際機関である世界税関機構（World Customs Organization：WCO）はこれを踏まえ2006年，AEOのガイドラインを策定した。このガイドラインをベースに世界各国で取り組みが行われ，欧州では2008年1月にAEO制度を開始した。

我が国では，既に実施されていた**特例輸入申告制度**（2001年3月～，旧名：簡易申告制度），**特定輸出申告制度**（2006年3月～）に加え，上述のWCOのガイドラインに沿うかたちで，2007年10月に**特定保税承認制度**，2008年4月に認

216　第13章　通関手続き

〈図表 13-5〉我が国の AEO 制度（導入順）

※2019年1月現在

事業者	AEO制度名	施行年月	根拠法（関税法）	承認者数（※）
輸入者	特例輸入申告制度	2001年3月	7条の2	97
輸出者	特定輸出申告制度	2006年3月	67条の3	239
倉庫業者	特定保税承認制度	2007年10月	50条，61条の5	136
通関業者	認定通関業者制度	2008年4月	79条	211
運送者	特定保税運送制度	2008年4月	63条の2	7
製造者	認定製造者制度	2009年7月	67条の13	―
			合計	690

出所：税関ウェブサイトから筆者作成

定通関業者制度及び**特定保税運送制度**，2009年7月には**認定製造者制度**を導入した。こうして**サプライ・チェーン**に関与するすべての貿易関連事業者を対象とした一連の制度の一応の完成を見せた（図表13-5参照）。

(2)　AEO の相互承認

　貿易とはそもそも相手があってはじめて成立するものである。AEO制度は，一方で，経済のグローバル化，国際分業の進展，**サプライ・チェーン・マネジメント**にみられる国際物流の高度化等に鑑み，貿易相手国との**相互承認**に向けた動きが広がり始めた。これは，自国でAEOの資格を有した事業者が相手国でも通関上の便益が受けられるというものである。

　2018年11月現在，全世界で62のAEO相互承認が締結されており，我が国とAEOの相互承認のある国・地域は，ニュージーランド（2008年5月），米国（2009年6月），カナダ（2010年6月），EU（2010年6月），韓国（2011年5月），シンガポール（2011年6月），マレーシア（2014年6月），香港（2016年8月），中国（2018年10月），台湾（2018年11月）の10カ国・地域である。

(3)　我が国の各 AEO 制度の概要

①　特例輸入申告制度

　この制度は，現在6種類ある我が国のAEO制度の中で最も古く，まだAEOという用語が定着していない2001年3月に導入された制度である。その後，

2007年4月の改正を経て，現在のAEO制度の一制度を形成している。この制度は，貨物のセキュリティ管理と法令遵守の優れた者として税関長の承認を受けた輸入者（**特例輸入者**）が，輸入申告（引取申告）と納税申告を分離し，納税申告の前に貨物を引き取ることのできる制度である。

② **特定輸出申告制度**

2006年3月の関税法改正で導入されたこの制度は，2007年4月の改正を経て，現在の日本版AEO制度の一制度を形成している。この制度は，貨物のセキュリティ管理と法令遵守の優れた者として税関長の承認を受けた者（**特定輸出者**）が，貨物を保税地域に搬入することなく，輸出申告及び輸出の許可を受けることのできる制度である。

6種類あるAEO制度の中で，この制度の承認者数（2011年11月現在242者）も利用率も最も高く，2008年には特定輸出者による輸出額が総輸出額の5割を突破し，54.6%となった。

③ **特定保税承認制度**

2007年10月に導入されたこの制度は，保税蔵置場又は保税工場の許可を受けている者で，法令遵守の優れた者として税関長の承認を受けた者（**特定保税承認者**）が，新たに保税蔵置場等を新設する場合，税関長に届け出をするだけで新設でき，また当該保税地域の許可手数料が免除される等の特例を受けることができる制度である。

④ **認定通関業者制度**

2008年4月導入されたこの制度は，貨物のセキュリティ管理と法令遵守の優れた者として税関長の認定を受けた者（**認定通関業者**）が，以下のことを行うことができる。

⒜ **特定委託輸出申告**……**特定輸出者**（②）でない者から輸出通関手続きの依頼を受けた場合，特定保税運送者が貨物を運送することを条件に，保税地域に搬入することなく輸出申告等を行うことができる。この特定委託輸出申告は，2011年10月1日より，関税法改正で，保税地域に入れることなく輸出の申告から許可までを受けることができるようになる。

⒝ **特例委託輸入申告**……**特例輸入者**（①）でなくても貨物引取り後に納税申告をすることができる。

(c) **特定保税運送**……**特定保税運送者**（⑤参照）の承認を受けた認定通関業者は，輸出者や輸入者の委託に応じ，**特定区間**（開港，税関空港，保税地域，税関官署及び他所蔵置許可場所の各相互間）で外国貨物の管理がNACCS（10.(1)参照）によって行われている保税地域相互間において承認を受けることなく保税運送を行うことができる。

⑤ **特定保税運送制度**

2008年4月導入されたこの制度は，貨物のセキュリティ管理と法令遵守の優れた者として税関長の承認を受けた者（**特定保税運送者**）が，本来承認が必要な保税運送を，承認を受けることなく，④(c)で述べた区間と同じ区間に限り運送できるとした制度である。

特定保税運送者として税関長の承認を受けることができるのは，**認定通関業者**（④参照）又は**国際運送貨物取扱業者**（関税法第63条の2，関税法施行令第55条の2に定める国際運送貨物取扱業者）であることが要件とされる。

⑥ **認定製造者制度**

この制度は，一連の日本版AEO制度を完成させるかたちで，2009年7月に新たに導入された。この制度は，貨物のセキュリティ管理と法令遵守の優れた製造者が製造した貨物について，製造者以外の輸出者（**特定製造貨物輸出者**）が行う輸出申告を，保税地域に貨物を搬入する前に行うことができる（**特定製造貨物輸出申告**）としたものである。しかしこの制度については2011年6月現在，認定者はまだ1者もない。

(4) **承認・認定の申請**

特例輸入者の承認を受けようとする者，特定輸出者の承認を受けようとする者，特定保税承認の承認を受けようとする者，認定通関業者の認定を受けようとする通関業者，特定保税運送の承認を受けようとする者及び認定製造業者の認定を受けようとする製造者は，これら承認又は認定を受けようとする者の住所及び氏名又は名称その他必要な事項を記載した承認・認定申請書（C-9000）に，法令遵守規則及びその者が法人である場合は当該法人登記事項証明書を添付して，税関長に提出する。

7. 郵便通関

(1) 郵便物の輸出通関

① 輸出郵便物の簡易手続き（商品価格20万円以下）

輸出される郵便物で商品価格が**20万円以下のもの**及び以下に掲げるものについては，輸出通関の迅速性の観点から，簡易手続きが行われ，輸出者は**輸出申告をする必要がない**（関税法第76条）。

(a) 寄贈物品である郵便物

(b) 日本国とアメリカ合衆国との間の相互協力及び安全保障条約第6条に基づく施設及び区域並びに日本国における合衆国軍隊の地位に関する協定第21条の規定に基づいて設置された合衆国軍事郵便局を通じて郵送される郵便物

以前はすべての郵便物についてこの簡易手続きが行われていたが，2009年2月16日より，商品価格が20万円を超える郵便物については以下に掲げるものを除き輸出申告が必要となった（②参照）。

② 郵便物の輸出申告（商品価格20万円超）

商品価格が20万円を超えて輸出申告が必要となる郵便物は，通関業者（通関業者である郵便事業株式会社を含む）に委託して，又は輸出者（差出人）自身で輸出申告を行う。輸出者自身で輸出申告を行う場合は，郵便物が，保税地域の許可を受けている国際郵便通関交換支店等（通関郵便局）に搬入された後，輸出者が直接税関長に対し輸出申告をして輸出の許可を受ける。

(2) 郵便物の輸入通関

① 輸入郵便物の簡易手続き（課税価格が20万円以下）

輸入される郵便物で課税価格が**20万円以下のもの**及び以下に掲げるものについては，輸入通関の迅速性の観点から簡易手続きがなされており，輸入者は輸入申告をする必要がない（関税法第76条）。

(a) 寄贈物品である郵便物

(b) 無償で貸与されることその他の事由により，名あて人において課税価格

を把握し，又は定率法別表の適用上の所属区分を判断することが困難と認められる郵便物

(c) 日本国とアメリカ合衆国との間の相互協力及び安全保障条約第6条に基づく施設及び区域並びに日本国における合衆国軍隊の地位に関する協定第21条の規定に基づいて設置された合衆国軍事郵便局を通じて郵送される郵便物

以前は，すべての郵便物について簡易手続きが行われていたが，2009年2月16日より，課税価格が20万円を超える郵便物については以下にっかげるものを除き輸入申告が必要となった（②参照））。

② **郵便の輸入申告（課税価格が20万円超）**

課税価格が20万円を超えて輸入申告が必要となる郵便物は，名あて人に対して輸入申告の手続きが必要である旨の案内文書が送付される。

この案内文書を受けた名あて人は，通関業者（通関業者である郵便事業株式会社を含む）に委託して，又は輸入者（名あて人）自身で輸入（納税）申告を行う。輸入者自身で輸入（納税）申告を行う場合は，自ら郵便物が保管されている保税地域の許可を受けている国際郵便通関交換支店等（通関郵便局）に出向き，直接税関長に対し輸入（納税）申告を行い，関税を納付して輸入の許可を受ける。

(3) 郵便物の保税運送

2009年2月16日より商品価格・課税価格が20万円を超える輸出入される郵便物については輸出入申告が必要となった（(1)②，(2)②参照）が，これらの郵便物については保税運送（3.(3)参照）をする際においても，税関長への届け出が必要となった。この場合の運送も，特定保税運送制度（4.(3)⑤参照）同様，開港，税関空港，保税地域，税関官署及び他所蔵置許可場所の各相互間で外国貨物の管理がNACCSによって行われている保税地域相互間においてに限られている。また，保税運送の届け出をして運送された外国貨物（輸出の許可を受けた貨物を除く）が，発送の日の翌日から起算して7日以内に運送先に到着しない時は，税関は，届け出をした者から直ちにその関税を徴収する（関税法第65条の2）。

(4) 郵便物の税関検査

郵便事業株式会社は，郵便物を受け取ったときは，輸出入申告にかかるもの（商品価格又は課税価格が20万円を超えるもの）を除き，当該郵便物を税関長に提示する（関税法第76条第3項）。税関長は，これら郵便物についても，郵便物中の信書以外のものについて税関職員に必要な検査をさせることになっている。検査の際は，税関職員は，郵便事業株式会社の職員の立ち会いを受ける。

税関長は，郵便物の検査の終了又は検査の必要のない旨を郵便事業株式会社に通知することになっている。

8. 通関システム

(1) 輸出入・港湾関連情報処理システム（NACCS）

1978年，輸出入貨物の通関業務の合理化，迅速化，簡素化を目的として航空貨物通関情報処理システム（Nippon Air Cargo Clearance System：NACCS）が導入された。これは，到着貨物の税関手続き及び一部民間業務を，税関，航空会社，倉庫業者，通関業者，航空代理店，銀行等をオンラインで結んで処理する官民共同のコンピュータ・システムである。1991年，輸出入総合システムとして海上貨物業務にもSea-NACCSが導入され，NACCSは，**通関情報処理システム（Nippon Automated Cargo Clearance System）**の略称となった。NACCSは，1977年に設立された認可法人通関情報処理センター（2003年10月より独立行政法人化）によって管理・運営されていた。2008年10月，同センターは民営化し，**輸出入・港湾関連情報処理センター株式会社**が設立された。これに伴い，NACCSの和称も，**輸出入・港湾関連情報処理システム（Nippon Automated Cargo and Port Consolidated System）**となった。現在，全国の空港及び港湾では，ほとんどの場合，このNACCSを利用して輸出入申告が行われている。このシステムは，厚生労働省の**輸入食品監視支援システム（FAINS）**，農林水産省の**輸入植物検査手続電算処理システム（PQ-NETWORK）**及び**動物検疫検査手続電算処理システム（ANIPAS）**ともインターフェースしており，NACCS端末を利用して他法令の一部についても申請手続きをすることができるようになっている。

NACCSシステムは，その後航空，海上とも数度の更改を経て，2008年10月には申請画面の統一化等機能の向上を図り，**次世代シングルウィンドウ**が稼動している。これに伴い2015年までに各省庁の輸出入・港湾に関するシステムが段階的にNACCSに統合される予定となっている。

(2) 各省庁システムのNACCSへの統合

NACCはどのシステムよりも先駆け，1978年に航空貨物通関情報処理システムとして導入されたが，1990年代後半からは，他の省庁においてもあらゆる輸出入，港湾に係るシステムが次々と開発され，導入された。しかしその後，我が国政府の**アジアゲートウェイ構想**とその具体的な政策の一つである「貿易手続改革プログラム」により港湾関連手続きのIT化，ペーパーレス化の徹底，省庁間の統一化（次世代シングルウィンドウ）が打ち出されました。これにより，各省庁のシステムは，〈図表13-6〉の通り，2015年までに段階的にNACCSに統合される予定となっている。

〈図表13-6〉各省庁の輸出，港湾に係るシステムとNACCSへの統合年月日

各省庁システム	略称	管轄省庁	運用開始年月	NACCS統合年月
港湾EDI	―	国土交通省	1999年10月	2008年10月
乗員上陸許可支援システム	―	法務省	2003年7月	2008年10月
税関手続申請システム	CuPES	財務省	2003年4月	2010年2月
貿易管理オープンネットワークシステム	JETRAS	経済産業省	2000年4月	2010年2月
動物検疫検査手続電算処理システム	ANIPAS	農林水産省	1997年4月	2013年10月
輸入植物検査手続電算処理システム	PQ-NETWORK	農林水産省	1997年4月	2013年10月
輸入食品監視支援システム	FAINS	厚生労働省	1996年2月	2015年2月予定

出所：各種資料から筆者作成

(3) NACCSコード（税関発給コード，JASTPROコード）

NACCSを使用するための輸出入者のコードには，一般社団法人日本貿易関係手続簡易化協会（JASTPRO）が発行する有料の**日本輸出入者標準コード**と税関が発給する無料の**税関発給コード**の2つがある。

2015年10月5日，「行政手続における特定の個人を識別するための番号の利用等に関する法律」が施行され，2016年1月1日，**社会保障・税番号制度（マイナンバー制度）**の運用（マイナンバーの利用及びマイナンバーカードの交付）が開始された。これに伴い，2017年10月から，輸出入申告書等の輸出入者符号の欄には，JASTPROコード（法人）及び税関発給コード（法人）に加え，マイナンバー制度の**法人番号**を記載（入力）することとなった。これにより，法人に対する税関発給コードは，2017年4月1日より新規発給申請の受付けを終了，6月1日より登録内容の変更申請の受付けを終了した。このため，現在では，税関発給コードに登録内容（法人名，住所等）の変更が必要な場合には，JASTPROを通じて新規に登録手続きを行う必要がある。一方，個人，個人事業者や海外の仕出人・仕向人に対するに税関発給コードの発給は継続されている。法人番号を持たない個人の場合，輸出入申告書等の輸出入者符号欄に個人情報となるマイナンバーを使うことはできない。このため，税関の税関発給コードの発給受けるか，無符号で申告する。

第14章 関税と関税評価

1. 関税

⑴ 「関税」とは

「関（關）」のもんがまえの中の「关」は門貫木（かんぬき），つまり門が開かないようにする横木や金具を表す。「関」は我が国の古代の三関（さんかん，伊勢の鈴鹿の関，美濃の不破の関，越前の愛発関（あちらのせき），その後平安中期に近江の逢坂関が加わった）に代表されるように，「関所」そのものにほかならない。

「税」の「禾（のぎ）」へんは，稲穂の穂から穀物全般を表す。「兌（兑）」つくりは，頭の大きい人（威張っている人）から何かを剥（ハ）ぎ取ることを表す。以上のことから「関税」とは，「関所で人を止め，権力を行使して税（穀物）を無理やり取り立てる」のような意味が漢字の成り立ちから浮かび上がってくる。いずれにしても，「関税」とは，寄付のように自由意志で支払うものではなく，国家権力等により無理やり（しぶしぶ）支払わされるもののようである。

⑵ 関税の起源

関税という概念がいつから起こったのかは定かでない。⑴で述べたように関所というものは，我が国でも古く（大和，飛鳥時代か）から存在した。しかし，この頃の関所とは，税金を課すというよりは，むしろ通過する者の検査，今でいう入国管理局（Immigration）のような性格が強かった。通過するときに税金を課すようになったは，戦国時代の頃からと言われ，この頃逆に至る所で通過税の課徴が激化したことから，織田信長がこれの撤廃に尽力したとも言われている。

英語で「運送」を表すラテン語起源の"transport"は「門」(port) を「通る (越える)」(tans) という意味であり，洋の東西を問わず，物を運ぶのに古くから関所のようなものが存在したようである。「関税」を表すラテン語の"portorium"も「門で徴収されるもの」のような意味がある。

2. 関税評価

(1) 関税評価とは

輸入貨物には通常関税が課される。関税を課す方法としては，例えば何kgに対して何円などといった数量をベースとしたやり方と，ある価格に対して何％かという税率を掛けて課す方法がある。これら基準となる数量や価格のことを**課税標準**といい，これらのうち前者を**課税数量**，後者を**課税価格 (Customs Value)** という。そして後者の課税価格を関連の国際協定や法律の規定に従って決定することを**関税評価 (Customs Valuation)** という。ここでいう関連の国際協定とは，「**1994年の関税及び貿易に関する一般協定第7条の実施に関する協定**」(関税評価協定) である。世界は第二次世界大戦後，世界平和の実現を目指してGATTやWTOを通じ，自由貿易のための関税引き下げの努力を行ってきた。このときただ各国が関税率だけを引き下げても，そのもととなる課税価格の計算方法が各国でバラバラでは効果が限定的となる。同じ関税率のものでもその基準となる価格が大きくなれば支払う関税の額は大きくなるし，価格が小さくなれば支払う関税額も少なくなるからである。つまり関税率の引き下げと同様に，統一的な課税価格の計算方法を設けることが求められたのである。こうして誕生したのが上述の関税評価協定である。我が国では同協定に基づき関税定率法第4条から第4条の9に関税評価制度が規定されている。

(2) GATT/WTO関税評価協定

① 課税価額の決定の原則

(a) 課税価額の決定の原則

関税評価協定ではまず，序説1.において，この協定の下における課税価額の決定のための主たる基礎は，第1条に定める**取引価額 (transaction value)**

としている。そして第1条において，その取引価額とは貨物が輸入国への輸出のために販売された場合に現実に支払われた又は支払われるべき価格（**現実支払価格：Price actually paid**）とし，さらに第8条の規定による調整を加えた額とする，としている。

(b) **加算要素**

第8条1.では，次のものが現実支払価格に含まれていない場合にはこれらの額を加算すると規定している。

(ア) 手数料及び仲介料（ただし買付手数料を除く）

(イ) 関税評価上輸入貨物と一体を成すものとして取り扱われる容器の費用

(ウ) 人件費，材料費を含む包装に係る費用

(エ) 輸入貨物の輸出のための生産及び販売に関連して無償で又は値引きをして直接又は間接に買手により提供された材料，コンポーネント，部分品，工具，ダイス，鋳型，技術，考案，工芸，意匠及び設計であって輸入国以外の国において開発されたもの等の価額であって，適切に按分されたもの

(オ) 輸入貨物に関連のあるロイヤルティ及びライセンス料であって輸入貨物の販売条件として買手が直接又は間接に支払わなければならないもの

(カ) 輸入貨物の再販売，処分又は使用により得られる収益の額であって直接又は間接に売手に帰属するもの

(c) **控除要素**

第1条の規定に関する注釈，現実に支払われた又は支払われるべき価格3.では，次の費用が現実支払価格と区別される場合には課税価額に含めないと規定している。

(ア) 工業用プラント，機械又は設備等の輸入貨物の輸入の後に行われる建設，組立て，整備又は技術援助に係る費用

(イ) 輸入後の輸送費

(ウ) 輸入国の関税その他の租税

(d) **各国の判断にゆだねられている要素**

第8条2.では，各加盟国は，自国の法令の制定に当たり，次の費用の額の全部又は一部を課税価額に含めるか含めないかについて定めるとしている。

(ｱ) 輸入貨物の輸入港又は輸入地までの輸送費用

(ｲ) 輸入貨物の輸入港又は輸入地までの輸送に伴う積卸しその他の取扱い
に要する費用

(ｳ) 保険に係る費用

　この規定は，各国が課税価額として，インコタームズ規則のFOB（FCA），CFR（CPT），CIF（CIP）のいずれの価格を採用してもよいことを指している。事実，日本，欧州，韓国，中国，東南アジア諸国の世界の大半の国が課税価額としてCIF価格を採用しているのに対し，米国，オーストラリア，南アフリカ共和国のようにFOB価格を採用している国もある。

② **課税価額の決定の例外**

　①の方法により課税価額を決定することができない場合には，次の順番で決定する。ただし，輸入者が要請する場合には，(c)の規定に先立って(d)の規定を適用することができる。

(a) 輸入貨物の輸入国への輸出のために販売され，かつ，当該輸入貨物の輸出と同時又はほぼ同時に輸出された同種貨物の取引価額とする（第2条）。

(b) 輸入貨物の課税価額は，輸入貨物の輸入国への輸出のために販売され，かつ，当該輸入貨物の輸出と同時又はほぼ同時に輸出された類似貨物の取引価額とする（第3条）。

(c) 輸入貨物，同種貨物又は類似貨物が輸入された時の状態で輸入貨物の輸入国において販売される場合には，輸入貨物の課税価額は，これらの貨物が，輸入貨物の輸入と同時又はほぼ同時に，国内の売手と特殊の関係にない国内の買手に最大の合計数量で販売されたときの単価から輸入国での費用等を控除した額に基づいて決定する（第5条）。

(d) 輸入貨物の生産のために必要とされた材料及び組立てその他の加工に係る費用，同類貨物が輸入貨物の輸出国の生産者により輸入国への輸出のために販売される場合において，当該同類貨物の価格に通常含まれる利潤及び一般経費等を積算して得られる価額の合計額により決定する（第6条）。

(e) (a)～(d)のいずれによっても課税価額を決定することができない場合には，輸入貨物の課税価額は，輸入貨物の輸入国において入手可能なデータに基づいて決定する。ただし次の価格等に基づいて行ってはならないとし

ている（第7条）

(ア) 輸入貨物の輸入国において生産された貨物の当該輸入国における販売価格

(イ) 関税評価のために特定の二の価額のうちいずれか大きい方の価額の採用について定める制度

(ウ) 輸出国の国内市場における貨物の価格

(エ) 前条に定める方法により同種貨物又は類似貨物について既に決定された積算価額以外の積算による価額

(オ) 輸入貨物の輸入国以外の国への輸出のために販売される貨物の価格

(カ) 最低課税価額

(キ) 恣意的又は架空の価額

(3) 我が国における関税評価制度

① 課税価格の決定の原則

(a) 課税価格の決定の原則

　我が国における関税評価制度については，関税定率法第4条から第4条の9までに規定されており，1981年1月1日から実施されており，(2)の関税評価協定に従った規定となっている。関税定率法第4条では，輸入貨物の課税標準となる価格（**課税価格**）は，原則として，当該輸入貨物に係る輸入取引がされた場合において，当該輸入取引に関し買手により売手に対し又は売手のために，当該輸入貨物につき現実に支払われた又は支払われるべき価格（**現実支払価格**）に，その含まれていない限度において(b)に掲げる運賃等の額（加算要素）を加えた価格とするとしている。

(b) 加算要素

　関税定率法第4条第1項に掲げる加算要素は以下の通りである。

(ア) 輸入貨物が輸入港に到着するまでの運送に要する運賃，保険料その他当該運送に関連する費用

(イ) 仲介料その他の手数料（買付け手数料を除く）

(ウ) 輸入貨物の容器の費用

(エ) 輸入貨物の包装に要する費用

(オ) 輸入貨物の生産及び輸入取引に関連して，買手により無償で又は値引きをして直接又は間接に提供された輸入貨物に組み込まれている材料，部分品，生産のために使用された工具，鋳型，生産の過程で消費された物品，技術，設計その他当該輸入貨物の生産に関する役務等

(カ) 輸入貨物に係る特許権，意匠権，商標権等（当該輸入貨物を本邦において複製する権利を除く）の使用に伴う対価で，当該輸入貨物の輸入取引をするために買手により直接又は間接に支払われるもの

(キ) 買手による当該輸入貨物の処分又は使用による収益で直接又は間接に売手に帰属するもの

(c) **控除要素**

関税定率法施行令第1条の4の規定により，次の費用の額が明確に区別できる場合に限り，現実支払価格から控除できるとしている。

(ア) 輸入貨物の輸入申告日以後に行われる当該輸入貨物に係る据付け，組立て，整備又は技術指導に要する役務の費用

(イ) 輸入貨物の輸入港到着後の運送に要する運賃，保険料その他当該運送に関連する費用

(ウ) 本邦において輸入貨物に課される関税その他の公課

(エ) 輸入貨物に係る輸入取引が延払条件付取引である場合における延払金利

② 課税価格の決定の例外

①の方法により課税価格を決定することができない場合には，次の順番で決定する。ただし，輸入者が要請する場合には，(b)の規定に先立って(c)の規定を適用することができる。

(a) 当該輸入貨物と同種又は類似の貨物に係る取引価格（関税定率法第4条の2）

(b) 当該輸入貨物の国内販売価格又は当該輸入貨物と同種若しくは類似の貨物に係る国内販売価格から一定の価格を控除した価格（関税定率法第4条の3第1項）

(c) 当該輸入貨物の製造原価を確認することができるときは，当該製造原価に当該輸入貨物の生産国で生産された当該輸入貨物と同類の貨物の本邦へ

230　第14章　関税と関税評価

の輸出のための販売に係る通常の利潤及び一般経費並びに当該輸入貨物の輸入港までの運賃等の額を加えた価格（関税定率法第4条の3第2項）

(d)　(a)～(c)のいずれの方法によっても課税価格を計算することができない場合には，以下のいずれかの方法による価格（関税定率法第4条の4）

　(ア)　合理的な調整を加えて計算される価格

　(イ)　関税評価協定の規定に適合する方法として税関長が定める方法により計算される価格

③　**海外の小売価格で購入した場合の課税価格の決定方法**

輸入貨物を海外の小売価格で購入した場合は，市場小売価格－小売マージン－流通経費－その他通関諸経費等＝CIF価格，あるいは輸出FOB価格からCIF価格を算定し，その価格を課税価格とする。この場合，税関から領収書の添付をはじめ，上記のCIF価格算定根拠の理由を求められることもある。また，個人的な使用に供されるもので携帯または別送して輸入するものについては，**海外小売価格×0.6**にて課税価格を計算することができる（**個人輸入特例**，関税定率法第4条の6，関税定率法基本通達4の6-2(3)）

3. 関税率の種類

我が国の関税率は，関税法，関税定率法及び関税暫定措置法により，以下のような種類に分類される。

(1)　一般税率

①　一般税率の種類

商業貨物等，一般的な輸入貨物に対しては，実行関税率表に基づき以下の(a)**基本税率**，(b)**暫定税率**，(c)**協定税率**（(d)**便益関税**を含む），(e)**特恵税率**のいずれかを，輸入貨物のCIF価格に課税する。これらを(2)の簡易税率に対して一般税率という。

(a)　基本税率

我が国の基本税率は，6桁のHSコードに加え，国内細分（統計細分，約6,300品目）3桁で約9,000品目を定め，それぞれ税率を定めている。基本税率

は，関税の税率の基本をなすものである。この基本税率，(b)の暫定税率，(e)の特恵関税，特別特恵関税は，国内法により定められることから，これらの税率を合わせ**国定税率**という。

(b) **暫定税率**

基本税率をその時々の経済要請等を勘案して一時的に修正する必要がある場合に，一定期間（原則1年）適用される税率。暫定税率が定められている場合は，常に基本税率に優先する。

(c) **協定税率**

特定の品目について一定率以下の税率を適用することを約束（譲許）している税率。WTO加盟に適用するWTO譲許税率のほか，二国間の通商航海条約等で最恵国待遇を約束した最恵国税率，我が国と経済連携協定（EPA）を締結している国・地域との経済連携協定税率がある（第4章参照）。

(d) **便益関税**

協定税率の適用を受けない特定国（WTO加盟国以外の国）の特定貨物について，相互主義による関税上の便益を与える国に対して協定税率を適用するもの（関税定率法第5条）。2018年10月現在，以下の13カ国が対象となっている（関税定率法第5条の規定による便益関税の適用に関する政令別表）。

ブータン，バハマ，バチカン，ナウル，イラク，イラン，シリア，アルジェリア，エチオピア，サントメ・プリンシペ，スーダン，ソマリア，リビア

(e) **特恵関税，特別特恵関税**

特恵関税制度は，先進国が開発途上国の輸出所得の増加と工業化の促進に寄与するため，開発途上国に対し，低い税率を定めたもの（4.(4)参照）。我が国では，開発途上国138カ国・地域を指定し（2018年4月1日現在），特恵関税を適用している。さらに47カ国（同）の後発開発途上国に対しては，特別特恵関税（一部の品目を除き無税）を適用している。

② **適用順位**

以上述べた関税率の適用優先順位は，次のようになる。

(a) 特恵受益国には特恵関税，後発開発途上国には特別特恵関税を，優先的に適用することができる。

(b) WTO加盟国，最恵国待遇適用国，便益関税適用国及びEPA締結国には，協定税率が適用される。ただし，以下(c)または(d)の国定税率（暫定税率が定められていれば暫定税率，その他の場合は基本税率）が協定税率と同じか低い場合は，国定税率が適用される。

(c) 暫定税率がある場合は，常に基本税率に優先して，暫定税率が適用される。

(d) 特恵税率や協定税率の適用されない国で暫定税率も定められていない場合は，基本税率が適用される。

(2) 簡易税率

① 入国者の携帯品及び別送品に対する簡易税率

入国者の携帯品及び別送品で，10万円以下にものについては，関税と消費税の率を総合して算出した**簡易税率**を適用することができる（関税定率法第3条の2）。また，1人当たりに対し，1品目ごとの課税価格が1万円以下のものは一部の品目を除き免税であり，さらに，20万円までの個人使用の身の回り品（衣類，書籍，化粧品等）及び職業器具は免税となる（酒類等を除く）。海外旅行で購入した酒類，香水及びたばこを携帯して，または別送して輸入する場合，一定の範囲までは免税となる。

② 少額輸入貨物に対する簡易税率

輸入貨物の課税価格の合計額が20万円以下の場合，一部の品目を除き**簡易税率**を適用することができる〈図表14-1〉。簡易税率の適用を希望しない場合は，その旨税関に申し出ることで簡易税率によらないことができる（その場合一般税率を適用する）（関税定率法第3条の3）。

3. 関税率の種類　*233*

〈図表14-1〉少額輸入貨物に対する簡易関税率表

番号	品目〔具体的な品目例〕	関税率
1	アルコール飲料 (1) ワイン (2) しょうちゅう等の蒸留酒 (3) ワインクーラー，清酒，りんご酒等	70円/ℓ 20円/ℓ 30円/ℓ
2	(1) トマトケチャップその他のトマトソース及びアイスクリームその他の氷菓 (2) なめし又は仕上げた毛皮（ドロップスキン）及び毛皮製衣類，衣類附属品その他の毛皮製品	20%
3	(1) コーヒー及び茶（紅茶を除く。） (2) ゼラチン及びにかわ (3) なめし又は仕上げた毛皮（ドロップスキンを除く）	15%
4	(1) 動物（生きているものに限る。）肉及び食用のくず肉 　魚及び甲殻類，軟体動物及びその他の水棲無脊椎動物酪農品，鳥卵，天然はちみつ及び他の類に該当しない食用の動物性生産品 (2) 食用の野菜，根及び塊茎 (3) 食用の果実及びナット，かんきつ類の果皮並びにメロンの皮 (4) しょうが（一時的な保存に適する処理をしたものに限る。） (5) 食用の海草その他の藻類 (6) 肉，魚又は甲殻類，軟体動物若しくはその他の水棲無脊椎動物の調製品 　糖類及び砂糖菓子 　ココア及び同調製品 　穀物，穀粉，でん粉又はミルクの調製品及びベーカリー製品野菜，果実，ナットその他植物の部分の調製品 (7) 各種の調製食料品 (8) くえん酸等 (9) 竹製のくし (10) わら，エスパルトその他の組物材料の製品並びにかご細工物及び枝条細工物 (11) 絹織物 (12) その他の植物性紡織用繊維及びその織物並びに紙糸及びその織物 (13) メリヤス編物及びクロセ編物 (14) 衣類及び衣類附属品（メリヤス編み又はクロセ編みのものを除く。）	10%
5	(1) 生きている樹木その他の植物及びりん茎，根その他これらに類する物品並びに切花及び装飾用の葉 (2) 鉱物性燃料及び鉱物油並びにこれらの蒸留物，歴青物質並びに鉱物性ろう (3) 無機化学品及び貴金属，希土類金属，放射性元素又は同位元素の無機又は有機の化合物 (4) 有機化学品（くえん酸等を除く。） (5) なめしエキス，染色エキス，タンニン及びその誘導体，染料，顔料その他の着色料，ペイント，ワニス，パテその他のマスチック並びにインキ 　精油，レジノイド，調製香料及び化粧品類 　せっけん，有機界面活性剤，洗剤，調製潤滑剤，人造ろう，調製ろう，磨き剤，ろうそくその他これに類する物品，モデリングペースト，歯科用ワックス及びプラスターをもととした歯科用の調製品 (6) 各種の化学工業生産品 (7) プラスチック及びその製品 (8) 毛皮及び人造毛皮並びにこれらの製品 (9) 染み込ませ，塗布し，被覆し又は積層した紡織用繊維の織物類及び工業用の紡織用繊維製品 (10) 傘，つえ，シートステッキ及びむち並びにこれらの部分品，調製羽毛，羽毛製品，造花及び人髪製品 　石，プラスター，セメント，石綿，雲母その他これらに類する材料の製品 (11) ガラス及びその製品（ガラス製のビーズ等を除く。） (12) 銅及びその製品 　ニッケル及びその製品 　アルミニウム及びその製品 (13) 鉛及びその製品 (14) 亜鉛及びその製品 (15) 卑金属及びサーメット並びにこれらの製品 　卑金属製の工具，道具，刃物，スプーン及びフォーク並びにこれらの部分品 　各種の卑金属製品 (16) 家具，寝具，マットレス等 (17) がん具，遊戯用具及び運道具並びにこれらの部分品及び附属品	3%
6	(1) 動物性生産品（他の類に該当するものを除く。） (2) 塩，硫黄，土石類，プラスター，石灰及びセメント (3) 医療用ジェル (4) ゴム及びその製品 (5) 紙及び板紙並びに製紙用パルプ，紙又は板紙の製品 (6) 陶磁製品 (7) 鉄鋼 (8) 鉄鋼製品 (9) すず及びその製品	無税
7	前各号に掲げる物品以外の物品	5%

ただし，次のものについては，簡易税率ではなく一般の貨物と同様の税率が適用される。
1. 関税が無税又は免税の貨物
2. 犯罪に係る貨物
3. 本邦の産業に対する影響等を考慮して簡易税率を適用することを適当としない貨物として政令で定める貨物（下表）

主な品目例		
⑴ ミルク，クリーム等	⑻ 穀物・ミルクの調製品	⑮ 革製品
⑵ 雑豆	⑼ 調製食料品	⑯ 繭・生糸
⑶ 穀物	⑽ たばこ	⑰ ニット製衣類
⑷ 穀粉等	⑾ 精製塩	⑱ 履物
⑸ 落花生及びこんにゃく芋	⑿ 石油	⑲ 身辺用模造細貨類（卑金属製以外）
⑹ 豚肉・牛肉の調製品	⒀ メントール	⒇ 革製の携帯用時計バンド
⑺ ココア調製品	⒁ 原皮・革	㉑ 革製の腰掛けの部品

出所：税関ウェブサイト（http://www.customs.go.jp/tetsuzuki/c-answer/imtsukan/1001_jr.htm）

4. 関税課税の形態

⑴ 関税額の確定方式

輸入貨物に課される関税の額の確定方式には，以下の2種類がある（関税法第6条の2）。

① 申告納税方式

納付すべき税額または納付すべき税額がないことが，原則として納税者のする申告により確定する方式。1966年に導入された方式で，②の方式による貨物以外のすべての貨物に適用される。

② 賦課課税方式

納付すべき税額が専ら税関長の処分により確定する方式で，以下に掲げる関税についてはこの方式が適用される。

⒜ 入国者の携帯品，別送品に対する関税

⒝ 課税価格が20万円以下及び20万円を超えて特定の条件を満たして認められる郵便　物に対する関税

⒞ 輸入後に輸入時に遡及して課される相殺関税，不当廉売関税

⒟ 関税関係法令の規定により一定の事実が生じた場合に直ちに徴収される関税

⒠ 関税関係法令以外の規定により賦課課税方式によるとされている関税

⑵ 課税標準

関税の計算の基礎となるものを課税標準という（2.参照）。課税標準には輸

入貨物の価格とする場合と数量とする場合がある（関税定率法第3条）。前者によるものを**従価税品**，後者によるものを**従量税品**という。このほか，これらを複合した**従価従量税品**もある。

① 従価税品

従価税品は，輸入貨物の価格に品目別の関税率が適用され，輸入貨物の価格変動に比例して関税額も変化する。インフレにも適応できるという長所がある反面，輸入貨物の価格の低いものについて，国内産業保護の機能が低下するという短所もある。

我が国や西欧諸国等大半の国ではCIF（運賃保険料込本船渡し）価格に課税され，米国，オーストラリア，南アフリカ共和国等一部の国では，FOB（本船渡し）価格に課税される。

② 従量税品

従量税品は，輸入貨物の数量（重量，容積，個数等）単位に対して金額で課税されるので，税額が容易に算定できる等の長所がある反面，物価変動に対し関税負担の不均衡を生じる短所がある。

③ 従価従量税品

従価税と従量税を組み合わせて課税するものを**従価従量税品**という。

従価従量税品には，課税価格によってどちらか一方の高い額あるいは低い額に課税する従価従量選択税（選択税）と，両方を合わせて課税する従価従量併用税（複合税）の2種類がある。

⑶ **特殊関税**

特殊関税とは，不公正な貿易取引や輸入の急増等特別の事情がある場合に，供給国・供給者等を指定して，通常の関税の他に課する割増関税である。

① **報復関税**

この関税は，WTO協定上の利益を守り，その目的を達成するため必要があると認められる場合，我が国の船舶，輸出貨物等が他国輸入品価格と比較して不利益な待遇措置をとられた場合等に，その対抗措置としてその国からの輸入品価格に対して通常の関税の他，対象貨物の課税価格以下の割増関税を課すものである。

② 相殺関税

外国において補助金の交付を受けた貨物の輸入によって国内産業が損害を受けた場合，国内産業を保護するため，補助金の額と同額以下の関税を課することができる制度。この制度は，WTOの補助金・相殺措置協定に適合したもの。

③ 不当廉売関税

輸出国における国内価格より低い価格による貨物の輸入で国内産業が損害を受けた場合等に，国内産業を保護するため，その貨物の正常価格と不当廉売価格との差額に相当する額以下の関税を課することができるもの。この制度は，WTOのダンピング防止協定に適合したもの。

④ 緊急関税（セーフガード）

外国における価格の低落その他予想されなかった事情の変化により，特定の貨物の輸入が増加し，国内産業が損害を受けた場合，国内産業を保護するため，内外価格差を埋めることを目的として課する割増関税制度です。この制度は，WTOのセーフガード協定に適合したものです。緊急関税は，広義では，中国からの特定輸入貨物に対する緊急関税，経済連携協定に基づく緊急関税が含まれる。

⑤ 対抗関税

WTO加盟国がセーフガード等の緊急措置をとったことにより，我が国が不利益を被った時，その対抗措置として取ることのできる割増関税制度。

(4) 特恵関税制度

WTOの理念としては，どの国からの輸入に対しても関税上平等に扱うことを謳っている（**最恵国待遇**）。一方で，開発途上国の輸出所得の増加と工業化の促進のため，国際連合貿易開発会議（UNCTAD）の合意に基づき，先進国が開発途上国に一方的に関税上の特別待遇を与えるものとして実施されたのが**特恵関税制度**である。我が国では1971年8月に導入され，2018年4月現在，133カ国・5地域に適用している（関税暫定措置法第8条の2）。これらの国・地域を**特恵受益国等**という。さらに国連決議により後発開発途上国とされている国や地域を**特別特恵受益国**（2018年4月現在47カ国）と規定し，さらに低い税率が適用される。

我が国の特恵関税制度は，国内事情等を考慮し，農水産品と鉱工業産品の2つに区分し，それぞれ異なった方式で管理している。

① **農水産品**

⒜ **税率**

一般税率から5%〜100%引き下げた税率。後発開発途上国に対しては原則すべて無税（特別特恵関税）。

⒝ **適用停止の要件**

特恵関税適用物品の輸入の増加で，これと同種の物品その他用途が直接競合する物品を生産する国内の産業に損害を与えまたは与える恐れがあり，その産業を緊急に保護する必要がある時，特恵関税の適用が停止される。この適用停止方式を**エスケープ・クローズ方式**という。

② **鉱工業産品**

⒜ **税率**

国内事情等から特恵関税を供与することが困難と定める例外品目（揮発油，灯油，重油，皮革，合板，生糸，絹糸，綿織物，履物等，関税暫定措置法別表第4及び第5に掲げる物品）を除き，原則無税。

⒝ **適用停止の要件**

従来，国内の産業に与える影響を勘案し，特定品目については，一定の限度額または限度数量（**シーリング枠**）内で特恵関税を適用する**シーリング方式**を採用していた。これは，シーリング枠を超えると一般税率に切り替わるという方式であったが，2011年4月1日施行の関税関係法令の改正でこの制度は廃止となった。代って，全体的に特恵関税率そのものが引き上げられ，また，中国を中心に多くの品目で特恵税率が廃止となった。また，シーリング方式の廃止に伴い，鉱工業製品の特恵関税適用停止方式は，農水産品同様に，**エスケープ・クローズ方式**が採用されることとなった。

⑸ **関税割当制度**

この制度は，一定の数量までは無税または低い税率（**一次税率**）を適用し，その枠を超える部分については高い税率（**二次税率**）を適用する（関税定率法第9条の2）。関税割当数量の割当方式には一定の数量まで先着順に割当を行う

先着順割当方式と過去の輸入実績に基づいて事前に割当を行う**事前割当方式**とがある。

対象品目はミルク・クリーム，とうもろこし，麦芽，落花生，糖みつ，皮革製品等20品目が指定されている。

また，我が国とメキシコとのEPA協定における牛肉，バナナ，オレンジ等，マレーシアとのEPA協定におけるバナナ等各EPA協定にも関税割当制度が設けられている。

(6) 付帯税

租税上の納税義務の不履行に対し，行政上の制裁として「税」の形式で課されるものの総称。関税法では，延滞税，過少申告加算税，無申告加算税及び重加算税がある。

5. 事前教示制度

事前教示制度とは，輸出入貨物の品目分類，関税評価，原産地規則，減免税制度について，税関に対し事前に教示を受けることができる制度のことである。我が国では事前教示制度は輸入の場合に限られているが輸出貨物に対する教示も税関相談の一環で税関に照会を行うことができる。

輸入貨物の事前教示の手続きは，口頭，インターネット（Eメール）又は文書の3つのいずれかの方法により行うことができ，文書及びインターネットによる方法で一定の手続きを行ったものに限り，3年間照会結果が通関の際に尊重される。文書で行う場合は「事前教示に関する照会書」（C-1000）1通に必要事項（製法，性状，成分割合，構造，機能，用途，包装等）を記載し，見本（提出できない場合はこれに代わる写真，図面等の参考資料）を提出する。税関では「事前教示回答書」（C-1000-1）で回答する。

6. 輸出入に伴う消費税等の取り扱い

物品やサービスが提供あるいは輸入される場合，多くの国，地域で付加価値

税（Value Added Tax：VAT）が課税される。我が国では，消費税がこれにあたり，輸入の際にも関税と同時に消費税が課税される。税率は，関税課税後の合計価格に対して消費税4%，地方消費税は関税の25%である（消費税法第4条第2項，地方税法第72条の78）。消費税以外にも輸入時に課されるものとして酒税，たばこ税，揮発油税，地方揮発油税，石油ガス税，石油石炭税があり，これらを総称して**内国消費税**という。

　輸出品については，輸出国及び輸入国の双方での二重課税を避けるために，国際慣行として輸出国の付加価値税や消費税は課税さないことになっている（消費税の輸出免税，消費税法第7条）。我が国で消費税の課税事業者となっている場合は，輸出することによって売り上げた部分について仕入れ控除が適用される。この結果，輸出による売上げが国内売上げよりを上回る場合には仕入れの際支払った仮払い消費税について還付が受けられることになる。

7. 関税の減免税・戻し税及び還付制度

⑴ 関税の減免税・戻し制度及び還付制度の概観

　関税定率法及び関税暫定措置法により，様々な関税の減免税制度が規定されている。主なものは〈図表14-2〉の通りである。また「輸入品に対する内国消費税の徴収等に関する法律」（輸徴法）により，これらの関税の減免税・戻し税等の制度に連動して輸入消費税も減免が受けられることが多い。

⑵ 主な関税の減免税・戻し制度及び還付制度の概要
① 加工又は修繕のため輸出された貨物の減税

　加工又は修繕のため本邦から輸出され，その輸出の許可の日から1年（税関の承認を受けたのは1年を超え税関長が指定する期間）以内に輸入されるものは関税の軽減を受けることができる（関税定率法第11条）。ただし，加工のためのものは，本邦において加工することが困難であると認められるものに限られている。

　減税額は，加工又は修繕後の輸入貨物の関税の額に，当該貨物が輸出の許可の際の性質及び形状により輸入されるものとした場合の課税価格（輸出貨物の

〈図表14-2〉関税の減免税・戻し制度及び還付制度一覧

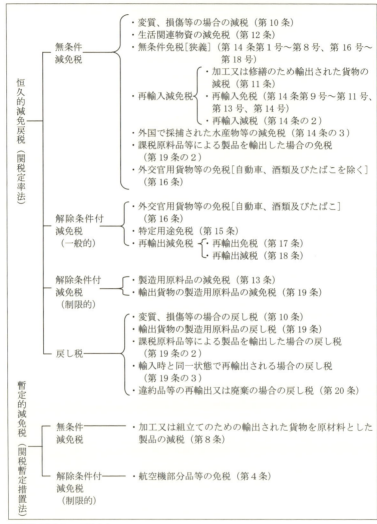

〔出所〕税関ウェブサイト
http://www.customs.go.jp/tetsuzuki/c-answer/imtsukan/1603_jr.htm

FOB価格に往復の運賃及び保険料を加えたもの）の当該輸入貨物の課税価格に対する割合を乗じて算出される額の全額が軽減される。つまり加工又は修繕後の付加価値分にのみ課税されるということになる。

〈図表14-3〉 入国者の携帯品・別送品免税

(ア) 米

輸入者ごとの1年間の輸入合計数量が100kg以下のもの（個人使用のものとして農林水産大臣に届け出たものに限る）は免税となる（関税定率法施行令第13条の6）。

(イ) 酒類，香水及びたばこ

旅客が携帯して輸入する酒類，香水及びたばこについては，次の旅客携帯品免税基準表の数量を限度として免税する（関税定率法施行規則第2条の4第2項）。

旅客携帯品免税基準表

品　名	単　位	数　量	
酒　類	本	3（1本＝760cc程度）	
葉巻たばこ	本	（居住者）	（非居住者）
		50	100
紙巻たばこ	本	200	400
その他のたばこ	グラム	250	500
香　水	オンス	2	

(ウ) 身の回り品等

衣類，書籍，化粧用品，身辺装飾用品等旅客が通常携帯する身の回り品（予備品を含む）であって，現に使用中のもの又は明らかにその旅行中に使用されると認められるもの。外国で取得したものは原則課税。

② 無条件免税

次に掲げる19の貨物で輸入されるものについては，関税が免除される（関税定率法第14条）。

(a) 天皇及び内廷にある皇族の用に供される物品

(b) 本邦に来遊する外国の元首，その家族又は随員の物品

(c) 外国及びその公共団体，国際機関等から本邦の居住者に贈与される勲章，賞牌，表彰品，記章

(d) 国際連合又はその専門機関から寄贈された教育用，宣伝用物品，またこれらの機関製作の教育的，科学的，文化的なフィルム，スライド，録音物等

(e) 博覧会，見本市等への参加国（地方公共団体，国際機関を含む）が発行した博覧会等のための公式カタログ，パンフレット，ポスター等

(f) 記録文書その他の書類

(g) 国の専売品で政府又はその委託を受けた者が輸入するもの

(h) 注文の取り集めのための見本（ただし，見本用にのみ適すると認められるもの又は著しく価額の低いものに限る）

(i) 輸出貨物用の仕向国適合表示ラベルとして輸入するもの

(j) 本邦に住所を移転するため以外の目的で本邦に入国する者が入国の際に携帯して輸入又は別送して輸入する物品（自動車，船舶，航空機，米を除く）のうち，個人使用のもの及び職業上必要な器具で，税関が適当と認めるもの〈図表14–3〉

(k) 本邦に住所を移転するため本邦に入国する者がその入国の際に輸入し，又は別送して輸入する物品（いわゆる引越貨物，ただし自動車，船舶，航空機，米を除く）のうち，その入国者又はその家族の個人使用のもの及び職業上必要な器具

(l) 本邦の在外公館から送還された公用品

(m) 本邦から輸出された貨物でその輸出許可の際の性質及び形状が変わっていないもの（**再輸入免税**）

(n) 本邦から輸出された貨物の容器のうち政令で定めるもので，その輸出の際に使用されたもの又は輸入の際に使用されているもの

(o) 遭難した本邦の船舶又は航空機の解体材及びぎ装品

(p) 本邦から出港した船舶又は航空機によつて輸出された貨物で当該船舶又は航空機の事故により本邦に積み戻されたもの

(q) 身体障害者用に特に製作された器具その他これに類する物品で政令で定めるもの

(r) 撮影済みのニュース映画用のフィルム及び録画済みのニュース用のテープ（ただし，内容を同じくするものは2本以内）

(s) 課税価格の合計額が1万円以下の物品（**少額免税**，ただし以下の政令で定めるものを除く）（関税定率法施行令第16条の3）

　　(ｱ) 米

　　(ｲ) 甘蔗（かんしゃ）糖，甜（てん）菜糖等

　　(ｳ) ぶどう糖及びぶどう糖水

　　(ｴ) 糖水，蔗（しょ）糖等の調製食料品

　　(ｵ) 外面が革製又はコンポジションレザー製のトランク，スーツケース等

（カ）　革製又はコンポジションレザー製の手袋，ミトン及びミット

（キ）　メリヤス編み及びクロセ編みの衣類

（ク）　乳児用のパンティストッキング，タイツ及び衣類

（ケ）　スキー靴

（コ）　履物

（サ）　本邦に入国する者がその入国に際して携帯又は別送して輸入する物品

（シ）　沖縄県から出域する旅客が税関長の承認を受けた小売業者から沖縄振興特別措置法第26条に規定する旅客ターミナル施設において購入した物品又はその小売業者から同条に規定する特別販売施設において購入しその旅客ターミナル施設において引渡しを受ける物品で，その旅客ターミナル施設において輸入するもの

（ただし，（イ）～（コ）までに掲げる物品で，本邦に居住する者に寄贈されるものでかつ個人使用のものについてはこの免税規定を適用できる）

③　特定用途免税

次に掲げる貨物で輸入され，その輸入の許可の日から2年以内に，それぞれの用途以外の用途に用いられないものについては，その関税が免除される（関税定率法第15条）。

（a）　国・地方公共団体が経営する学校，博物館，物品陳列所，研究所，試験所等又は国・地方公共団体以外の者が経営する施設で政令に定めるものに陳列する標本，参考品又は，これらの施設において使用する学術研究品（新規の発明に係るもの又は本邦において製作することが困難と認められるものに限る），撮影済みの教育用のフィルム，スライド，録音済みのテープ等

（b）　学術研究又は教育のため前号に掲げる施設に寄贈された物品

（c）　慈善又は救じゅつのために寄贈された給与品及び救護施設又は養老施設その他社会福祉事業を行う施設に寄贈された物品でこれらの施設において直接福祉に用いられる物品

（d）　国際親善のため，国又は地方公共団体にそのために用いるものとして寄贈される物品

（e）　儀式又は礼拝に直接用いられるため宗教団体に寄贈された物品で財務省

令で定めるもの

(f) 赤十字国際機関又は外国赤十字社から日本赤十字社に寄贈された機械及び器具で，日本赤十字社が直接医療用に使用するもの

(g) 博覧会等に使用するため博覧会等への参加者が輸入するカタログ，パンフレット，ポスター記念品及び展示物品の見本品，その他博覧会等の運営のため会場において消費される物品

(h) 航空機の発着又は航行を安全にするため使用する機械，器具，これらの部分品（政令で定めるもの）

(i) 本邦に住所を移転するため本邦に入国する者がその入国の際に輸入し，又は別送して輸入する自動車，船舶，航空機その他政令で定める物品でその入国者又はその家族の個人使用のもの。ただし，その入国前にこれらの者が既に使用したもの（船舶及び航空機については，その入国前1年以上使用したものの）に限る

(j) 条約の規定により輸入の後特定の用途に用いられることを条件として関税を免除することとされている貨物で政令で定めるもの

④ **再輸出免税**

次に掲げる13の貨物で，輸入され，その輸入の許可の日から1年（税関長の承認を受けたときは，税関長が指定する期間）以内に輸出するものについては関税が免除される（関税定率法第17条）。

(a) 彫刻，七宝，象眼，ほうろう，塗装，絵画，模様，録音，録画，彩色若しくは印刷を施し，又は金属をめっきするため輸入する製品，絵画又は模様を焼き付けるため輸入する陶磁器，糸抜，かがり，刺繍又は縁縫を施すため輸入する織物類及びその製品等加工される貨物又は加工材料で以下に掲げるもの（関税定率法施行令第31条）

(b) 輸入貨物の容器として使用されるシリンダー，コンテナー等で貨物の運送のために反覆使用されるもの及び貨物の輸入の際にその容器として使用されている糸巻

(c) 貨物の輸出の際にその容器として使用されるかん，びん，たる，つぼ，箱，袋又は糸巻及びシリンダー，コンテナーその他これらに類する容器で貨物の運送のために反覆して使用されるもの

(d)　修繕される貨物

(e)　学術研究用品

(f)　試験品

(g)　貨物を輸出入者が当該輸出入に係る貨物の性能試験又は品質検査するため使用する物品

(h)　注文の取集め若しくは製作のための見本又はこれに代る用途のみを有する写真，フィルム，模型その他これらに類するもの

(i)　国際的な運動競技会，国際会議その他これらに類するものにおいて使用される物品

(j)　本邦に入国する巡回興行者の興行用物品並びに本邦に入国する映画製作者の映画撮影用の機械及び器具

(k)　博覧会，展覧会，共進会，品評会その他これらに類するものに出品するための物品

(l)　本邦に住所を移転するため以外の目的で本邦に入国する者がその個人的な使用に供するためその入国の際に携帯し又は別送して輸入する自動車，船舶，航空機その他政令で指定する物品

(m)　条約の規定により輸入の後一定の期間内に輸出されることを条件として関税を免除することとされている貨物で政令で定めるもの

⑤　**輸入時と同一状態で再輸出される場合の戻し税**

　関税を納付して輸入された貨物で，その輸入の時の性質及び形状が変わってないものを本邦から輸出するときは，その貨物がその輸入の許可の日から原則1年以内に輸出されるものである場合に限り，支払った関税の払い戻しを受けることができる（関税定率法第19条の3第1項）。

⑥　**違約品等の再輸出又は廃棄の場合の戻し税等**

　関税を納付して輸入された貨物のうち次のいずれかに該当するものでその輸入の時の性質及び形状に変更を加えないものを本邦から輸出するとき（(a)，(b)に掲げる貨物については，返送のため輸出するものに限る）は，その貨物がその輸入の許可の日から原則6カ月以内に保税地域等に入れられるものに限り，支払った関税の払い戻しを受けることができる（関税定率法第20条）。

(a)　品質又は数量等が契約の内容と相違するため返送することがやむを得な

いと認められる貨物

(b) 個人使用する物品で通信販売により販売されたものであって品質等がその物品の輸入者が予期しなかったものであるため返送することがやむを得ないと認められる貨物

(c) 輸入後において法令等によりその販売，使用又はそれを用いた製品の販売，使用が禁止されるに至ったため輸出することがやむを得ないと認められる貨物

⑦ 加工又は組立てのため輸出された貨物を原材料とした製品の減税

加工または組立てのため，本邦から輸出された貨物を原料または材料とした特定の製品（皮革製品，繊維製品等）で，その輸出の許可の日から原則1年以内に輸入されるものについては，その製品の関税を軽減することができる（関税暫定措置法第8条）。

(3) 関税の減免税・戻し税と消費税の減免税適用との関係

(1), (2)の規定により，関税の減免又は払い戻しを受けることができる場合には，多くの場合において，輸入品に対する内国消費税の徴収等に関する法律（輸徴法）により，消費税や消費税以外の内国消費税（酒税，たばこ税及びたばこ特別税，揮発油税，地方揮発油税，石油ガス税並びに石油石炭税）についても減免・還付が受けられる。

第15章 貿易と災害

1. 貿易と災害

　2011年3月11日，我が国において発生した東日本大震災は，想定をはるかに超えた大津波の発生が被害を甚大なものにした。もともと，被災地の東北地方三陸・太平洋沿岸地域には多くの港や工場が立地し，活発な経済活動が営まれていたが，この大津波でこれらの地域は壊滅的な被害を受けた。地震以外にも，地球温暖化が原因とされる異常気象がもたらす豪雨，豪雪等の被害もたびたび発生している。これら気候変動がもたらす被害は我が国のみならず世界各地で発生しており，国際取引に支障が出ることが少なくない。ここでは主に東日本大震災を例に，災害発生時の通常の貿易手続きとは異なる手続き等について述べる。

2. 「不可抗力条項」の発動

⑴　不可抗力とは
　東日本大震災発生後に海外との取引で問題となったことのひとつに不可抗力による契約の不履行・遅延に関するものであった。その内容は，例えば，地震により，部品メーカーからの納品が遅れ，契約通り海外との取引ができない。海外の取引先から不可抗力の証明書を求められているが，どう対処すれば良いかというものだ。

　不可抗力（Force Majeure）とは，地震，津波，洪水，戦争，暴動等，当事者の合理的な支配を超えて発生する事象をいう。3月11日の東日本大震災で発生した地震や津波は典型的な不可抗力といえる。従って，通常，契約書には，地震（Earthquake），津波（Tsunami）等々，起こり得る事象を列挙するが，

特にこれらを除外していない限り，列挙していなくてもこれらの典型的な天災は不可抗力に含まれる。更に，契約書に不可抗力を列挙する際には，"including, but not limited to（以下のものを含むが，これらに限定されない）"を付加するとなお良い。

　貿易取引の場合，あらかじめ締結した売買契約書で，**不可抗力条項**（Force Majeure Clause）がある場合は，契約の不履行は免責となる。ただし，金銭債務の不履行については免責とならないのが国際契約の原則であり，我が国の民法第419条でも債務の不履行については不可抗力をもって抗弁することができないと規定している。

(2)　取引先への通知と因果関係の立証

　(1)のような世界中で報道がなされるような大震災は，発生自体については誰もが疑う余地のない典型的な不可抗力であることが分かった。しかし，ここで問題となるのは，不履行や遅延となった契約が，その不可抗力である震災に起因しているのかどうかを立証することである。震災の影響で，契約内容が履行できない場合や遅延する可能性がある場合は，まず，その旨を取引先に速やかに通知する。その際，被害状況や現在の状況（生産設備や調達環境等）を確認できる範囲でできる限り詳細に通知する。次に，契約の不履行や遅延を，免責とするためには，通常，取引先に対し，不可抗力によって契約内容が不履行になったことを立証することが必要となる。そのためには，被害状況の写真，ライフラインや物流の停止の状況等を伝えた新聞記事やウェブサイトのURL等をその証拠として取引先に送信する。

(3)　第三者による証明

　海外の取引先が，公的機関等第三者が不可抗力を証明する書面の提出を求めてきた場合はどうすれば良いか。我が国では，不可抗力の発生そのものを証明する公的機関や第三者機関はない。そこで，もし，取引先に公的機関や第三者機関の証明を求められた場合は，次のような方法により対処する。

①　商工会議所によるサイン証明

　全国各地の商工会議所では，客観的な事実に基づいた自己宣誓文書に対する

サイン証明を行っている。これは商工会議所が起こった事象自体に証明を行うのではなく，自社にて今回発生した事態について宣誓文書を作成し，その文書に自署した署名が，商工会議所に登録のあるサインと同一のものであることを証明するものである。従って，商工会議所のサイン証明が第三者機関の証明機能として有効かどうかについては取引先に確認する必要がある。

　②　公証人役場での公証

　発生した事実をまとめた宣誓供述書を作成し，公証人役場で公証を受け，取引先に送付する。この行為は，我が国では宣誓に虚偽のある場合には罰則規定もある法的行為であるため，信頼度の高い証明手段といえる。またこの公証には，我が国の外務省（Ministry of Foreign Affairs of Japan）の公印が付されるため，海外でも公的機関の証明書として受け入れられやすい。

⑷　契約書に不可抗力条項がない場合の対処方法

　契約書等に不可抗力条項がない場合は，双方の話し合いによるか，我が国で2009年8月より発効となった**ウィーン売買条約**の適用を考慮する（第2節「損害賠償」（第74条～第77条），第4節「免責」（第79条，第80条），第5節「解除の効果」（第81条～第84条）等を参照）。

　同条約では不可抗力について，第79条において「当事者は，自己の義務の不履行が自己の支配を超える障害によって生じたこと及び契約の締結時に当該障害を考慮することも，当該障害又はその結果を回避し，又は克服することも自己に合理的に期待することができなかったことを証明する場合には，その不履行について責任を負わない。」と規定している。つまり，この規定では，契約の不履行が不可抗力によるということが証明できれば免責となる。ただし，相手方の国・地域がウィーン売買条約の非締約国・地域であったり，締約国・地域であっても，契約で同条約の除外規定を設けている場合は，同条約は適用されない。

3. 救援物資の通関手続き

　震災が発生すると，被災地には次々とあらゆる救援物資が持ち込まれるよう

になった。これは国内にとどまらず，海外からも届くようになった。そこで，日本政府は，このような海外からの救援物資の輸入通関について，以下のような措置を取ることとしている。

(1) 関税・消費税の免除及び申告手続の簡素化

2011年3月18日，財務省関税局は，今回の震災の被害に対応した税関手続についての発表を行った。

これによると，被災者に無償で提供する救援物資の輸入については，関税定率法第15条第1項第3号（慈善又は救じゅつのための寄贈物品の特定用途免税），消費税については，輸入品に対する内国消費税の徴収等に関する法律（輸徴法）第13条1項第2号を根拠として，その貨物に課される関税・消費税は免除するとした。また，輸徴法第13条第3項第2号の規定により，消費税以外の内国消費税（酒税，たばこ税，揮発油税，地方揮発油税，石油ガス税，石油石炭税）についても免税となる。さらに，通常，これらの法令の規定によって免税を受けるためには「寄贈物品等免税明細書」（税関様式T-1220）が必要となるが，今回の震災に係る救援物資については省略するとした。

なお，公的機関や民間支援団体等の名で輸入する救援物資については，「救援物資等輸出入申告書」により簡易な様式で申告を行うことができるとした。

(2) 食品・飲料等の手続きの簡素化

2011年3月15日，各検疫所長に宛てた厚生労働省医薬食品局検疫所業務管理室長信「東北地方太平洋沖地震に関する救援物資の取扱いについて」（食安検発0315第1号）によると，災害対策本部等において救援物資に該当する貨物であることが確認された食品・飲料等食品衛生法の対象物品については，食品衛生法第27条による届出（食品等輸入届出書，成分表及び製造工程表等の提出）を要しないこととした。ただし，荷受人，荷送人，品名，数重量等の情報については，事前に入手することとし，各輸入港（空港）の検疫所において，貨物の特性から検査が必要と判断された場合は，当該検疫所は，厚生労働省検疫所業務管理室長と協議することとした。

⑶ 医薬品等の手続きの簡素化

2011年3月18日，厚生労働省医薬食品局監視指導・麻薬対策課長は，財務省関税局業務課長宛てに「東北地方太平洋沖地震に係る医薬品等支援物資の通関について（依頼）」を，各都道府県衛生主管部（局）に宛てに「東北地方太平洋沖地震に係る医薬品等支援物資について（依頼）」を発信した。

通常，医薬品等薬事法の規制対象物品の輸入に際しては，「薬事法又は毒物及び劇物取締法に係る医薬品等の通関の際における取扱要領」（平成17年3月31日付財関等425号）に基づき税関が輸入のための確認や監視を行っている。また，救援物資の医薬品等の輸入は，規定上「個人輸入」とみなし，本来「医薬品等輸入監視要領の改正について」（平成22年12月27日付薬食発1227第7号）に基づき，輸入者が通関前に，地方厚生局に対し，医薬品等輸入報告書の届出を行う必要がある。しかし，今回のような救援物資のものは，受取先が特定されていないため届出が行えず，また救援物資は迅速に被災地に届ける必要がある。そこで，当分の間，被災者向けの救援物資については，医薬品等が梱包されていても，書類の確認を行わず通関することとした。そして，各都道府県の薬務担当者は，災害担当部署と連携し，被災地に届いた救援物資に医薬品等が梱包されていた場合は，その品目名及び数量について厚生労働省医薬食品局監視指導・麻薬対策課に報告することとなった。

4. 放射線規制・検査

⑴ 福島原発事故による各国・地域の輸入規制

震災の翌日3月12日，福島第一原子力発電所の第1号機，第3号機が相次いで水素爆発を起こしたことは，我が国において震災の新たな問題を引き起こすこととなった。放射性物質の流出問題である。

震災から週明けて，各国が我が国からの輸入食品に対して規制をするようになった。最初に情報が入ったのは，翌週14日，日本食が人気で知られるシンガポールと香港である。その内容は，我が国からの輸入食品に対し，水際で放射線検査を実施するというものであった。この発表により，香港市民の間では今後日本食品が香港に入って来なくなることを恐れ，買占め騒動が起こり，特に

青森産や岩手産のアワビは通常の8倍の売上を計上したと報道された。その後，同様の規制が，タイ，マレーシア等東南アジアを中心に次々に飛び火すると，瞬く間に全世界に広がった。やがて，各国が要求する規制は，水際での検査にとどまらず，我が国での検査を要求したり，被曝していないことを証明する公的機関の非被曝証明書を要求するようになった。しかしこの中には原発事故に過敏に反応し，過剰な規制も多かった。

　その後の我が国官民一丸となった風評被害の払拭のための努力もあり，現在，これらの規制を行っている国・地域は限定的なものとなっている。

(2)　農林水産品に対する放射線規制

　2018年8月現在，現在，農林水産省が公表している食品について原発事故に伴う輸入停止措置を講じている国・地域は，香港，中国，台湾，韓国，シンガポール，マカオの6カ国・地域のみで，その対象品目は〈図表15-1〉の通りである。

〈図表15-1〉原発事故に伴い輸入停止措置を講じている国・地域

輸出先国・地域	輸入停止措置対象県	輸入停止品目
香港	福島	野菜，果物，牛乳，乳飲料，粉乳
中国	宮城，福島，茨城，栃木，群馬，埼玉，千葉，東京，新潟，長野	全ての食品，飼料
台湾	福島，茨城，栃木，群馬，千葉	全ての食品（酒類を除く）
韓国（WTOにおいて係争中）	日本国内で出荷制限措置がとられた県	日本国内で出荷制限措置がとられた品目
	青森，岩手，宮城，福島，茨城，栃木，群馬，千葉	水産物
シンガポール	福島	林産物，水産物
	福島原発周辺の7市町村	全ての食品
マカオ	福島	野菜，果物，乳製品，食肉・食肉加工品，卵，水産物・水産加工品
	宮城，茨城，栃木，群馬，埼玉，千葉，東京，新潟，長野	野菜，果物，乳製品

　　出所：農林水産省「東京電力福島第一原子力発電所事故に伴う各国・地域の輸入規制強化への対応」(http://www.maff.go.jp/j/export/e_info/pdf/kakukoku_teishi_180724.pdf) より

(3) 酒類に対する放射線規制

2018年8月現在国税庁が公表している日本産酒類についての各国の輸入規制は〈図表15-2〉の通りである。

〈図表15-2〉日本産酒類の各国の輸入規制措置

国・地域	規制措置の状況（必要な証明書等）	備 考
韓 国	・13都県産…放射性物質の検査証明書 ・13都県産以外…産地証明書 ・震災より前に製造したもの…製造日の証明書	指定都県：宮城，山形，福島，茨城，栃木，群馬，埼玉，新潟，長野，千葉，東京，神奈川，静岡
中 国	・10都県産…輸入停止 ・10都県産以外…産地証明書	指定都県：宮城，福島，茨城，栃木，群馬，埼玉，新潟，長野，千葉，東京
モロッコ	・13都県産…放射性物質の検査証明書 ・13都県産以外…産地証明書 ・震災より前に製造したもの…製造日の証明書	指定都県：宮城，山形，福島，茨城，栃木，群馬，埼玉，新潟，長野，千葉，東京，神奈川，山梨
エジプト	・全都道府県…産地証明書	
ブルネイ	・福島県産…品目証明書 ・福島県産以外…産地証明書	
ドバイ アブダビ	・福島県産…放射性物質の検査結果報告書	
ロシア	・6都県産…放射性物質の検査結果報告書若しくは震災より前の製造日の証明書	指定都県：福島，茨城，栃木，群馬，千葉，東京

出所：国税庁「東日本大震災以降に導入された日本産酒類に対する輸入規制措置」(http://www.maff.go.jp/j/export/e_shoumei/pdf/madoguchi.pdf)

(4) 鉱工業分野における放射線検査

鉱工業分野については，口に含むものではなく，内部被曝の心配がないことから，同分野について輸入国において何らかの規制を行っている国はわずかである。経済産業省2017年1月，2015年時点で我が国からの輸出額上位30カ国を対象として，現地日本国大使館等から情報収集したところ，放射線検査の実施等が確認された国及びその実施状況は〈図表15-3〉の通り，韓国とロシアの2カ国のみとなっている（我が国以外の国からの輸入品一般についても検査等を行っている国は除く）。

〈図表15-3〉諸外国における放射線検査 実施状況（鉱工業品分野）

国名	実施内容等
韓国	我が国からの輸入品（廃棄物）について，輸入者による「放射能非汚染証明書」（放射線成績書又は簡易測定結果）の提出等を義務付け。我が国からの輸入品（鉄スクラップ）について，韓国鉄鋼協会スクラップ委員会が韓国政府の勧告に従い，業界の自主規制として，輸入契約書における放射能レベルを明示する条項追加などを実施。
ロシア	我が国からの輸入品について，コンテナを開けずに外側から簡易検査を実施。基準値（0.3マイクロシーベルト/時）超の値が検知された場合，当該貨物からサンプルを抽出し，詳細検査を実施。

出所：経済産業省「諸外国における放射線検査 実施状況（鉱工業品分野）」（http://www.meti.
go.jp/earthquake/smb/index.html#reputation）（経済産業省　諸外国・地域における放
射線検査実施状況等（鉱工業品分野））

第16章　貿易と環境

1. 貿易と環境

　もはや，自分の国さえ良ければよいという時代ではなくなった。インターネットは国境を越え，その規制は国家をまたいで考えなければならなくなった。かつて国家対国家であった戦争は，いまや国を超えたテロ組織との闘いになりつつあり，これも世界が一丸となって対峙しなくてはならない問題となった。

　中でも，地球温暖化に代表される地球の環境問題は，最も深刻で，各国が智恵をしぼって一刻も早く対処しなくてはならない喫緊の課題となった。

　貿易取引は，国家間のモノの交換であるだけに，環境への配慮に欠くものであっては，地球の環境破壊をより加速化させることつながる。商慣習を基礎に成り立ってきた貿易取引も，一定のルールを設け，それに従った取引を行うことで，美しい地球を次の世代にも引き継いでいきたいものである。

　そこで，これまでにも，次に挙げるような貿易取引に関するさまざまな条約や協定等を締結することによって，地球の環境を保護することが試みられてきた。

2. 貿易と環境に関わる国際的な条約・協定

⑴　ワシントン条約

　正式名称を，**絶滅のおそれのある野生動植物の種の国際取引に関する条約**（Convention on International Trade in Endangered Species of Wild Fauna and Flora：CITES）という。締結国数は，2010年6月現在175カ国・地域。

　1972年6月，ストックホルムで開催された「国連人間環境会議」において，

〈図表16-1〉ワシントン条約附属書 I，II，III概要

	附属書 I	附属書 II	附属書 III
附属書掲載の基準	絶滅のおそれのある種で取引による影響を受けている又は受けるおそれのあるもの	現在は必ずしも絶滅のおそれはないが，取引を規制しなければ絶滅のおそれがあるもの	締結国が自国内の保護のため，他の締結国・地域の協力を必要とするもの
規制の内容	○ 原則，商業目的の取引は禁止 ○ 学術研究を目的とした取引は可能だが，輸出国及び輸入国双方の許可書が必要	○ 商業目的の取引は可能 ○ 輸出国政府の発行する輸出許可書等が必要	○ 商業目的での取引は可能 ○ 輸出国政府の発行する輸出許可書又は原産地証明書等が必要
対象種	ジャイアントパンダ，ゴリラ，オランウータン等	オウム，サンゴ，ライオン，サボテン，ラン等	セイウチ（カナダ），タイリクイタチ（インド）等

絶滅のおそれのある野生動植物の種の保護を図るため，野生動植物の国際間の取引に関する条約採択会議の早期開催の勧告がなされた。

　これを受け，国際自然保護連合（IUCN）が中心となって，条約作成作業をすすめた結果，1973年3月，米国・ワシントンにて「野生動植物の特定の種の国際取引に関する条約採択のための全権会議」が開催され「絶滅のおそれのある野生動植物の種の国際取引に関する条約」が採択，1975年7月1日に発効しました。我が国では，1980年4月25日の通常国会において本条約の締結が承認され，同年11月4日より発効している。

　ワシントン条約は3年に1度，締約国会議を開催し，附属書の修正等を行っている。2016年9月24日〜10月5日，南アフリカ共和国のヨハネスブルグにおいて第17回ワシントン条約締約国会議が開催された。この会議の結果を踏まえ，条約附属書の改正が行われ，2017年1月2日に発効した。今回の改正で新たに附属書に追加・変更された種の主なものには以下のようなものがある。

①　楽器（ギター，弦楽器），スピーカー等の音響器具，家具，仏壇等の宗教用具，自動車の内装（中古車含む），木材の抽出物・香料・アロマオイル，ビリヤードのキュー等の道具に使用されるマメ科ツルサイカチ属（ローズウッド），ブビンカ属3種，アフリカローズウッド。

②　沈香の木材チップ，香料として使用している製品，アロマオイル等に使用されるジンチョウゲ科アキラリラ属（沈香），ギリノプス全種，ハマビ

シ科　ユソウボク等

③　漢方薬等に使用される動物種のうちセンザンコウ

④　ヨウム，コダママイマイ（カタツムリ），アシナシトカゲ等の動物種

(2)　モントリオール議定書

正式名称を，**オゾン層を破壊する物質に関するモントリール議定書**（Montreal Protocol on Substances that Deplete the Ozone Layer）という。1985年，**オゾン層の保護を目的とする国際協力のための基本的枠組みを設定するオゾン層の保護のためのウィーン条約**（Vienna Convention for the Protection of the Ozone Layer）が締結された。1987年，同条約の下でオゾン層を破壊する恐れのある物質を特定し，当該物質の生産，消費及び貿易を規制して人の健康及び環境を保護するため同議定書が採択された。締約国数は，2018年8月現在197カ国・地域である。事務局は条約及び議定書ともにケニア・ナイロビの国連環境計画（UNEP）に置かれている。同議定書では，フロン，ハロン，四塩化炭素等は，先進国では，1996年までに全廃することが求められ，これに対し開発途上国は2030年までに全廃することが求められている。我が国では，1988年に**オゾン層保護法**を制定し，フロン類の生産及び輸入の規制を行っている。

(3)　バーゼル条約

正式名称を，**有害廃棄物の国境を越える移動及びその処分の規制に関するバ ー ゼ ル 条 約**（Basel Convention on the Control of Transboundary Movements of Hazardous Wastes and their Disposal）という。

欧米諸国を中心に1970年代から有害な廃棄物の国境を越える移動がしばしば行われてきた。1980年代に入り，ヨーロッパの先進国からの廃棄物がアフリカの開発途上国に放置されて環境汚染が生じる等の問題が発生し，問題が顕在化した。

これを受けて，OECD及び国連環境計画（UNEP）で検討が行われた後，1989年3月，スイスのバーゼルにおいて，一定の有害廃棄物の国境を越える移動等の規制について国際的な枠組み及び手続等を規定した「有害廃棄物の国境

を越える移動及びその処分の規制に関するバーゼル条約」が作成され，1992年5月5日効力発生した。2018年8月現在，締約国数は186カ国・地域となっている。

　我が国では，リサイクル可能な廃棄物を資源として輸出入しており，条約の手続に従った貿易を行うことが地球規模の環境問題への積極的な国際貢献となるとの判断の下，1993年9月17日に同条約への加入書を寄託し，同条約は，同年12月16日に発効した。

(4)　欧州の環境規制

　以下にあげる規制は，国際条約ではなく，欧州域内の規制ではあるが，もともとこの地域では環境への取り組みが盛んであった。現在，欧州地域の企業との取引の際には以下のような規制に則って取引を行わなければならず，これらの規制は，欧州以外の国や地域での環境規制にも大きな影響を与えている。

　①　RoHS（ローズ）指令

　正式名称を，**電気電子機器における特定有害物質の使用制限に関する指令**（Directive on the Restriction of the use of certain Hazardous Substances in electrical equipment）という。

　同指令により，2006年7月1日以降，EU市場に上市（put-on-the-market）された電気電子機器（Electrical and Electronic Equipment：EEE）に，鉛，水銀，カドミウム，六価クロム，ポリ臭化ビフェニール（PBB），ポリ臭化ジフェニルエーテル（PBDE）の6物質の使用が原則禁止された（旧RoHS指令：2002/95/EC）。その後2011年7月21日に改正RoHS指令である**新指令**（RoHS2：2011/65/EU）が施行され，各加盟国において2013年から改正指令を実施するための国内法が導入された。新指令に適合する製品には，EU市場での流通を保証するCEマークを貼付することとなった。さらに2015年6月4日，新指令の禁止物質（制限物質）を定めた2011/65/EUのAnnex IIを置き換える（EU）2015/863が公布された。これにより，従来の禁止6物質にフタル酸ジ-2-エチルヘキシル（DEHP），フタル酸ブチルベンジル（BBP），フタル酸ジ-n-ブチル（DBP），フタル酸ジイソブチル（DIBP）の4物質が追加され，規制される物質は合計10物質となった。

② WEEE（ウィー）指令

正式名称を，**電気電子機器廃棄物の回収・リサイクルに関する指令**（Directive on Waste Electrical and Electronic Equipment）という。

同指令は，2003年に最初の指令（欧州議会理事会指令2002/96/EC）が発効し2005年8月13日以降に製品を販売される家電・電子企業は，自社製品の適切な廃棄・回収処理と費用負担が義務付けられた。その後改正WEEE（WEEE2）である2012年7月4日付欧州議会・理事会指令2012/19/EUが発効し，同年8月13日から適用が開始されている。WEEEの回収率目標として，2016年〜2018年は，加盟国において過去3年間に上市されたEEEの平均重量に占める回収済みWEEEの総重量の割合が年間45％，2019年以降は，同65％又は加盟国において発生したWEEEの量に占める回収済みWEEEの総重量の割合が年間85％としている。

③ REACH（リーチ）規則

正式名称を，**化学物質の登録・評価・認可・制限に関する規則**（Registration, Evaluation, Authorization and Restriction of Chemicals）という。

同規則は，ヒトの健康と環境の保護，欧州化学産業の競争力の維持・向上を目的として，2006年12月に採択され，2007年6月に施行された（欧州議会・理事会規則EC1907/2006）。2008年6月にはフィンランドで欧州化学物質庁（European Chemicals Agency：ECHA）が発足し，本格的に始動した。同規則は，約3万種類の化学物質（化学，自動車，電機，玩具等多品種に及ぶが農薬や医薬品は対象外）を対象に，登録（Registration），安全性評価（Evaluation），認可（Authorization），制限（Restriction）を行っている。

③ ErP指令

正式名称を，**エネルギー関連製品のエコデザイン指令**（Establishing a Framework for the Setting of Ecodesign Requirements for Energy-related Products）という。

従来のエネルギー使用機器に対するエコデザイン（環境配慮型設計）要求事項設定のための枠組みを構築する指令（EuP指令2005/32/EC）に代わり，2009年11月20日に発効した（2009/125/EC）。同指令では，対象範囲が洗濯機，冷蔵庫，ヘアドライヤーから，窓，断熱材，シャワーヘッド，節水弁等原則と

してすべてのエネルギーに関連する製品（Energy-related Products）にまで拡大された。対象機器をEU市場に上市する企業は，指定された整合規格が要求されるほか，CEマーキングの貼付が義務付けられる。

あとがき

　筆者が大学を卒業し社会人になってから2018年3月で20年が経過した。その瞬間には気が付かないことでも，改めて振り返ってみると，この間に時代や社会に大きな変化があったことが分かる。技術の面では，JRのスイカに代表される非接触型のICカードが普及した。携帯電話はいわゆるガラケー（ガラパゴス携帯）からスマホ（スマートフォン）に変わった。カーナビゲーションが普及した。温水洗浄便座が普及した。社会の側面でも，外国人旅行者が激増した。外国人労働者も増えつつある。女性の社会進出が進み，女性の管理職や役員が増えた。長時間労働が見直され，ワークライフバランスが重視されるようになった。

　これからはどうなるのか。未来を確実に予測することは極めて困難であるが，我が国の今後の貿易に影響を与えるであろう3つの点について述べておきたい。

　1点目は，近年の急速なインターネットの普及とそれに関する技術の発展である。最近「越境EC」と呼ばれるオンライン商取引が発達した。注文をインターネットで行い，商品は，国際スピード郵便（EMS）やFedEx, DHLといった国際宅配便で運ばれる。輸送手段もドローンによる輸送の実証実験が行われ始めている。近年では音楽や動画などを中心に商品そのものがこれまでの輸送手段によらず，ダウンロードすることによって送信できる時代となっている。フィンテックやブロックチェーン技術により代金の決済方法についても今後大きな変化をもたらすであろう。

　2点目は，近い将来に開催が決定した2020年の東京オリンピックと2025年の大阪万博という二つの大きな国際イベントだ。通常は年間35頭ほどの競技用の馬の輸入頭数が，2020年の東京オリンピックに向けてこの10倍となる350頭ほどの輸入が予定されているとのことである。また選手団の荷物では，米国の選手団だけでコンテナ200本分の荷物が来るという。2025年の大阪万博でもたく

さんの貨物が輸出入されることとなるだろう。

　3点目は，増え続ける訪日外国人の数である。現在来日する外国人は観光客，労働者の両方で増えている。観光客の伸びが特に著しく，日本政府観光局（JNTO）の統計によると2018年に日本を訪れた外国人は推計値で3,119万1,900人で10年前の2008年から約3.7倍，3年前の2015年からも約1.6倍の増加となっている。今後は労働者の受け入れも活発になるであろう。これに伴い，日本を訪れる外国人が日本の素晴らしいものを目にし，手に取って触れることとなる。気に入った日本の商品を自国に持ち帰ったり，自国の家族に送りたい思うようになる。このいわゆるインバウンド効果が日本産品の輸出拡大に貢献するであろう。

　実務書の書き手としては，新しい事象を即座に活字にすることには躊躇することがある。それはその新しいとされることが一種の流行りのようなもので，早々に消え去ってしまうものであるかもしれないからである。「新しい」といっていたものがすぐに「古く」なる時代である。しかし書き手には，その時その時に起こっている事象を文字に起こしてまとめるという記録者の役割が与えられていることから，新しく起こっていることについて書き留めることに躊躇してはならない。今後も「新しい」貿易実務を記述し続けていきたい。

石川雅啓

参考文献

＜書籍＞

『ICC 荷為替信用状に関する統一規則および慣例 UCP600 2007年改訂版』国際商業会議所日本委員会，2007年

石川雅啓著『実践貿易実務第12版』ジェトロ，2016年

加藤修著『国際貨物海上保険実務』成山堂書店，2003年

亀井利明著『海上保険概論』成山堂書店，1996年

『関税関係基本通達集 平成30年度版』日本関税協会，2018年

『関税関係個別通達集 平成30年度版』日本関税協会，2018年

『関税六法 平成30年度版』日本関税協会，2018年

木村栄一著『海上保険』千倉書房，1991年

国際商業会議所日本委員会/新堀聰訳『ICC インコタームズ 2010』国際商業会議所日本委員会，2010年

ジェトロ編『ジェトロ貿易ハンドブック 2018』ジェトロ，2018年

『実行関税率表 2018年度版』日本関税協会，2018年

助川成也・高橋俊樹編著『日本企業のアジア FTA 活用戦略』文眞堂，2016年

『通関士試験の指針 平成30年度版』日本関税協会，2018年

中野宏一『最新貿易ビジネス4訂版』白桃書房，2010年

新堀聰著『ウィーン売買条約と貿易契約』同文舘出版，2009年

藤岡博著『貿易の円滑化と関税政策の新たな展開』日本関税協会，2011年

＜ウェブサイト＞

アマゾン公式ホームページ「フルフィルメント by Amazon（FBA）」

e-Gov 法令検索「外国為替及び外国貿易法」

e-Gov 法令検索「関税法」

外務省「欧州連合（EU）」

外務省「環太平洋パートナーシップ（TPP）協定交渉」

外務省「日 EU 経済連携協定（EPA）」

外務省「東アジア地域包括的経済連携（RCEP）」

株式会社日本貿易保険「海外商社（バイヤー）登録手続きについて」

株式会社日本貿易保険「保険商品」

経済産業省「諸外国における放射線検査 実施状況（鉱工業品分野）」

経済産業省「千九百九十四年の関税及び貿易に関する一般協定第七条の実施に関する協定」

公益社団法人日本マーケティング協会「マーケティングの定義」

国税庁タックスアンサー「恒久的施設（PE）」No. 2881〜No. 2883

国税庁「東日本大震災以降に導入された日本産酒類に対する輸入規制措置」

財務省「国境を越えた役務の提供に係る消費税の課税の見直し」

ジェトロ「EPA活用法・マニュアル」

ジェトロ世界貿易投資報告2018年版

ジェトロセンサー2017年2月号「中国の越境EC」

ジェトロ調査レポート「ベトナムにおけるOn the Spot Export／Import制度（2017年3月）」

ジェトロ「データベース一覧」

ジェトロ 特集：東日本大震災の国際ビジネスへの影響「不可抗力による契約不履行について」

ジェトロ貿易投資相談Q&A「恒久的施設（Permanent Establishment：PE）とは」

ジェトロ貿易投資相談Q&A「船会社の経営破たんによる各当事者の責任範囲と対処方法について」

首相官邸「TPP（環太平洋パートナーシップ）協定」

税関「AEO（Authorized Economic Operator）制度」

税関カスタムスアンサー「1001 総額20万円以下の貨物の簡易税率」

税関「経済連携協定（FTA/EPA）（関税・税関関係）」

税関「携帯品・別送品申告書」

税関「JASTPROコード（法人）及び税関発給コード（法人）から「法人番号」への切替について」

税関「貿易取引通貨別比率」

損保保険ジャパン日本興亜株式会社「外航貨物海上保険」

東京海上日動火災保険株式会社「外航貨物海上保険」

農林水産省「原発事故に伴い輸入停止措置を講じている国・地域」

三井住友海上株式会社「外航貨物海上保険」

和文索引

【あ行】

アクセプタンス　112
揚地条件　60
アジアゲートウェイ構想　222
あっせん　68
後払い方式　103
アメリカ・ランド・ブリッジ　136
アメンド　108
安全保障貿易管理制度　169
委託加工貿易　175
一次税率　237
一部保険　154
一覧払手形　105
一覧払輸出手形買相場　95
一覧払輸入手形決済相場　94
一帯一路　136
一等航海士　123
一般税率　230
一般取引条件　65
委付　150
インコタームズ　66,72
インコタームズ2010　73
インコタームズ規則の変形　83
印刷条項　65
インターバンク　91
インターバンク市場　91
インターバンク取引　91
インターバンク・レート　91
インテグレーター　25,116,135
インテリア・ポイント・インターモーダル　136
インフォーム要件　15,172
インランドデポ　213
ウィー指令　259
ウィーン売買条約　66,249
受取船荷証券　139
受荷主　8
裏書き　139
売り契約書　63
売相場　93

売手　9,228
売手管理在庫　20
売主　8,71
売り申込み　48
売り契約書　63,64
運送　88
運送クレーム　67
運送契約　125
運送書類　88
運送人　9,125
運送人の責任区間　125
運送人渡し　75
運送要件証明書　38,41
運賃　88
運賃込み　80
運賃同盟　118
運賃トン　57
運賃保険料込み　81
運賃明細書　208
運賃率　118
エアフレイトフォワーダー　130
衛生証明書　145
エキスポートアカウント　111
液体用コンテナ　125
エスケープ・クローズ方式　237
越境EC　22
エドワード・ロイド　147
エプロン　123
円高損失補てん金　120
欧州共同体　33
欧州経済領域　33
欧州自由連合　33
欧州の環境規制　258
欧州連合　33
オーストラリアグループ　171
オゾン層を破壊する物質に関するモントリール
　議定書　257
乙仲　10

【か行】

海運同盟　118
海外事業資金貸付保険　163
海外商社名簿　52
海外投資保険　162
海外ミニ調査サービス　47
海貸業者　10
外銀ユーザンス　112
買い契約書　63,64
外国為替及び外国貿易法　2,15,169
外国為替市場　91
外国為替相場　92
外国契約者税　19
外国貿易統計　194
外国向為替手形取引約定書　106
外国ユーザーリスト　172
解釈全損　150
海上運送状　128,133,142
海上運賃　118
海上損害　149
海上輸送　116
改正ワルソー条約　132
買相場　93
外為法　2,8,15,169,173
買手　9,228
回転信用状　111
買取銀行　106
買取銀行指定信用状　110
買取銀行無指定信用状　110
海難三大事故　151
買主　8,71
該非判定　173
買い申込み　48
買約書　63,64
価格算定　86
価格条件　58
価格表　202,208
化学兵器禁止条約　171
書き入れ条項　65
確定日渡し　96
確定保険　156
確定申込み　49
確認銀行　110
確認条件付き申込み　49

確認信用状　110
加工工程基準　40
かさ高品割増料金　120
加算要素　226,228
課税価格　225,228
課税価格の決定の原則　228
課税価額の決定の原則　225
課税価格の決定の例外　229
課税価額の決定の例外　227
課税数量　225
課税標準　225,234
仮想通貨　115
貨物　2
貨物受渡書　126
貨物運送状　142
貨物海上保険　147
貨物等令　171
貨物到着通知書　121,131
貨物の引取り　126
貨物引渡指図書　126
貨物利用運送事業法　131
空コンテナ取扱い料金　121
仮送り状　144
仮陸揚貨物　175,176,185
為替　91
為替手形　101,104
為替変動リスク　95
為替マリー　98
為替予約　96
為替予約票　97
簡易税率　232
簡易通知型包括保険　161
関税　224
関税及び貿易に関する一般協定　27
関税課税の形態　234
関税関係法令　185
関税協力理事会　188
関税協力理事会品目表　188
関税込み持込み渡し　79
関税三法　185
関税撤廃・削減スケジュール表　39
関税同盟　29
関税の起源　224
関税の減免税・戻し税及び還付制度　239
関税番号　40

和文索引 *267*

関税番号変更基準 40
関税評価 225
関税評価協定 225
関税法 2,8
関税率の種類 230
関税率表の解釈に関する通則 192
関税割当制度 237
完全生産品 40
環太平洋戦略的経済連携協定 36
環太平洋パートナーシップ 36
環太平洋パートナーシップに関する包括的及び
　　先進的な協定 37
鑑定人 151,157
勧誘 47
規格売買 54
機器受渡証 127
企業総合保険 160
期限付手形 105
期限付手形買相場 95
期待利益 153
基本税率 230
記名式船荷証券 139
逆為替 101
客観要件 15,172
キャッチオール規制 171
救援物資の通関手続き 249
救助料 151
協会貨物約款 148
協会ストライキ約款 152
協会戦争約款 152
共通有効特恵関税 35
協定税率 230,231
協定保険価額 153
共同海損 150
行郵税 24
許可 168
緊急関税 236
銀行 9,91,104,106
銀行間市場 91
銀行間取引 91
銀行間取引相場 91
銀行送金 100
銀行取引約定書 106
僅少の非原産材料 41
クーリエ業者・小包郵便物の受領書 143

繰延べ払い 103
繰延べ・分割払い方式 103
クレーム 67
クレジットカード決済 102
経済連携協定 30,37
携帯品 177,185,208
携帯品・別送品申告書 208
契約運送人 10,134
契約書 63,202,208
ケーブルネゴ 108
決済条件 62
決済通貨 59
決済方法 99
検疫証明書 145
現金引換方式 103
検査機関 145,151,157
検査証明書 55,145
原産地規則 39
原産地証明書 38,42,146
原産品申告書 42
現実支払価格 226,228
現実全損 150
原子力供給国グループ 171
検数人 123
検数票 123
限度額設定型貿易保険 161
項 40,189
号 40,189
航海スケジュール 116
恒久的施設 16,21
航空運送状 130,131,142
航空運賃 131
航空貨物の積込み手続き 130
航空貨物の引取り 131
航空貨物引渡指図書 132
航空貨物保険 158
航空輸送 116,130
交互計算 102
公証人役場 249
工場渡し 74
控除要素 226,229
公的検量業者 57
港湾EDI 222
コール・オプション 99
国際運送貨物取扱業者 218

国際海上物品運送法　125, 142
国際銀行間通信協会　110, 114,
国際航空運送協会　130, 143, 158
国際商業会議所　68, 72, 109
国際スピード郵便　22
国際宅配便　22, 116, 135
国際鉄道物品運送条約　137, 142
国際道路物品運送条約　137, 142
国際通貨基金　27
国際標準化機構　54
国際ファクタリング　113
国際複合輸送　116, 133
国際複合輸送一貫業者　116, 134
国際復興開発銀行　27
国際物品売買条約に関する国際連合条約　66
国際フレイトフォワーダーズ協会　133, 134
国際貿易機関　27
国際民間航空機関　130
国際郵便　116, 135
国際郵便為替　100
国際連合海上物品運送条約　129
国際連合国際商取引法委員会　66, 68, 129
国際連合貿易開発会議　11, 129, 236
国定税率　231
国内PL保険　166
国内取引　6
国連国際物品複合運送条約　137
国連武器禁輸国・地域　173
ココム規制　169
故障付船荷証券　140
個人保険業者　148
個人輸入特例　230
コストプラス方式　86
コストブレイクダウン方式　87
個品運送契約　117
コファス　51
個別予定保険　156
コルレス銀行　9
コルレス契約　9
混載業者　131
コンテナー扱い　210
コンテナ船　117
コンテナ・ターミナル　123
コンテナ詰め　124
コンテナ内積付表　126

コンテナ・フレートステーション　124
コンテナ・フレートステーション・チャージ　121
コンテナ・ヤード　124
梱包・包装　62

【さ行】

サーベイ　157
サーベイヤー　151, 157
最恵国待遇　27, 29, 236
最終確認条件付き申込み　49
最小引受可能数量　58
最大引受可能数量　58
再輸出免税　244
再輸入免税　242
在来船　118
サイン証明　146, 248
サイン登録　146
先売りごめんオファー　50
先物外国為替取引約定書　97
先物相場　92, 95
先物予約　96
指図式船荷証券　139
指図人　139
座礁　151
サブコン・オファー　49
サレンダードB/L　128, 141
三国間貿易　12
三者間取引　17
暫定税率　230, 231
シーリング方式　237
シーリング枠　237
仕入書　144, 202, 208
ジェトロ　11, 44, 47
ジェトロ・データベースコーナー　45
自家積み　61, 122
自家取り　125, 126
直ハネ　113
直積み　61
直物相場　92
自行ユーザンス　112
資金負担リスク　50
自国通貨（円）建て決済　97
自己申告（証明）制度　32, 42
市場性　43

和文索引　*269*

事前確認　181
事前教示制度　238
仕出人　8
実運送人　9, 134
実質的変更　40
実質的変更基準　40
シッパーズ・ユーザンス　113
指定保税地域　212
支払渡し　102
シベリア・ランド・ブリッジ　136
仕向地持込み渡し　78
仕向人　8
社会保障・税番号制度　223
従価従量税品　235
従価税品　235
自由販売証明書　145
自由貿易協定　29
従量税品　235
重量単位　55
重量トン　55
重量割増料金　120
受益者　8, 106
需要者要件　172
順月オプション渡し　96
順月確定日渡し　96
乗員上陸許可支援システム　222
少額貨物の簡易通関扱い　202, 208
少額免税　242
上級委員会　28
商業送り状　144
譲許表　39
商工会議所　11, 46, 146, 248
仕様書売買　54
承諾　48
譲渡可能信用状　111
衝突　151
承認　168
消費税　84, 239
消費税輸出免税不適用連絡一覧表　85
商品　1, 2
商品性　43
商品の名称及び分類についての統一システム
　　188
職業用具　177, 185, 203, 210
除権決定　139

書式の戦い　65
処分権　82
所有権　82
所有権の移転　59, 82
書類取引の原則　109
書類発行手数料　121
新ICC　148
新協会貨物約款　148
申告納税方式　198, 234
信用危険　160
信用状　104
信用状開設依頼書　106
信用状付き荷為替手形決済　101
信用状統一規則　101, 109
信用状独立の原則　109
信用状取引約定書　106
信用状なし荷為替手形決済　101
信用状の修正　108
信用調査　50
信用リスク　50
スイッチB/L　14
スイッチ・インボイス　13
推定全損　150
数量過不足容認条件　58
数量決定時点　57
数量条件　55
数量単位　55
スタンドバイ信用状　111
ステベ　123
スパゲティ・ボウル現象　39
3C's　50
スワップ取引　99
税関送り状　145
税関手続申請システム　222
税関手続の簡易化に関する国際条約　146, 187
税関発給コード　222
生産物賠償責任保険　166
製造物責任　164
製造物責任法　164
製造物賠償責任保険　165
生物兵器禁止条約　171
セーフガード　236
世界税関機構　188
世界標準化機構　117
世界貿易機関　27

積送基準　41
絶滅のおそれのある野生動植物の種の国際取引
　　に関する条約　255
1994年の関税及び貿易に関する一般協定第7条
　　の実施に関する協定　225
宣誓検量人　57
戦争危険・ストライキ危険　152,155
船側渡し　79
全損　150
全損のみ担保　150
船内荷役業者　123,126
船腹予約　117,121
全部保険　154
総揚げ　125,126
送金為替　100
送金小切手　100
総合保税地域　213
倉庫間条項　154
相殺勘定　102
相殺関税　236
総重量　57
総積み　122
訴訟　70
その他公表品目　178,181
その他の割増運賃　120
損害防止費用　151

【た行】

ターミナル・オペレーター　123
ターミナル・ハンドリング・チャージ　120
ターミナル持込み渡し　77
代位請求　157
大火災　151
対共産圏輸出統制委員会　169
対抗関税　236
対顧客直物相場　93
対顧客相場　92
対顧客仲値　94
第三者インボイス　14
代替的紛争解決手段　70
タイプ条項　64
大量破壊兵器等に係る補完的輸出規制　171,175
諾成契約　49,62
他所蔵置許可場所　213
他法令　185

ダンアンドブラッドストリート　51
単独海損　150
担保　149
地域貿易協定　30
知的財産権等ライセンス保険　161
知的所有権に関する協定　28
チャイナ・ランドブリッジ　136
仲介貿易　12,15
仲裁　69
中小企業・農林水産業輸出代金保険　162
注文請書　63,64
注文確認書　64
注文書　63,64
超過保険　154
長尺貨物割増料金　120
調停　68
直送モデル　25
沈没　151
通貨オプション　98
通貨変動調整金　120
通関業者　10,198
通関士　198
通関時確認　181
通関士試験　198
通関システム　221
通関手続き　198
通常兵器に係る補完的輸出規制　173,175
通常兵器のキャッチオール規制　172
通知銀行　106
つなぎ融資　112
積替え　61
積地条件　60
提案　47
定期船　116
帝国データバンク　51
ディスクレ　108
テークル　125
適商品質条件　54
摘要　123,140
デバンニング・レポート　127
デミニマス規定　41
電気通信利用役務の提供　23
電子商取引　22,23
電子貿易決済サービス　114
電子貿易決済システム　114

展示用物品　203, 210
電信売相場　94
電信買相場　94
電信照会　108
電信送金　100
てん補　149
東京商リサーチ　51
同時払い方式　103
到着即時輸入申告扱い　205
東南アジア諸国連合　35
東南アジア諸国連合自由貿易地域　35
動物検疫検査手続電算処理システム　221
同盟船　118
通し船荷証券　41, 141
特殊関税　235
特殊コンテナ　125
特殊輸出通関　202
特定委託輸出申告　217
特定期間渡し　96
特定区間　214, 218
特定原産地証明書　42
特定製造貨物輸出者　218
特定製造貨物輸出申告　218
特定保税運送　218
特定保税運送者　218
特定保税運送制度　218
特定保税承認者　217
特定保税承認制度　217
特定輸出者　217
特定輸出申告制度　217
特定用途免税　243
特別特恵関税　231
特別特恵受益国　236
特別費用　151
特例委託輸入申告　217
特例輸入者　217
特例輸入申告制度　216
ドックレシート　123
特恵関税　231
特恵関税制度　236
特恵受益国等　236
特恵税率　230
ドライコンテナ　124
取消可能信用状　101, 110
取消不能信用状　101, 110

取立為替　101
取立手形　109
取引価額　225
取引条件　53
ドロップシップメント　17

【な行】

内国消費税　239
内国民待遇　27, 29
内容の不一致　108
投荷　150
並為替　100
南米南部共同市場　32
荷揚げ　89
荷受人　8
荷送人　8
荷落信用状　100
荷卸し　89, 90
荷降ろし　89
荷おろし　90
荷為替信用状に関する統一規則及び慣例　109
荷為替手形　101, 138
2号承認品目　178, 181
二次税率　237
24時間ルール　204
荷印　62
2009年協会貨物約款　148, 151
日EU・EPA　37, 42
荷主　8
2の2号承認品目　178, 181
日本・EU経済連携協定　37
日本工業規格　54
日本商工会議所　42, 46
日本商事仲裁協会　69, 203
日本農林規格　54
日本貿易振興機構　11
日本貿易保険　10, 52, 160
日本輸出入者標準コード　222
ニューヨーク条約　69
荷渡指図書　121, 132
荷渡指図書発行手数料　121
認定事業者　215
認定製造者制度　218
認定通関業者　217
認定通関業者制度　217

認定輸出者制度　32
ネガティブ・コンセンサス方式　28
ネッティング　99, 102
ネットワーク・ライアビリティー・システム
　137
燃料割増調整金　120

【は行】

バース・ターム　119
バーゼル条約　257
バイヤーズコンソリデーション　127
売約書　63, 64
バイラテラル・ネッティング　102
ハウス・エア・ウェイビル　131
発行依頼人　8, 106
発行銀行　106
発荷主　8
はね返り融資　113
ハネ商手　113
ハネ単手　113
バラ荷貨物　58, 117, 122
パラメータシート　173
パリクラブ　160
万国海法会　128
反対見本　53
反対申込み　49
ハンドキャリー　208
搬入前申告扱い　205
ハンブルグ・ルール　129
ピークシーズン割増料金　120
非該当証明書　173
非加工証明書　41
東アジア地域包括的経済連携　38
引合い　48
引き合い案件データベース　46
引受け可能数量条件　58
引受渡し　102
非居住者在庫　20
非居住者通関　20
引渡し　59, 72, 82
引渡し時期　60
引渡し条件　59
引渡し場所　60
飛行中のみ　158
非常危険　159

非船舶運航業者　134
ビットコイン　115
被保険貨物　149
被保険者　149
被保険利益　149
標準品売買　54
費用損害　151
表面条項　64
品質基準　53
品質決定時点　55
品目分類のルール　192
品目別運賃　119
品目別規則　40
品目無差別運賃　119
フィンテック　115
4C's　50
フォーフェイティング　114
賦課課税方式　198, 234
付加価値基準　40
不可抗力　247
不可抗力条項　248
付記　140
武器輸出三原則　171
複合運送　89
複合運送証券に関する規則　137
複合運送船荷証券　133, 136, 141
複合輸送　89
付随費用　151
付帯税　238
艀中扱い　199, 205
普通送金　100
物的損害　150
プット・オプション　99
物品　2
物品の一時輸入のための通関手帳に関する条約
　203
不定期船　117
不当廉売関税　236
船卸し　89
船卸し票　90
船混み割増料金　120
船積み　60, 89, 122
船積み依頼　121
船積み依頼書　121
船積指図書　121

和文索引　*273*

船積み時期　60
船積み証明　139
船積書類　138
船積数量条件　57
船積代理店　122
船積み通知　156
船積み手続き　122
船積品質条件　55
船積船荷証券　139
船積申込書　121
船荷証券　14, 122, 138
船荷証券統一条約　128
船荷証券の危機　114, 127
船荷証券の元地回収　141
付保　149
ブラッセル関税率表　188
フレイトフォワーダー　134
フレイトフォワーダー発行の貨物受領書　143
ブレトン・ウッズ体制　27
ブロックチェーン　115
分割積み　62
分割払い　103
紛争懸念国　176
紛争処理小委員会　28
分損　150
平均中等品質条件　54
米国・メキシコ・カナダ協定　32
ヘーグ・ヴィスビー・ルール　128
ヘーグ議定書　132
ヘーグ・ルール　125, 128
別送品　208
便益関税　231
貿易　1
貿易一般保険（技術提供契約等）　161
貿易一般保険（個別）　160
貿易管理オープンネットワークシステム　222
貿易管理制度　168
貿易クレーム　67
貿易実務　6
貿易条件　71
貿易代金貸付保険　162
貿易統計　194
貿易と環境　255
貿易と災害　247
貿易取引　6

貿易保険　102, 159
貿易保険の種類　160
貿易保険の手続き　163
貿易保険法　160
包括予定保険　156
冒険貸借　147
放射線規制・検査　251
法人番号　223
包装明細書　144, 202, 208
報復関税　235
北米自由貿易協定　32
保険　147
保険会社　10, 151, 156, 160
保険価額　153
保険期間　154, 166
保険金額　154, 166
保険金の支払い　157, 164
保険金の請求（求償）　156, 163
保険契約者　149
保険者　148, 155
保険証券　156
保険条件　62
保険証明書　156
保険の申込み　155
保険の目的　149
保険料　154
保険料明細書　208
保険料率　154
保証状　108, 127
補償状　127, 140
保税　211
保税運送　214
保税運送手続き　214
保税区モデル　24
保税工場　213
保税蔵置場　212
保税地域　211
保税地域の種類　212
保税展示場　213
保税転売　215
保税物流園区　19
ボックスレート　119
ホワイト国　172
本船扱い　199, 205
本船受取書　121, 123

本船索具　125
本船渡し　80
本邦ローン　112

【ま行】

マーケティング　43
マーケティング・ミックス　43
マイナンバー制度　223
前払い方式　103
前払輸入保険　162
マスター・エア・ウェイビル　131
マルチラテラル・ネッティング　102
ミサイル関連資機材・技術輸出規制　171
ミニ・ランド・ブリッジ　136
身の回り品　208, 241
見本売買　53
無過失責任　165
無故障船荷証券　140
無条件免税　241
盟外船　118
銘柄売買　54
メール期間　94
メール期間金利　94
メガFTA　29, 37
申込み　48
モントリオール議定書　257
モントリオール条約　133
モントリオール第四議定書　133

【や行】

約束手形　132
有害廃棄物の国境を越える移動及びその処分の
　　規制に関するバーゼル条約　257
郵便局の国際送金　100
郵便通関　219
郵便付替　100
郵便物の保税運送　220
郵便物の輸出通関　219
郵便物の輸入通関　219
ユーラシア・ランドブリッジ　136
輸出　2
輸出管理徹底国　172
輸出許可書　123
輸出許可制度　169
輸出許可の特例措置　175

輸出許可品目　171
輸出金融　111
輸出してはならない貨物　203
輸出者　8, 200
輸出承認制度　173
輸出承認の特例措置　176
輸出承認品目　173
輸出申告　200
輸出申告書　200
輸出申告の時期　199
輸出通関　199
輸出手形保険　102, 162
輸出統計　195
輸出入　1
輸出入・港湾関連情報処理システム　200, 206,
　　221
輸出貿易管理制度　168
輸出貿易管理令　169
輸出前貸し　111
輸出免税　84
輸出令　169, 175
輸送　88
輸送費　89
輸送費込み　75
輸送費保険料込み　76
ユニフォーム・ライアビリティー・システム
　　137
輸入　2
輸入（納税）申告　206
輸入（納税）申告書　206
輸入金融　112
輸入してはならない貨物　210
輸入者　8, 205
輸入承認の特例措置　181
輸入食品監視支援システム　221
輸入植物検査手続電算処理システム　221
輸入申告　204
輸入申告の時期　204
輸入通関　204
輸入担保荷物保管証　112
輸入担保荷物保管証：航空貨物用　132
輸入担保物保管に関する約定書　106
輸入通関　204
輸入統計　195
輸入貿易管理制度　178
輸入割当　178

輸入割当品目 178
容積重量証明（明細）書 57, 145
容積トン 55
傭船契約 117, 119
傭船契約船荷証券 141
用途要件 172
予定保険 156
4P 43

【ら行】

ライナー・ターム 119
ランデングエージェント 126
リーズ・アンド・ラグス 97
リーチ規則 259
リーファーコンテナ 125
リインボイス 13
陸揚げ 89
陸揚価格 87
陸揚数量条件 57
陸揚品質条件 55
陸上輸送 116
リスクの移転時点 81
リスト規制 171
リスボン条約 34
リバースチャージ方式 23
裏面約款 65
略式船荷証券 140
流通可能船荷証券 139
流通証券 138
流通不可能船荷証券 139
利用航空運送事業者 130
領事送り状 144
旅具通関扱い 202, 208
リリースオーダー 132
類 40, 189
累積規定 42
冷凍・冷蔵コンテナ 125
歴月オプション渡し 96
連続する原産地証明書 42
ロイズ 148
ロイズSG海上保険証券 148
ローズ指令 258
ロッテルダム・ルール 129
ロングフォーム船荷証券 140
ロンドン保険業者協会 148

【わ行】

和解 68
ワシントン条約 255
ワッセナーアレンジメント 169
割増運賃 120
ワルソー条約 132

欧文索引

【A】

Abandonment 150
Acceptance 49, 112
Acceptance Rate 94
Accumulation 42
Actual Carrier 9, 134
Actual Total Loss 150
ADR 70
Advance Payment 103
Advising Bank 106
AEC 36
AEO制度 215
AEOの相互承認 216
AFTA 35
AG 170, 171
Agreed Insured Value 153, 170
Air Freight Forwarder 130
Air T/R 132
Air Trust Receipt 132
Air Waybill 130, 131, 142
Airborne only 158
ALB 136
Alternative Dispute Resolution 70
Amendment 108
American Land Bridge 136
ANIPAS 221
Appellate 28
Applicant 8, 106
Application for Letter of Credit 106
Arbitration 69
Arrival Notice 121, 131
ASEAN 35
ASEAN Economic Community 36
ASEAN Free Trade Area 35
ASEAN Trade in Goods Agreement 35
ASEAN 経済共同体 35
ASEAN 物品貿易協定 35
Association of Southeast Asian Nations 35
Assured 149

Assurer 148
At Sight Rate 95
ATAカルネ 203, 210
ATA条約 203
ATIGA 35
Australia Group 171
Authorized Economic Operator 215
AWB 131, 142

【B】

Back to Back CO 42
BAF 120
Bank 9, 106
Bank L/G 127
Bank Payment Obligation 114
Bank Reference 50
Basel Convention on the Control of Transboundary Movements of Hazardous Wastes and their Disposal 257
Battle of Forms 65
BC 120
Beneficiary 8, 106
Berth Term 119
Bill for Collection 101, 109
Bill of Exchange 101, 104
Bill of Lading 14, 122, 138
Biological Weapons Convention 171
Bitcoin 115
B/L 14, 122, 138
B/L Crisis 114, 127
B/L Instructions 121, 123
B/L作成指示書 121, 123
B/L到着前の貨物の引取り 127
Block Chain 115
Bonded 211
Bonded Area 211
Bonded Displaying Area 213
Bonded Manufacturing Warehouse 213
Bonded Warehouse 212
Bottomry 147

欧文索引　*277*

Box Rate　119
BPO　114
BPO統一規則　115
Brussels Tariff Nomenclature　188
BTN　188
Bulk Cargo　58, 117, 122
Bulk Container　125
Bulky Cargo Charge　120
Bunker Adjustment Factor　120
Bunker Charge　120
Burning　151
Buyer　8
Buyres Consolidation　127
Buying Offer　48
BWC　170, 171

【C】

CAF　120
Call Option　99
Capacity　50
Capital　50
Cargo Boat Note　90, 126
Carriage　89
Carrier　9
Cash on Delivery　103
CBR　119
CC　40
CCC　188
CCCN　188
CEPT　35
Certificate and List of Measurement and/or
　Weight　57, 145
Certificate of Insurance　156
Certificate of Origin　42, 146
CFR　80
CFS　124
CFS Charge　121
Change in Chapter　40
Change in Tariff Classification　40
Change in Tariff Heading　40
Change in Tariff Sub-Heading　40
Chapter　189
Character　50
Charter Party　117
Charter Party B/L　141

Chemical Weapons Convention　171
Chief Mate　123
China Land Bridge　136
CIF　81
CIF&C　84
CIF&I　84
CIP　76
CIP&C　84
CIP&I　84
CISG　66
CITES　255
CLB　136
Clean B/L　140
Clean L/C　100
CLP　126
CMI　128
CMR　137
CO　42
CoO　42
COCOM　169
COD　103
COFACE　51
Collection　101
Collision　151
Combined Transport　89
Combined Transport B/L　136, 141
Comité Maritime Internationale　128
Commercial Invoice　144
Commercial Risk　160
Commodity Box Rate　119
Common Effective Preferences Tariff　35
Comprehensive and Progressive Agreement
　for Trans-Pacific Partnership　37
Compromise　68
Conciliation　68
Conditions　50
Confirmation of Order　63, 64
Confirmed L/C　110
Confirming Bank　110
Congestion Surcharge　120
Consignee　8
Consolidator　131
Constructive Total Loss　150
Consular Invoice　144
Contacting Carrier　10, 134

Container Freight Station 124
Container Freight Station Charge 121
Container Load Plan 126
Container Ship 117
Container Yard 124
Contracting Carrier 10, 134
Convention on International Trade in Endangered Species of Wild Fauna and Flora 255
Conventional Vessel 118
Coordinating Committee for Export Control 169
Correspondent Arrangement 9
Correspondent Bank 9
COTIF/CIM 137
Counter Offer 49
Counter Sample 53
Country Risk 159
Courier and Parcel Receipt 143
Cover 149
CPT 75
CPTPP 37
Credit Agency 51
Credit Inquiry 50
Credit Risk 160
CTC 40
CTH 40
C-TPAT 215
CTSH 40
CuPES 222
Currency Adjustment Factor 120
Currency Option 98
Customs Clearance 198
Customs Cooperation Council 188
Customs Co-operation Council Nomenclature 188
Customs formalities 198
Customs Invoice 145
Customs Union 29
Customs Valuation 225
Customs Value 225
Customs-Trade Partnership Against Terrorism 215
CWC 170, 171
CY 124

【D】

D/A 102
D&B 51
DAP 78
DAT 77
D/D 100
DDP 79
Decision of Exclusion 139
Deferred Payment 103
deliver 59
Delivery Order 121, 126, 132
Delivery Order Fee 121
Demand Draft 100
Designated Bonded Area 212
Devanning Report 127
discharge 89
Discrepacy 108
Disposal Right 82
D/O 121, 126, 132
Dock Receipt 123
Documentary Bill 101
Documentation Fee 121
Documents against Acceptance 102
Documents against Payment 102
Door to Door 9, 116, 133
D/P 102
D/R 123
Drop Shipment 17
Dun & Bradstreet 51
Duration of Risk 154

【E】

E勘定 111
EC 33
ECHC 121
Economic Partnership Agreement 30, 37
Edward Llyod 147
EEA 33
EFTA 33
Empty Container Handling Charge 121
EMS 22, 135
Endorsement 139
E/P 123
EPA 30, 38

欧文索引 *279*

Equipment Interchange Receipt（out） 127
ErP指令 259
EU 33, 37
Exchange 91
Exchange Contract Slip 97
Exchange Mary 98
Ex-Factory 75
Ex-Godown 75
Ex-Mill 75
expected profit 153
Ex-Plantation 75
Export Permit 123
Exporter 8
Extra Charge 151
EXW 74
EXW cleared by Seller 86
Ex-Warehouse 75

【F】

FAF 120
FAINS 221
Fair Average Quality Terms 54
FAK 119
FAQ 54
FAS 79
FCA 75
FCL 124
FI 119
Fin Tech 115
FIO 119
Firm Offer 49
Flat Rack Container 125
FO 119
FOB 71, 80
FOB ST 84
Force Majeure 247
Force Majeure Claus 248
Foreign Contractor Withholding Tax 19
Forfaiting 114
Forfeiting 114
Forward 92
Forwarder's Cargo Receipt 143
Foul B/L 140
Free In 119
Free In and Out 119

Free On Board 71
Free Out 119
Free Sales Certificate 145
Free Trade Agreement 29
Freight 88
Freight All Kinds Box Rate 119
Freight Conference 118
Freight Forwarder 134
Freight Ton 57
From Tackle to Tackle 125
from the loading to the discharge 125
from the receipt to the delivery 125, 126
F/T 57
FTA 29, 38
Fuel Adjustment Factor 120
Full Container Load 124
Full Insurance 154

【G】

GATT 27
GATT/WTO関税評価協定 225
General Agreement on Tariff and Trade 27
General Average 150
General Credit 110
General Rules for the Interpretation of the
　　Harmonized System 192
General Terms and Condition 65
Global Trade Atlas 45
GMQ 54
Good Merchantable Quality Terms 54
Goods Insured 149
Gross Weight 57
G/W 57

【H】

Hague Protocol 132
Hague Rules 128
Hague Visby Rules 128
Hamburg Rules 129
Harmonized Commodity Description and
　　Coding System 188
HAWB 131
Heading 189
Health Certificate 145
Heavy Lift Charge 120

House Air Waybill　131, 143
HS　188
HSコード　40, 189
HSコードの改訂　190
HSコードの体系　189
HS条約　189

【 I 】

IATA　130, 143, 158
IATA航空貨物代理店　130
IBRD　27
ICAO　130
ICC　68, 72, 109, 148
IMF　27
Import Quota　178
Importer　8
Incoterms　72
Inquiry　48
Inspection Certificate　55, 145
Installment Payment　103
Institute Cargo Clauses　148
Institute of London Underwriters　148
Institute Strike Clause　152
Institute War Clause　152
Insurable Interest　149
Insurance　62, 147
Insurance Policy　156
Insured Amount　154
Insured Value　153
Insurer　148
Integrated Bonded Area　213
Integrator　25, 116, 135
Interior Point Intermodal　136
International Air Transport Association　130
International Factoring　113
International Multimodal Transport Operator
　116, 134
IPI　136
IQ　178
IQ品目　178
Irrevocable L/C　101, 110
ISO　54, 117
Issuing Bank　106
ITO　27

【 J 】

Japan-EU Economic Partnership Agreement
　37
JAS　54
JASTPROコード　222
JCAA　69
JEEPA　37
J-messe　44
JETRAS　222
jettison　150
JIFFA　133, 134
JIS　54

【 L 】

land　89
Landed Price　87
Landed Quality Terms　55
Landed Weight Terms　57
Landing Agent　126
Lawsuit　70
L/C　104
LCL　124
Leads and Lags　97
Less than Container Load　124
Letter of Credit　104
Letter of Guarantee　108, 127
Letter of Indemnity　127, 140
L/G　108, 127
L/Gネゴ　108
L/I　127, 140
Liner　116
Liner Term　119
Lloyd's S.G. Policy　148
load　89
Long Form B/L　140
Long Length Charge　120
Long Ton　57

【 M 】

Mail Days　94
Mail Days Interest　94
Mail Transfer　100
Marketability　43
Master Air Waybill　131, 143

Mate's Receipt 121
MAWB 131
Maximum Quantity Acceptable 58
Measurement Ton 55
Mediation 68
Merchantability 43
MERCOSUR 32
Metric Ton 57
Mini Land Bridge 136
Minimum Quantity Acceptable 58
Missile Technology Control Regime 171
MLB 136
Montreal Convention 133
Montreal Protocol on Substances that Deplete
    the Ozone Layer 257
More and Less Terms 58
M/R 121, 123
M/T 100
MTCR 170, 171
Multimodal Transport 89
Multimodal Transport B/L 136, 141

【N】

NACCS 200, 206, 221
NACCSコード 222
NAFTA 32
Negotiable B/L 139
Negotiating Bank 106
Negotiation 101
Net Weight 57
Netting 99, 102
Network Liability System 137
New Institute Cargo Clauses 148
NEXI 10, 52, 160
Nippon Automated Cargo and Port Consolidated
    System 221
Non Negotiable B/L 139
Non-Vessel Operating Common Carrier 134
North America Free Trade Agreement 32
Notation 140
NSG 170, 171
Nuclear Suppliers Group 171
NVOCC 134
N/W 57

【O】

OCC 134
Ocean Common Carrier 134
Ocean Freight 57, 88
OF 57
Offer 48
Offer subject to being Unsold 50
Offer subject to Prior Sale 50
Offer subject to Seller's (Final) Confirmation
    49
Offset Account 102
On Board Notation 139
On the Spot Export/Import 19
Open Account 102
Open Credit 110
Open Policy 156
Open Top Container 125
Order B/L 139
Order Sheet 63, 64
Outsider 118
Over Insurance 154
Ownership 82

【P】

Packing 62
Packing List 144
Panel 28
Partial Loss 150
Partial Shipment 62
Particular Average 150
Particular Charge 151
Payment 99
Payment Terms 62
PE 16, 21, 40
Peak Season Surcharge 120
Period Insured 154
Permanent Establishment 16, 21
Phytosanitary Certificate 145
PL 164
Place 43
Place of Delivery 60
Place to Place 89
PL保険 165
Political Risk 159

Port to Port　88
Postal Money Order　100
PQ–NETWORK　221
Premium　99, 154
Price　43
Price actually paid　226
Produced Entirely　40
Product　43
Products Liability　164
Product Specific Rules　40
Proforma Invoice　144
Progressive Payment　103
Promotion　43
Property Right　82
Proposal　47
Provisional Insurance　156
Provisional Policy　156
PSR　40
PSS　120
Public Weigher　57
Purchase Contract　63, 64
Purchase Note　63, 64
Purchase Order　63, 64
Put Option　99

【R】

Rail Waybill　137, 142
Rate of Premium　154
RCEP　38
REACH規則　259
Ready for Carriage　130
Received B/L　139
Reefer Container　125
Regional Comprehensive Economic
　Partnership　38
Regional Trade Agreement　30
Regional Value Content　40
Regular B/L　140
Release Order　132
Remarks　123, 140
Remittance　100
Restricted L/C　110
Revenue Ton　57
Reverse Charge　23
Revocable L/C　101, 110

Revolving L/C　111
Road Waybill　137, 142
RoHS指令　258
ROO　39
Rotterdam Rules　129
R/T　57
RTA　30
Rules of Origin　39
RVC　40

【S】

S/A　121
Sale by Grade or Type　54
Sale by Sample　53
Sale by Specifications　54
Sale by Standard Quality　54
Sale by Trademark or Brand　54
Sales Confirmation　64
Sales Contract　63, 64
Sales Note　63, 64
Salvage Charge　151
Sanitary Certificate　145
SDR　129
Sea Waybill　128, 133, 142
Seller　8
Selling Offer　48
Shed Delivery　126
ship　60, 89
Shipped B/L　139
Shipped Quality Terms　55
Shipped Weight Terms　57
Shipper　8
Shipping Advice　156
Shipping Agent　122
Shipping Application　121
Shipping Conference　118
Shipping Instructions　121
Shipping Mark　62
Shipping Order　121
Shipping Schedule　116
Shipside Delivery　126
Short Form B/L　140
Short Ton　57
S/I　121
Siberian Land Bridge　136

欧文索引 *283*

Side Open Container 125
Single L/G 127
Sinking 151
SLB 136
S/O 121
Society for Worldwide Interbank Financial
　　Telecommunication 110
Space Booking 117, 121
Spaghetti bowl phenomenon 39
Special Drawing Rights 129
Special L/C 110
Specific Process rule 40
Spot 92
SPルール 40
S.S.B.C. 151
Stand-by L/C 111
Stevedore 123, 126
Straight B/L 139
Stranding 151
Sub-Heading 189
Subject Matter of Insurance 149
Substantial Transformation 40
Sue and Labour Charge 151
Surcharge 120
Surrendered B/L 141
Survey 157
Survey Report 67
Surveyor 151, 157
Suspend 93
Swap Transaction 99
SWIFT 107, 110, 114
Sworn Measurer 57

【T】

Tackle 125
Tally Sheet 123
Tallyman 123
Tank Container 125
Tariff Rate 118
Telegraphic Transfer 100
Telegraphic Transfer Buying Rate 94
Telegraphic Transfer Middle Rate 94
Telegraphic Transfer Selling Rate 94
Terminal Handling Charge 120
THC 120

Third Party Invoice 14
Through B/L 41, 141
Time Bill Buying Rate 95
Time of Delivery 60
Time of Shipment 60
Title 82
TLO 150
To Order 139
Total Loss 150
Total Loss Only 150
TPP 36
TPP11 37, 42
T/R 112
Trade Reference 51
Trade Service Utility 114
Trade Terms 71
Trade Tie-up Promotion Program 46
Tramper 117
transaction value 225
Transferable L/C 111
Trans-Pacific Partnership 36
Trans-Pacific Strategic Economic Partnership
　　Agreement 36
Transport Document 88
Transshipment 61
TRIPS協定 28
Trust Receipt 112
TSU 114
TSU・BPO 114
T/T 101
TTB 94
TTM 94
TTPP 46
TTS 94

【U】

UCP600 101
UNCITRAL 66, 68, 129
UNCTAD 11, 129, 236
Under Insurance 154
Underwriter 148
Uniform Liability System 137
Uniform Rules for Bank Payment Obligations
　　115
United Nations Commission on International

Trade of Law 66
United Nations Convention on Contracts for
    the International Sale of Goods 66
United States–Mexico–Canada Agreement
    32
unload 89, 90
URBPO 115
Usance Bill Buying Rate 95
USMCA 32

【V】

Valuation of Incoterms rules 83
Vanning 124
Vendor Managed Inventory 20
VMI 20

【W】

WA 169, 170
Warehouse to Warehouse Clause 154
Warsaw Convention 132
Wassenaar Arrangement 169
Waybill 142
WCO 188
WEEE指令 259
Weight Ton 55
Wholly Obtained 40
WO 40
World Customs Organization 188
World Tariff 45
World Trade Organization 27
WTO 28, 231, 235, 236

【Y】

YAS 120
Yen Appreciation Surcharge 120

【著者紹介】

石川 雅啓 (いしかわ・まさひろ)

1973年岐阜県垂井町生まれ。早稲田大学大学院公共経営研究科修了。AIBA認定貿易アドバイザー，通関士有資格。流通経済大学非常勤講師（2019年4月～）（所属は日本貿易振興機構）。著書：『実践貿易実務第9版』（共著，ジェトロ，2008年），『実践貿易実務第10版』（共著，ジェトロ，2010年），『実践貿易実務第11版』（共著，ジェトロ，2012年），『実践貿易実務第12版』（ジェトロ，2016年），『これ1冊でわかる！　仮想通貨をめぐる法律・税務・会計』（共著，ぎょうせい，2018年），『資金決済法の理論と実務』（共著，勁草書房，2019年）

新しい貿易実務の解説

2019年3月15日　第1版第1刷発行　　　　　　検印省略

著　者　石　川　雅　啓

発行者　前　野　　　隆

発行所　株式会社　文　眞　堂

東京都新宿区早稲田鶴巻町533
電　話　03（3202）8480
ＦＡＸ　03（3203）2638
http://www.bunshin-do.co.jp/
〒162-0041 振替 00120-2-96437

製作・美研プリンティング
©2019
定価はカバー裏に表示してあります
ISBN978-4-8309-5020-9 C3033